Hilde Krahl

Ich bin fast immer angekommen

Tuschzeichnung von
Volker Wimmer

Hilde Krahl

Ich bin fast immer angekommen

Erinnerungen

Aufgezeichnet von Dieter H. Bratsch

Mit 95 Fotos,
16 Illustrationen im Text

sowie Verzeichnissen
der Theater-, Film-
und Fernsehrollen

LANGEN MÜLLER

Umschlagmotiv: »Nacht der Entscheidung«, 1955

Bildnachweis

Archiv der Autorin: 1–5, 8, 9, 12 (Foto Helmuth v. Kujewa), 14 (Foto Lucca Chmel), 17, 19 (Lucca Chmel), 20 (Foto Gudenberg), 21 (Foto Hertha Schulda-Müller), 24, 27, 28, 33, 34 (Foto Wilhelm Zander), 35 (Foto Horst Meyer-Pfundt), 36, 38, 47 (Hertha Schulda-Müller), 50–52, 54, 57 (Foto Harry Weber), 62 (Foto Swiridoff), 73 (Foto Filipp), 74 (Foto Hill Veit), 76 (Foto Ernst Hausknost), 78 und 81 (Fotos Palffy)

Hilde-Krahl-Archiv Christine Grillenhofer, Wien: 6, 22 (Foto Bruno Völkel), 23 (Foto Hertha Schulda-Müller), 31, 39, 48, 49, 60, 61 (Bruno Völkel), 63 (Foto H. Duyfjes), 65, 66, 67 (Bruno Völkel), 68, 70 und 71 (Bruno Völkel), 75, 82 (Foto Palffy) 84–88 sowie 90 und 91 (Fotos Palffy), 92, 93 und 94 (Palffy), 95 (Foto Erich Leonhard)

Stiftung Archiv der Akademie der Künste, Berlin /Heinz-Hilpert-Archiv: 37; Deutsches Theatermuseum, München/ Archiv Willy Saeger: 15; Fritz Eschen, Berlin: 53; Filmdokumentationszentrum, Wien: 7, 11, 16, 18, 25, 26, 40, 42, 55, 56; Hamburger Theatersammlung: 45 (Archiv Walter Boje) 13, 29, 30, 64 (Archiv Rosemarie Clausen); Archiv Dr. Karkosch, Gilching bei München: 10, 69; Kleine Komödie, München: 72 (Foto Theo Huster), 77 (Foto Chris Nowotny), 80, 83 und 89 (Fotos Anne Kirchbach); Fritz Peyer, Hamburg: 41, 43, 44, 46; Theatermuseum Düsseldorf, Sammlung Liselotte Strelow: 32

Abbildung im Text Seite 231: Peter Keetman, Breitbrunn/Chiemsee

Fotos auf der Schutzumschlag-Rückseite: Filmdokumentationszentrum, Wien: oben; Archiv der Autorin: Mitte; ORF: unten

Der Verlag konnte in einzelnen Fällen die Inhaber der Rechte an den reproduzierten Fotos nicht ausfindig machen. Er bittet, ihm bestehende Ansprüche mitzuteilen.

Umschlaggestaltung: Atelier Bachmann & Seidel, Reischach,
unter Verwendung eines Fotos des Archivs Dr. Karkosch,
Gilching bei München
Satz: Filmsatz Schröter GmbH, München
Gesetzt aus New Caledonia 11,5/13,75 pt.
auf Macintosh in QuarkXPress
Reproduktionen des Bildteils: EPS, München
Druck und Binden: Wiener Verlag, Himberg
Printed in Austria
ISBN 3-7844-2704-9

Für Michael und Ulrich

Jemand setzt sich zur Aufgabe, die Welt abzuzeichnen. Im Lauf der Jahre bevölkert er einen Raum mit Bildern. Kurz bevor er stirbt, entdeckt er, daß dieses geduldige Labyrinth aus Linien das Bild seines eigenen Gesichtes wiedergibt.

Jorge Luis Borges

Inhalt

Wer die Wahrheit sagt, wird früher oder später dabei ertappt

Anstelle eines Vorwortes

Erinnerungen ohne Verklärung – das klingt so nach Objektivität. Aber alles, was menschlich ist, kann nur subjektiv sein, auch wenn Wissenschaftler und Politiker uns immer wieder objektive Fakten versprechen. Meistens meinen sie damit verschwommene, juristisch nicht angreifbare Gemeinplätze.

So kann ich zwar nicht versprechen, Erinnerungen ohne Verklärung zu bieten, aber auch nicht Verklärung ohne Erinnerung, wie es manche in sich selbst verliebte Memoirenschreiber mit Leidenschaft tun.

In der Dämmerung steigen sie manchmal herauf, die Menschen, die man einst kannte – oder sind es die Rollen, die man gespielt hat? Alles fließt ...

Achtzig Jahre sind 29 200 Tage und Nächte (die Schaltjahre nicht eingerechnet), die man erlebt, verbringt, genießt oder erleidet.

Wenn ich manche Memoiren von Schauspielerinnen lese, so bin ich eigentlich blind und unangetastet durch meine Arbeit und durch meine vielen Jahre gegangen. Wie durch einen Tunnel – durch meinen Tunnel –, selten schwer lädiert, wenn gestoßen, dann immer so, daß ich sagen konnte: selber schuld.

Eines – etwas hat mich kräftig begleitet: Lachen. Laut, leise, hemmungslos. Manchmal war's zum Ersticken. Jetzt müßte ich auch das Weinen, die Tränen rechnen. Aber später. Wenn das Berichten gefühlloser wird und jede Spur Wehleidigkeit tot ist.

Als ich geboren wurde, war Krieg. Als ich heiratete, war Krieg. Als meine Tochter zur Welt kam, fielen die Atombomben von Hiroshima und Nagasaki. Ich spielte die tragischen Figuren der Weltliteratur, und es geschahen der Korea-Krieg, der Vietnam-Krieg, der Falkland-Krieg, der Afghanistan-Krieg …

Mir fiel ein Zitat ein, das ich irgendwo gelesen hatte: »Der Menschheit ist die Kugel zum einen Ohr hinein- und zum anderen hinausgegangen.«

Zuletzt wurde der Jugoslawien-Krieg vom Zaun gebrochen. Und das Fernsehen lieferte täglich den Kriegsschauplatz ins Wohnzimmer – zum Abendessen. Das waren die blutigen Ereignisse, durch die ich mich wieder einmal besann, daß ich in Kroatien, in Brod an der Save, geboren bin. Am 10. Januar 1917.

Genau fünfzig Tage vorher starb Kaiser Franz Joseph I. Im Jahr 1917 brach die russische Revolution aus, die das Zarenreich stürzte und die Bolschewiken an die Macht brachte.

In diesem Jahr wurde der Verein »Salzburger Festspielhaus-Gemeinde« gegründet. Dadurch waren die Namen Max Reinhardt, Hugo von Hofmannsthal, Richard Strauss in aller Munde, aber auch Lenin, Trotzki und Stalin machten von sich reden. – Der Tod und die Schöpfung.

Ein Mädchen namens Hildegard Kolacný

Meine Eltern – meine Kindheit 1917 bis 1927

Das Dorf, in dem ich geboren bin, würden die heutigen Reisebüros für einen preisgünstigen Urlaub auf dem Bauernhof anpreisen: Brod an der Save. Bei meiner Geburt lag es in der Donaumonarchie, nach dem Ersten Weltkrieg in Kroatien, nach dem Zweiten Weltkrieg in Jugoslawien und nach dem Balkankrieg wieder in der Republik Kroatien.
Ich bin also von Geburt eine Altösterreicherin. Heute fühle ich mich oft in doppelter Hinsicht so. Aber genaugenommen stimmt das auch wieder nicht, denn meine Mutter war eine Banat-Schwäbin, mein Vater ein Fast-Wiener aus Mödling bei Wien. Meine Entstehung beruhte auf der Konsequenz meines Vaters und auf der Folgsamkeit meiner Mutter.
Mein Vater entstammte einer armen Familie mit fünf Kindern. Er arbeitete auf dem Bau. Dann sagte man ihm, daß man eine Schulung machen könnte, nach deren Absolvierung man als technischer Zeichner wesentlich bessere Berufschancen hätte. Fleißig wie er war, machte mein Vater das und wurde schließlich tatsächlich als technischer Zeichner bei der Firma Wachalowsky, Eisler und Co. eingestellt. Die Arbeiter nannten ihn respektvoll den »Ingenieur«. Ingenieur Kolacný.
Mein Geburtsname: Hildegard Kolacný.

Meine Mutter stammte von Schwaben ab, die unter Maria Theresia in das Banat auf dem Balkan umgesiedelt wurden, um das Land wirtschaftlich zum Blühen zu bringen. Und das taten die Schwaben denn auch, nach ihrem alten Motto: »Schaffe, schaffe, Häusle baue!« Der wirkliche Grund für Maria Theresia, der Herrscherin von Österreich, war natürlich, daß sie die protestantischen Aufrührer auf friedliche Art loswerden wollte. So schlug sie zwei Fliegen mit einer Klappe.

Diese deutschsprachigen Zuwanderer wunderten sich immer, daß man so schlampig sein konnte wie die Einheimischen. Und die wunderten sich, wie man so verbissen fleißig sein konnte wie die Deutschen. Aber man lebte zusammen.

Mein Vater wurde von seiner Firma nach Brod in Kroatien geschickt, das ja zur österreichisch-ungarischen Monarchie gehörte, um in einer Waggonfabrik irgend etwas einzurichten. In diesem kleinen Nest am Balkan lernte er meine Mutter kennen, die damals vierzehn Jahre alt war und eine Zwillingsschwester hatte: Johanna. Johanna und Paula. Der Ingenieur verliebte sich in Paula. Die Mädchen sahen damals mit vierzehn durchaus fraulich aus wie heute Zwanzigjährige.

Paulas Vater – also mein späterer Großvater – war ein Müller, der sein Geld am Kartentisch zu verlieren pflegte. Er war zirka einen Meter fünfzig groß mit Hut – obwohl er meist ein Käppi trug. Er gab dem Ingenieur aus der Kaiserstadt Wien einen Korb, weil er seine Tochter für zu jung befand, um zu heiraten. Er gab ihm diesen Korb auf deutsch, nicht nur, weil in der Habsburger Monarchie Deutsch Amtssprache war. Die Banat-Schwaben waren zweisprachig – das heißt, sie sprachen sowohl Deutsch als auch Kroatisch mit Akzent. Ich erinnere mich noch gut, daß meine Mutter im-

mer mit diesem hübschen Akzent zu sagen pflegte: »Is gefällig?«
Mein Vater fuhr ohne Paula wieder nach Hause, kam aber nach vier Jahren zurück nach Brod an der Save – diesmal nicht im Auftrag der Firma – und hielt wieder um Paulas Hand an. Jetzt erhielt er das Einverständnis ihres Vaters, war sie doch inzwischen achtzehn Jahre alt und auch nach Meinung meines späteren Großvaters heiratsfähig.
»Dein Vater war schon ein sehr fescher Mann!« pflegte meine Mutter schmunzelnd zu sagen. Manchmal hatte ich sie im Verdacht, daß sie durchaus ein bißchen nachgeholfen hat, willensstark wie sie war, und als sie hörte, daß der fesche Ingenieur aus Wien wieder da sei, einer Begegnung Vorschub leistete.
Aber ich sagte ja, daß ich ihrer Folgsamkeit meine Existenz verdanke. Paula – meine spätere Mutter – war nur einmal mit sechzehn in Versuchung geraten, mit ihrer Zwillingsschwester Johanna von zu Hause auszureißen und nach Budapest zu gehen. Dort, so hatten die beiden Mädchen gehört, könnte man mit »Tanzen und Singen« gut Geld verdienen. Beide hatten eine schöne Stimme, und tanzen konnten sie auch. Als ihr Vater von diesem Plan erfuhr, schüttelte er nur den Kopf – seinen eigenen –, was eine für seine Verhältnisse sehr starke Reaktion war. Mir gegenüber äußerte meine Mutter später: »Ich wußte, jetzt ist der Vater bös. Also gingen wir nicht nach Budapest.«
Hätten die Zwillinge es doch getan, wäre ich wahrscheinlich heute nicht auf der Welt. Natürlich war mein Vater katholisch, was in der Residenzstadt Wien, wo seine Apostolische Majestät Franz Joseph I. regierte, nahezu selbstverständlich war. So trat meine Mutter von der christlich-protestantischen zur

christlich-katholischen Religion über, als sie meinen Vater heiratete. Weil sie nicht bereit waren, dieses protestantische Bekenntnis zu widerrufen, waren die Banat-Schwaben immerhin einst auf den Balkan geschickt worden.

Im Haus in Brod wuchs ich auf bis zum Beginn der Volksschule in Wien-Gersthof – das war damals mit dem fünften Lebensjahr. Im Hof des Hauses habe ich oft Csárdás getanzt, wie ich es von den Ungarn des Völkergemischs in Brod gelernt hatte.

In den Schulferien kam ich immer wieder nach Brod zurück, denn wir waren nicht sosehr mit Geld gesegnet, und dort konnte ich bei Großvater wohnen, den ich nur vor dem Haus sitzend in Erinnerung habe, an seiner Pfeife nuckelnd.

Ich hatte von meinem künftigen Beruf keine Ahnung, außer daß ich oft ein starkes Bedürfnis verspürte zu tanzen. Als Kind befiel mich von Zeit zu Zeit ein fast exhibitionistisches Darstellungsbedürfnis, was ja bei Kindern keine Seltenheit ist. Wenn sie merken, daß ihnen viel Aufmerksamkeit geschenkt wird oder wenn man ihnen zu wenig Aufmerksamkeit schenkt, produzieren sie sich.

Ich erinnere mich an zwei Tanzdemonstrationen meinerseits: eine vor meinem Großvater mütterlicherseits und eine vor einer Schulkollegin. Es war im Park bei der Gersthofer Kirche in Wien, als ich im Alter von neun Jahren einem Mädchen aus meiner Klasse etwas vorgetanzt habe – zwischen den Gebüschen. Sie war für mich Publikum. Meine Schulkollegin war jedenfalls ein dankbareres Publikum als mein Großvater. Vor ihm wollte ich mich zum erstenmal produzieren.

Ich fragte meine Mutter: »Glaubst du, daß es Großvater gefallen würde, wenn ich ihm etwas vortanze?«

Sie äußerte keine Bedenken, zog sich aber ins Haus zurück – ich vermute, weil sie lachen mußte.
Vor dem Haus lag ein Stoß Brennholz, und auf diesem Holzstoß tanzte ich für meinen pfeifeschmauchenden Großvater. Seine Reaktion war gleich null.
Wie man sieht, entmutigte mich das keineswegs, sonst hätte ich den Versuch vor meiner Schulfreundin in Gersthof sicher nicht wiederholt.
Sehr wichtig war mir schöne Sprache. Das zeigte sich, als ich im zarten Alter von zwölf Jahren in den Katecheten Johannes Klement verliebt war, weil er so schön von der Kanzel der Gersthofer Kirche in Wien predigte. So ging ich täglich vor der Schule in die Kirche, um ihn zu hören, bis meine Mutter mißtrauisch wurde und mich fragte, warum ich so früh aus dem Haus gehe. Ich erklärte, daß ich die Frühmesse besuchte. Aber meine Mutter glaubte mir offenbar diese fanatische Zuwendung zur Religion nicht so recht und sagte: »Das hört auf! Sonst kriegst eine gewuscht!« Wobei ich bemerken muß, daß ich nie wirklich eine »gewuscht« bekam – weder von meiner Mutter noch von meinem Vater.
Viele Jahre später – 1944 – wollte ich, daß ebendieser Pater Klement uns traute, Wolfgang Liebeneiner und mich. Johannes Klement, mittlerweile ein alter Herr, fragte mich, ob Wolfgang katholisch sei. »Nein«, sagte ich, »er ist evangelisch, aber er ist jederzeit bereit, für mich katholisch zu werden.«
Nun war aber Wolfgang schon einmal verheiratet gewesen, mit der Schauspielerin Ruth Hellberg, die auch evangelisch war. Pater Klement klärte mich auf, daß nach einem Kirchengesetz von 1923 die katholische Kirche protestantische Ehen anerkannte. Woraus folgte, daß wir nicht kirchlich heiraten konnten.

Meine Mutter, die einst für meinen Vater vom evangelischen zum katholischen Glauben übergetreten war, hatte aber schon die ganze Kirche mit Blumen ausstatten lassen, was 1944 gar nicht einfach war, weil selbst Blumen rationiert waren. Ebenso hatte sie zwei Fiaker bestellt, direkt in den Stallungen in Ottakring. Das alles war jetzt vergeblich. Wir mußten die Blumen verschenken und waren wohl das einzige Brautpaar, das im Fiaker zum Standesamt fuhr, aber nicht zur Kirche.

Doch zurück nach Brod und in meine Kindheit.

Im Haus gab es ein geheimnisvolles Zimmer, das ich nicht betreten durfte. Meine Mutter sagte mir nur, daß da drin die Verlobte vom Onkel Steffi liege, die krank sei.

Onkel Steffi war der Feinste der Familie, ein schöner Kerl, der später zur Marine ging.

Ich wollte unbedingt in dieses Zimmer. Und als meine Mutter es mir schließlich erlaubte, fand ich darin in einem Bett liegend die schönste Frau, die ich je in meinem Leben gesehen habe: schwarzes Haar, große, ausdrucksvolle Augen, weiße Haut. Sie bekam rohes Ei, mit Zucker verrührt. Sie starb bald. Später erfuhr ich, daß sie lungenkrank war, und meine Mutter fürchtete, ich könnte mich anstecken, wenn ich in das Zimmer gehe.

Viele Jahre später spielte ich am Theater die Kameliendame. Und da tauchte immer wieder aus meiner Erinnerung das Bild der schönen, schwindsüchtigen Verlobten meines feschen Onkel Steffi auf.

Nach ihrer Heirat lernte meine Mutter natürlich auch ihre neue Verwandtschaft kennen. Der Bruder meines Vaters war mit einer stattlichen Pragerin verheiratet, die einen hinreißenden böhmischen Akzent hatte und eine »Resche« war.

Beim Gespräch unter Frauen fragte sie meine Mutter: »Na, bist du zufrieden mit deinem Mann? Behandelt er dich anständig?«
»Ja, ja«, antwortete meine Mutter, »nur hat er die Angewohnheit, nach dem Putzen mit dem Finger auf den Möbeln zu kontrollieren, ob noch wo Staub ist.«
»Das gewöhnst ihm aber ab!« sagte meine Prager Tante. »Du bist jetzt seine Frau und nicht sein Dienstbot!«
Zu dieser Staubkontrolle mußte er aber wohl von Freunden oder Familienmitgliedern angeregt worden sein, denn mein Vater war die Güte in Person und hätte so etwas nie aus Eigeninitiative gemacht. Da die Schwägerin im Gegensatz zu meiner Mutter, die aus der tiefsten Provinz kam, aus der Goldenen Stadt Prag stammte, befolgte meine Mutter ihre Ratschläge aufs genaueste: Als mein Vater beim nächstenmal routinemäßig – ich glaube, er hat sich gar nichts dabei gedacht – die Staubprobe mit dem Finger machte, protestierte meine Mutter. Und er machte es nie wieder.

Als ich fünf Jahre alt war, zogen wir also nach Wien-Gersthof im siebzehnten Wiener Bezirk. Dort ging ich zur Schule, zuerst in die Volksschule, die mir wenig Spaß machte, dann in das Mädchen-Realgymnasium, wo ich nicht nur mit Feuereifer lernte, sondern daraus resultierend auch gute Zeugnisse nach Hause brachte. Ich genoß eine Ballett- und eine Klavierausbildung, obwohl wir in bescheidenen Verhältnissen lebten. Es hat mich nie gestört, daß andere reicher waren oder meine Schulkolleginnen schönere Kleider besaßen. Ich hatte alles, was ich brauchte.
Da waren sehr viele jüdische Mitschülerinnen, die sich für mich dadurch auszeichneten, daß sie klug waren und in

manchen Gegenständen viel besser als ich. Zum Beispiel in Mathematik. Eine meiner jüdischen Schulfreundinnen nahm mich einmal mit zu sich nach Hause, um mir bei einer kniffligen Mathematikaufgabe behilflich zu sein. Ich kam in eine Villa, wie ich noch nie vorher eine von innen gesehen hatte. Der Vater meiner Freundin war Industrieller und ein sehr attraktiver, freundlicher Herr. Was mich aber am meisten beeindruckte, war das Dienstmädchen. Ein Mädchen in Häubchen und Schürzchen trat ein und fragte meine Freundin, was »die jungen Damen« – also wir! – zur Jause wünschten. Ich war so voll des Staunens, daß ich kaum etwas zu bestellen wagte.

Zu Hause erzählte ich meiner Mutter, daß ich in einer Villa mit einem leibhaftigen Dienstmädchen gewesen war, das sogar eine eigene Dienstmädchenkleidung getragen hatte.

»Na und?« sagte meine Mutter. »Wenn man viel Geld hat, kann man sich ein Dienstmädchen einstellen. Wenn man weniger Geld hat, macht man die Arbeit selber. Was ist daran Besonderes?«

Meine böhmische Tante führte den Haushalt und den Bruder meines Vaters, mit dem sie verheiratet war, mit fester, wenn auch milder Hand. Sie war darüber hinaus eine exzellente Köchin, was man ihrer Rundlichkeit durchaus ansah. Sie lehrte meine Mutter alle Geheimnisse der böhmischen Küche.

Meine Mutter sagte mir immer wieder, was für ein fescher Mann mein Vater gewesen sei, als er um sie geworben hatte. Sein einziger Schönheitsfehler waren seine etwas vorstehenden Schneidezähne. Als ich dann durch meine ersten Filme gut verdiente, entschied meine Mutter, daß diese an sich völlig gesunden Zähne durch gerade ersetzt werden mußten. Mein Vater akzeptierte das widerspruchslos, aber er verweigerte strikt die Injektionen vor dem Ziehen der Zähne. Davor hatte er eine höllische Angst. Und das bedeutete, daß er sich die Schneidezähne ohne Betäubung ziehen ließ, nur um die Injektion zu vermeiden. Wenn ich daran denke, bekomme ich noch heute eine Gänsehaut.

Im Jahr nach meiner Geburt und in den Zwanzigerjahren, als ich in Wien die Volksschule besuchte, gab es umwälzende Ereignisse, die ich erst nach Jahren erfuhr und deren Tragweite mir erst Jahrzehnte später klarwerden sollte:
1918: Ende des Ersten Weltkriegs. Ende der Monarchie. Erste Republik in Österreich. Weimarer Republik in Deutschland.
50 000 Arbeitslose in Wien, Inflation. Es gab Briefmarken zu 2000 Kronen.
Was diese Ereignisse betrifft, die im Laufe meiner Kindheit stattfanden und an denen ich natürlich nicht persönlich teilhatte in meiner kleinen Welt, gibt es neben den allgemein bekannten doch einige Merkwürdigkeiten, bei denen Menschen beteiligt waren, die in meinem späteren Leben für mich persönliche Bedeutung erlangten.
Da wurde zum Beispiel in den Zwanzigerjahren in Wien am Laaer Berg und am steirischen Erzberg *Sodom und Gomorrha* gedreht, ein gewaltiger Monumentalfilm unter dem ungarischen Regisseur Michael Kertesz, der später in Hollywood unter dem Namen Michael Curtiz berühmt wurde. Viele Jahre später erzählte mir Friedrich Torberg, daß schon vor den schlimmen Zeiten der Zwangsemigration nach Amerika so zahlreich ungarische Schauspieler und Regisseure nach Hollywood kamen, daß der sarkastische Spruch

kursierte, man plane, über den Pforten der Traumfabrik den Satz anzubringen: »Ungar sein allein genügt nicht!«
Bei den aufwendigen Dreharbeiten zu *Sodom und Gomorrha* am Laaer Berg wirkten neben den zahlreichen Schauspielern über tausend Statisten mit, darunter drei mit den Namen Paula Wessely, Willi Forst und Hans Thimig, während Leo Slezaks Sohn Walter eine Hauptrolle im wahrsten Sinne des Wortes »mimte« – war es doch ein Stummfilm. Chefkameramann war Gustav Ucicky, der illegitime Sohn des berühmten Malers Gustav Klimt. Und Gustav Ucicky war 1940 mein Regisseur bei *Der Postmeister*. Willi Forst drehte mit mir 1937 *Serenade*. Mit Hans Thimig stand ich im Theater in der Josefstadt oft auf der Bühne ...
In den Zwanzigerjahren entstand der Wiener Kreis mit Karl Popper, einem der wichtigsten österreichischen Philosophen, der später in England geadelt werden sollte und als Sir Karl Popper gern und oft in Wien Vorträge hielt und an Diskussionen teilnahm. Er und Ludwig Wittgenstein waren die Repräsentanten des Wiener Kreises.
Max Reinhardt inszenierte 1929 *Dantons Tod* im Arkadenhof des Wiener Rathauses.
Als ich 1937 an das Theater in der Josefstadt engagiert wurde, war zwar Max Reinhardt schon in Amerika, aber das Theater lief noch unter seinem Namen, und Ernst Lothar war Direktor.
Die RAVAG strahlte ihre erste Radiosendung aus.
Die Anzahl der Autos wuchs von 1600 auf 5500, während die Zahl der Pferde von 33000 auf 7500 sank.
Als ich zehn Jahre alt war, brannte der Justizpalast ...

Die Geburt der Schauspielerin Hilde Krahl

Geschichten eines Mädchens, eines Jungstars, einer Frau 1927 bis 1937

Zum Theater hatte ich als Kind und bis in meine Gymnasialzeit so gut wie keine Beziehung. Offenbar bedeutete das, daß ich mich lieber selbst produzierte als anderen dabei zuzusehen.

Natürlich lag das auch daran, daß meine Familie nicht mit Geld gesegnet war, was ich aber immer ohne Aufbegehren oder Neid gegenüber Bessergestellten zur Kenntnis nahm. Trotzdem hatte ich eine fundierte Klavierausbildung am Konservatorium. Ich war also sowohl von der vorbeirauschenden weltbewegenden Zeitgeschichte als auch von kulturellen Ereignissen völlig unbeleckt. Ich habe erst Jahre später – als der Zweite Weltkrieg schon vor der Tür stand – realisiert, daß ich während des Ersten Weltkriegs geboren bin. Wobei mir die politischen Ursachen und Begründungen nach wie vor so fremd waren wie die Vegetation auf der Venus.

Aber ich war neugierig, neugierig auf das Leben, auf alles, was da auf mich zukam.

Es war nach einer Schulaufführung im Gymnasium, als Frau Lamberg-Offer, deren Tochter meine Schulkollegin war, zu mir sagte: »Du bist talentiert. Komm zu mir. Wir lesen Klassiker, Gedichte und Theaterstücke.«

Frau Lamberg-Offer war eine ehemalige Schauspielerin, die viele Kontakte zu Autoren, Schauspielern und Theaterdirektoren hatte. Auch Stella Kadmon, die 1931 das Kabarett »Der liebe Augustin« mitbegründet hatte, gehörte zu ihren Freundinnen. Eigentlich gab Frau Lamberg-Offer nicht offiziell Schauspielunterricht – sie veranstaltete literarische und kulturelle Abende und kümmerte sich um junge Talente.

Ich habe damals alles gemacht, was man mir sagte. Sicher war da auch der Wunsch, mich auf einer Bühne zu produzieren, wie ich es einst im Beserlpark vor meiner Schulfreundin gemacht hatte. So akzeptierte ich sofort, als Frau Lamberg-Offer mir eines Tages sagte, daß die »Literatur am Naschmarkt«, ein politisches Kabarett mit scharf antifaschistischer Haltung, eine Nachwuchsdarstellerin suche. »Dazu mußt du aber die Schauspielprüfung machen!« sagte meine Lehrerin.

Mit geradezu kindlicher Unbefangenheit und ohne jegliche Nervosität trat ich also zur Schauspielprüfung an und bestand sie. Somit stand meinem Engagement in der »Literatur am Naschmarkt« nichts mehr im Wege. Ich hatte zu diesem Zeitpunkt kaum eine Ahnung vom Theater und überhaupt keine von Politik. Was das Theater betrifft, so habe ich das meiste Frau Lamberg-Offer zu verdanken, die auch nach dem Krieg bis zu ihrem Tod junge Schauspieler ausbildete und deren Tochter noch jahrelang eine Schauspielschule führte.

Der Kabarett-Autor und Theaterkritiker Rudolf Ernst Weys, Mitbegründer der Literatur am Naschmarkt, schrieb über meine Anfänge den sehr schmeichelhaften Kommentar:

> Die Entdeckung der Schauspielerin Hilde Krahl markiert den Beginn der dritten Spielzeit in der Literatur am Naschmarkt. Als sie uns die Christine aus Schnitzlers *Liebelei* vorsprach, hielten wir den Atem an.

Ich sagte leise zum Direktor: »Sag ihr aber nicht, wie beeindruckt wir sind, sonst wird sie hopertatschig und verlangt zuviel Gage!« Wir hätten sie sofort engagiert, aber die Professoren erlaubten der Maturantin erst im Herbst aufzutreten. Da sah man sie dann erstmals als Pierrot in dem kleinen Singspiel *Liebeslist* mit zwei serbischen Volksliedern vor dem Vorhang und in kleinen Rollen des Mittelstücks. Ihr Stern ging erst im zweiten Programm auf, als wir – als erste deutschsprachige Bühne – einen Einakter von Thornton Wilder, *The long Christmas Dinner*, herausbrachten. Darin hatte Hilde Krahl an der ewigen Weihnachtstafel den Lebenslauf der Geneviève vom jungen Mädchen bis zur Greisin darzustellen. Als Requisit stand ihr einzig ein Spitzenschal zur Verfügung, aber sie nützte ihn kaum, es alterte ihre Stimme, ihre Gebärden; zuletzt glaubte man tatsächlich eine ergraute Greisin am Tisch zu sehen. Als Hilde Krahl danach in der von Metzl und Hans Weigel textierten Parodie des eben angelaufenen Films *Episode* die Rolle Paula Wesselys in täuschend ähnlichem Tonfall karikierte, war mit den zwei Rollen dieses Abends der Grundstein zur großen Karriere gelegt. Direktor Rudolf Beer engagierte Hila – wie sie damals hieß – als Partnerin von Oscar Karlweis für die Uraufführung der musikalischen Komödie *Hofloge*, gleichzeitig holte sie der Film, und im Herbst stand Hilde Krahl neben Hans Thimig auf den Brettern des Theaters in der Josefstadt.

Paula Wessely war 1936 schon ein Film- und Theaterstar und das berühmte Gretchen in Max Reinhardts *Faust*-Inszenierung in der Felsenreitschule bei den Salzburger Festspielen. Mein Erfolg in der Literatur am Naschmarkt mit der Wessely-Parodie war für mich überraschend, denn ich

konnte eigentlich nie Kollegen nachmachen oder mit allen möglichen Dialekten spielen.
Meine Nachfolgerin im Kabarett, als ich an »die Josefstadt« engagiert wurde, war übrigens Heidemarie Hatheyer.

Ich wurde immer wieder gefragt, wie ich zu meinem Künstlernamen gekommen bin. Eigentlich ganz einfach:
Ich habe einmal über Vermittlung von Frau Lamberg-Offer zwei alten Theaterdirektoren vorgesprochen.
»Sie sind talentiert«, sagte der eine. »Wie heißen Sie?«
»Hildegard Kolacný.«
»Das geht nicht. Klingt wie Topfengolatschen.«
Sofort fiel mir Frau Professor Hocke aus dem Gymnasium mit ihrem Aufruf ein: »Jetzt soll einmal herauskommen – die Golaatschnii!«
In nördlicheren Breiten nennt man Golatschen anheimelnd Quarktaschen, in anderen Gegenden Deutschlands Käsetaschen. Das war also kein Name für eine junge talentierte Schauspielerin.
»Da finden wir schon was!« sagte der eine Direktor. »Sie sind doch aus Kroatien?«
Ich nickte.
»Was heißt denn zum Beispiel König auf kroatisch?«
»Kralj.«
»Kralj. Klingt ganz gut. Aber das j hinten können wir nicht brauchen.«
»Aber dann ist es zu kurz«, meinte der andere.
»Na, dann geben wir ein h hinein.«
So kam ich an diesem Tag nach Hause und teilte meiner überraschten Mutter mit, daß ich von nun an Hilde Krahl hieße.
Heute, wo ich so alt bin, daß mich die jungen Leute nicht

mehr kennen, schreiben sie – auf Rechnungen zum Beispiel – wieder »Kral«. Vielleicht ein Resultat der Rechtschreibreform? Jedenfalls ein Beitrag zu dem geistlosen Gerede, daß das Altern auch seine schönen Seiten hätte …

Ich unterschrieb also 1936, gemeinsam mit meinen Eltern, meinen ersten Filmvertrag für eine Hauptrolle. Für diesen Film *Mädchenpensionat* mußte ich den Erzherzog-Johann-Jodler einstudieren, was mir unzählige Angebote einbrachte, bei Veranstaltungen zu jodeln. Und man war sehr konsterniert, als ich erklärte, daß mich für den Film eine Opernsängerin sychronisiert hatte und ich keineswegs selbst sang.
Man war zu dieser Zeit mit einundzwanzig Jahren großjährig, was folgerichtig bedeutete, daß meine Verträge von meinen Eltern mit unterschrieben werden mußten. Sie freuten sich zwar beide über meine Erfolge und das viele Geld, das ich plötzlich verdiente, aber wirklich begriffen haben sie das damals bestimmt nicht. Doch legten mir meine Eltern nie etwas in den Weg, was mir eine Menge Schwierigkeiten ersparte, wie sie andere junge Mädchen immer wieder hatten, die zur Bühne wollten.
Im Jahr 1937 erzählte ich einem Journalisten, der mich mit dem Wortspiel »Madel in Austria« bedachte, meine bisherige Laufbahn folgendermaßen – mit meinen damaligen Worten:

»Ich bin mit einer doppelten Matura ausgestattet: Die eine habe ich im Währinger Mädchengymnasium abgelegt und die andere einen Monat später beim ›Ring der Bühnenkünstler‹. Wenn Sie mich heute fragen, welche mir mehr Aufregung verursacht hat, kann ich wohl schwer antworten. Der *Jungfrau*-Monolog, den ich bei meiner Theaterprüfung bringen mußte, hat mich zwar etwas mehr Anstrengung gekostet als meine letzte Gymnasialprüfung. Allerdings habe ich mich darauf ein paar Jahre vorbereiten können, was bei der Theatermatura absolut nicht der Fall war.

Mein Sprungbrett war ein Theater, so klein, daß nicht einmal fünfzig, nur neunundvierzig Personen Zeugen meines Debuts sein konnten. Sie kennen doch das ›Theater der 49‹? Dort spielte ich die Christine in Schnitzlers *Liebelei*. Nicht lange, nur ein paar Tage, denn bald holte mich von dort Direktor Hock ans Raimund-Theater. Mein Wunsch ging nur halb in Erfüllung: Über die Proben kamen wir nicht hinaus. Das Raimund-Theater mußte schließen.

Ich kam an die Kleinkunstbühne Literatur am Naschmarkt. Vom Oktober 1935 bis Februar 1936 trat ich dort auf und hatte beim Publikum und bei der Presse meinen ersten großen Erfolg. Verschiedene Theaterdirektoren, die zeitweilig die Kleinkunstbühnen nach neuen Leuten absuchten, wurden auf mich aufmerksam. Zwei Monate später war ich Mitglied der Scala. Direktor Beer engagierte mich als Partnerin von Oscar Karlweis für *Hofloge*. Ich hatte ja gehofft, einmal in einem Theater zu landen, das über mehr als fünfzig Zuschauer verfügt, aber daß mein Debut gleich in der Scala – in einer Hauptrolle – mit meinem Liebling Oscar Karlweis als Partner erfolgen sollte, das übertraf alle meine Erwartungen. Was für eine ausgestorbene Art von Theaterdirektor mit Dr. Rudolf Beer verschwunden ist, soll mein Vertrag mit ihm illustrieren: Als ich nach einer Reihe von Aufführungen der *Hofloge* noch immer keinen Vertrag von ihm bekommen hatte, entschloß ich mich, eines Abends zagend und fragend an ihn heranzutreten. Vertrag? sagte er, lächelte ironisch und erstaunt zugleich, riß den weißen Rand einer Zeitung ab, kritzelte den doppelten Betrag der versprochenen Gage hin und unterschrieb. Dabei blieb's.

Dann sah mich Regisseur Géza von Bolvary in der Scala und engagierte mich für seinen Film *Mädchenpensionat*. Wenige Tage später begannen bereits die Aufnahmen. Natürlich war ich sehr glücklich, unter einem so wunderbaren Spielleiter zum erstenmal vor der Kamera arbeiten zu können. Unter einem Filmregisseur hatte ich mir immer das unfreundlichste, aufgeregteste und beleidigendste Wesen der Welt vorgestellt. Hatte ich mich geirrt? Oder ist nur Géza von Bolvary anders? Wie immer dem auch sei, er war unerhört nett und freundlich zu mir, hatte Geduld ohne Ende, beruhigte meine arme kleine Mama, manchesmal war er tatsächlich der einzige Nichtnervöse im Atelier. Was Regisseure betrifft, bin ich also etwas verwöhnt, aber das macht nichts, denn mein nächster Film, *Lumpacivagabundus*, steht ja wieder unter Bolvarys Leitung.

Ich habe mich bei der Arbeit zu meinem ersten Film wohl gefühlt wie der berühmte Fisch im Wasser. Bewegte ich mich doch noch vor einem Jahr, zu meiner Schulzeit, im selben Milieu wie jetzt im *Mädchenpensionat*. Nur daß meine beste Freundin keine Prinzessin, sondern ein ganz bürgerliches Kind war. Allerdings war auch meine wirkliche Freundin oft etwas schwermütig, und ich versuchte mit Erfolg, sie durch allerlei Schabernack etwas aufzuheitern.

Herr Bolvary will den *Lumpacivagabundus* ganz im Spitzweg-Stil drehen. Ich glaube, daß die vier Wochen Arbeit in Wien und Budapest recht ergiebig sein werden. Und nach diesem Film habe ich drei interessante Theaterkontrakte in Aussicht. Ich werde die von der berühmten ungarischen Schauspielerin Murati in Budapest verkörperte Hauptrolle in *Meine Tochter tut das nicht* an der Scala spielen. Es ist ein außerordentlich unterhaltendes und spannendes Stück, das sicher auch in Wien gefallen wird. Dann werde ich in den ersten Novembertagen bei Direktor Hellmer im Theater an der Wien auftreten. Und zwar spiele ich in *Neun Offiziere* von Fraser die einzige – überdies sehr ernste – Frauenrolle.

Anfang Dezember habe ich dann wieder *Matura*. Diesmal im Theater in der Josefstadt. Daß Hofrat Lothar mich nach meiner erst so kurzen Bühnentätigkeit bereits für würdig befunden hat, in der Josefstadt zu spielen, macht mich wirklich restlos glücklich. Und wenn ich in *Matura* mit Erfolg bestehe, hat Hofrat Lothar sogar schon eine zweite schöne Rolle für mich im Auge ...«

Ja, das war mein Plappermäulchen mit noch nicht zwanzig Jahren.

Ich verehrte damals, in den Dreißigerjahren, Greta Garbo – ja mehr noch: ich fand sie anbetungswürdig! Als ich Greta Garbo in einem ihrer berühmtesten Filme, *Königin Christine,* sah, hätte ich nicht einmal zu träumen gewagt, daß ich selbst einmal die schwedische Königin am Theater spielen würde.

Wo ich einst ins Wienzeile-Kino ging, um Greta Garbo als Kameliendame oder als Mata Hari zu bewundern – ich weinte auf dem ganzen Weg nach Hause –, war später die Literatur am Naschmarkt, wo ich meine ersten schauspielerischen Erfahrungen machen konnte. Dann war dort wieder ein Wienzeile-Kino, danach in den Achtzigerjahren das K & K

Theater des Kabarettisten Hans Peter Heinzl – und jetzt ist es ein Supermarkt. Tempi passati …
Als ich 1936 in der Scala – einem Theater, das, wie viele andere in Wien, längst abgerissen ist und einem Geschäftsgebäude Platz gemacht hat – auftrat, war ich Partnerin von Oscar Karlweis und Felix Bressart. Auch dies ein merkwürdiger Zusammenhang: Felix Bressart mußte emigrieren – er ging, wie Oscar Karlweis, nach Amerika –, und ich sah ihn viel später an der Seite meiner verehrten Greta Garbo in dem Film *Ninotschka* wieder.

Mit achtzehn, bei meinem Engagement in der Literatur am Naschmarkt, lernte ich Elisabeth Neumann-Viertel kennen, Ehefrau des berühmten Berthold Viertel. Sie erzählte einmal in der Garderobe eine pikante Geschichte, und alle barsten vor Lachen, nur ich nicht. Ich verstand die Pointe nicht.
»Willst du damit sagen«, fragte Elisabeth ungläubig, »daß du noch nie mit einem Mann beisammen warst?«
»Nein«, sagte ich konsterniert.
Beim Naschmarkt sah ich an der Ecke auf meinem Weg ins Theater immer auffällig viele Frauen stehen, die anscheinend auf etwas warteten. Nach einiger Zeit und weil ich täglich dort vorbeikam, grüßten sie mich schon, und ich grüßte fröhlich zurück. Eines Tages fragte ich Elisabeth Neumann-Viertel, worauf denn die dort warteten. Sie klärte mich auf, und seither weiß ich, was Straßenmädchen sind – für die ich, nebenbei bemerkt, sehr viel Sympathie habe.
Mein erster Mann, der Filmproduzent Heinrich Haas, war älter als mein Vater, und er war sehr reich. Ich wurde mit ihm durch meinen Theaterdirektor Beer bekanntgemacht. Unter anderem besaß Heinrich Haas mehrere Kinos. Er

hatte mich in der *Hofloge* gesehen, bei der Karl Farkas Regie führte. Mein erster Film, *Mädchenpensionat*, war eine Produktion der Styria Film, die Heinrich Haas gehörte. Genaugenommen war *Mädchenpensionat* ja mein zweiter Film, denn ich hatte während meiner Literatur-am-Naschmarkt-Zeit in einer kleineren Rolle schon in dem Film *Puppenfee* neben einem österreichischen Staraufgebot mitgewirkt.
Heinrich Haas hat meinen Vater im Stafa-Kino auf der Mariahilfer Straße in die Kassa gesetzt, damit er eine Beschäftigung hatte. Denn 1925, als ich acht Jahre alt war, hatte die Firma, bei der mein Vater arbeitete, ihre Pforten geschlossen. Er bekam nie wieder eine Anstellung in seinem Beruf als Eisenbahn-Ingenieur. Das, was er danach beruflich machte, waren Notlösungen, um für ihn überhaupt eine Beschäftigung zu finden in einer Zeit der Arbeitslosigkeit. Die Inflation erreichte Spitzenwerte: Man frankierte einen Brief mit 20000 Kronen. Das Wiener Arbeitsamt registrierte 102000 Arbeitslose!
Ende 1936, also im Alter von neunzehn Jahren, bekam ich mein Engagement ans Theater in der Josefstadt für *Matura* von Ladislaus Fodor. Das Theater hatte noch auf dem Programmzettel stehen:
»Die Schauspieler im Theater in der Josefstadt unter der Führung von Max Reinhardt.«
Direktor war Dr. Ernst Lothar, der mit Adrienne Gessner verheiratet war, die auch in *Matura* mitwirkte. Es war eine glanzvolle Besetzung: Anton Edthofer, Hans Thimig, Jane Tilden, Alfred Neugebauer, um nur einige zu nennen.
Karl Paryla war mein Partner, von den Kollegen seiner Spielweise wegen »Schrapnell-Karl« getauft. Er explodierte in jeder Rolle vor Intensität, und sowohl er als auch die Kollegen

Die Schauspieler im

Theater in der Josefstadt

unter der Führung von

Max Reinhardt

Direktion: **Dr. Ernst Lothar**

8 UHR

Donnerstag den 14. Jänner 1937

8 UHR

MATURA

Komödie in drei Akten von Ladislaus Fodor

Dr. Stefan Hoffenreich, Direktor eines Mädchenrealgymnasiums	**Anton Edthofer**
Dr. Dominik Cibula, Professor für philosophische Propädeutik	**Ludwig Stössel**
Dr. Erhart Wilfinger, Professor der Naturgeschichte	**Fritz Delius**
Penz, Professor für Geographie	**Wilhelm Schich**
Federa, Professor für Zeichnen	**Rudolf Teubler**
Dr. Edmund Spindler, Professor für Mathematik	**Hans Thimig**
Clotilde Wimmer, Professorin für Deutsch und Französisch	**Adrienne Geßner**
Dr. Anna Mathé, Professorin für Latein und Geschichte	**Sybille Binder**
Emma Kern, Turnlehrerin	**Susi Witt**
Käthe Seidel (Schülerinnen der achten Klasse)	**Hilde Krahl**
Dora Poßeker (Schülerinnen der achten Klasse)	**Annie Maier**
Fritzi Falk (Schülerinnen der achten Klasse)	**Edith Fiala**
Luise Klein (Schülerinnen der achten Klasse)	**Marcella Hoyer**
Grete Wagner (Schülerinnen der achten Klasse)	**Trude Richard**
Anton, Schuldiener	**Max Brebeck**
Otto Kreindl, ein junger Mann	**Karl Paryla**

Spielt heutzutage in einem Mädchenrealgymnasium

Bühnenbild: **Willi Bahner** Regie: **Albert Heine** Technische Einrichtung: **Karl Dworsky**

Eine kurze Pause nach dem ersten, die große Pause nach dem zweiten Akt

Die richtigen offiziellen Programme (50 g) sind nur bei den Billetteuren erhältlich

Schuhe: Haus der Schuhmoden: H. Bauer, I., Fleischmarkt 10

Toiletten der Frau Binder: Damenmodensalon **Else Fritz**, I., Kohlmarkt 22 — Kleid des Frl. Krahl: **Marianne Gerstenfeld**, IX., Porzellangasse 27 — Hut des Frl. Krahl: Studio **Stella Fraenkel**, I., Fahnengasse 2 (Hochhaus) — Damenhandtaschen: **Nigst & Sohn**, I., Stock-im-Eisenplatz 7 — Überrock des Herrn Paryla: Kleiderhaus **Adolf Unger & Sohn**, III., Landstraße Hauptstraße 60 — Möbel: **Thonet-Mundus**, Ges. m. b. H., I., Brandstätte 2 — Beleuchtungskörper: **Erzgießerei A. G.**, VIII., Josefstädterstraße 44 — Lehrmittel: **A. Pichlers Witwe & Sohn**, V., Margaretenplatz 2 — Schmuck: **„Perlenkönigin" (R. Fleischer)**, VI., Mariahilferstraße 81

Kassen-Eröffnung **9** Uhr vorm. Anfang **8 Uhr** Ende **gegen** **½11** Uhr

Besetzungszettel »Matura« vom 14. Januar 1937. In dieser Inszenierung hatte ich am 22. Dezember 1936 im Wiener Theater in der Josefstadt debutiert.

waren bei den Proben vor blauen Flecken nicht sicher. Dekorationsteile, die nicht gut befestigt waren, fielen häufig seiner Spielwut zum Opfer. Als er mein Partner war, wußte ich jedenfalls bestimmt noch nicht, was ein Schrapnell war.

Willi Forst hatte *Mädchenpensionat* auch gesehen, engagierte mich aber für seinen Film *Serenade* aufgrund meiner Fotos. Es war eine schöne Arbeit, die ausschließlich im Atelier stattfand. Bis auf eine Sequenz, wo ich nackt in einem See schwimmen mußte. Das drehten wir in Bayern, und zwar um fünf Uhr früh! Ich stehe heute noch nicht gerne zeitig auf, aber wenn es der Beruf erfordert, bin ich da!
Ein ganz alter, lieber Maskenbildner hat mich damals für die Badeszene zurechtgemacht, die dann im Film wenige Sekunden dauerte, wie einige männliche Bekannte von mir – offenbar mit Bedauern – bemerkten. Wenn man sich vorstellt, was man 1951 für einen Skandal machte, als Hildegard Knef in Willi Forsts *Sünderin* eine mindestens ebenso harmlose Nacktszene hatte, muß man fast annehmen, daß die Vorkriegsmoral eine andere war als die Nachkriegsmoral. Wolfgang Liebeneiner schrieb einmal über diese Szene:

> Als Hilde, die es sich leisten konnte, in Forsts Film *Serenade* nackt im Eibsee schwamm, wurde das nicht zum Anlaß genommen, eine Pressesensation daraus zu machen. In der Nachkriegszeit, die eigenartig zwischen Exzeß und Muckertum pendelte, wäre sie allein dadurch weltberühmt geworden, und sie hätte diese Berühmtheit mit ihrem Talent nachträglich erworben, um sie zu besitzen.

Mit Kollegen und Regisseuren hatte ich immer unwahrscheinliches Glück: Keiner griff mir unter den Rock, keiner erzählte mir schmuddelige Geschichten.

Filmplakat von Gustav Mezey zu dem Film »Serenade«, 1937

Ich spielte am Theater und im Film von Anfang an Hauptrollen. Da haben mir der Himmel, Gott, die Engel oder möglicherweise auch manchmal die Hölle geholfen. Vielleicht war es auch die Begabung.
So drehte ich also 1937 unter Willi Forsts Regie – ich war zwanzig Jahre jung – *Serenade.* Der Co-Produzent von der Tobis Film hatte den sinnigen Namen Dr. Herbert Engelsing.
Zum Inhalt: Das Mädchen Irene – das spielte ich – lebt der Kunst der Malerei, bis es dem genialen Musiker Ferdinand (Igo Sym) begegnet. Der aber lebt nur in der Erinnerung an seine verstorbene Frau. Als Ferdinands zweite Frau übernimmt nun Irene den Kampf gegen seine unantastbare Vergangenheit, was sehr schwer ist, weil Tote keine Fehler mehr machen können, wohl aber die Lebenden. Wenn man den Film heute sieht, kann man nicht umhin, eine geradezu gespenstische Ähnlichkeit mit Alfred Hitchcocks *Rebecca* zu bemerken, die 1940 nach dem Roman Daphne du Mauriers mit Laurence Olivier und Joan Fontaine gedreht wurde.
Meine weiteren Partner in *Serenade* waren Fritz Odemar, Walter Janssen und Albert Matterstock.
Während der Dreharbeiten zu diesem Film kam ich zum erstenmal nach Berlin, wo ich von Igo Sym empfangen wurde. Willi Forst war schon mit dem ganzen Stab nach Bayern gefahren. Wir sollten zwei Tage später folgen. In einem Lokal brachte der Besitzer das Gästebuch, damit Igo Sym sich darin verewigte. Der gab es dann auch an mich weiter, doch ich weigerte mich standhaft: »Ich bin weder berühmt noch kennt mich hier überhaupt jemand ... nein, ich schreib meinen Namen nicht da herein. Später einmal vielleicht, wenn man wissen kann, wer ich bin.«

Später, als wir das Atelierfest drehten, erzählte ich, wie ich einem Interview des Jahres 1937 entnehme, einer Journalistin von meinen Erfahrungen bei den Dreharbeiten:

»Ich lebe überhaupt nur hier im Atelier. Auch wenn ich einmal einen Tag nichts zu tun habe, komme ich her, setze mich in eine Ecke und sehe und höre zu, um zu lernen. In Bayern bei den Außenaufnahmen war es auch herrlich – wir haben furchtbar viel Spaß gehabt. Sym und Matterstock haben sich manchmal wie zwei Buben benommen, und Willi Forst und alle anderen machten mit. Das scheint mir das Geheimnis bei einem Forst-Film zu sein, die ernsthafteste, besessenste Arbeit mit der lustigsten Laune abwechseln zu lassen – da gibt's einfach keine Müdigkeit und Abspannung. – Mit meiner Rolle bin ich restlos zufrieden, aber nicht mit mir! Doch was mir noch fehlt, das bringt Forst mir schon bei – glaube ich – hoffe ich …«

Willi Forst betreffend muß ich wieder einmal einen zeitlichen Abstecher unternehmen: 1950 gebar Ernst Marboe, der Vater des späteren ORF-Intendanten Ernst Wolfram Marboe, die Idee für den Film *1. April 2000.* Es sollte ein Film über Österreich werden, das seit 1945 von den Alliierten – Russen, Engländern, Amerikanern und Franzosen – besetzt war. In Wien nannte man die Patrouille, bei der jede Woche ein anderer diensthabender Kommandant war, die »Vier im Jeep«. Diese Besatzungsmächte wollte man endlich loswerden. Und man wollte die Geschichte Österreichs, die Kultur und die Menschen, die sich nach Freiheit sehnten, darstellen – eben in einem Film über Österreich.
Außer meinem Mann Wolfgang Liebeneiner wurde auch Willi Forst gefragt, ob er die Regie übernehmen wolle. »Ein Film

über Österreich ...«, sagte Willi Forst verträumt, »... Liebe ..., fallende Blätter ..., Farbe geht weg ...« – Seine Vorstellungen wurden als zu lyrisch abgelehnt.
Bei Willi Forst zu Hause führte eine strenge Frau das Regiment – die schönen Frauen hatte er ohnedies im Film. Nach dem Krieg prägte er den Satz: »Mein Stil hat Pause!« Leider starb er, bevor diese Pause zu Ende war.
In *1. April 2000*, einem Film, der als österreichische Science-fiction-Satire bekannt wurde, hatte ich die Hauptrolle der Weltpräsidentin, die am Ende mit dem österreichischen Präsidenten, dargestellt von Josef Meinrad, der Liebe verfällt.

Ich spielte also 1936/37 schon in vier Filmen. Aber gleichzeitig war ich vollbeschäftigt am Theater. Erst Kabarett, dann musikalische Komödie, dann Theater in der Josefstadt.
Willi Forst drehte 1936 – unmittelbar vor *Serenade* – den Film *Burgtheater* mit Werner Krauß und Hortense Raky, Willy Eichberger und Olga Tschechowa in den Hauptrollen. Franz Herterich, der damalige Burgtheaterdirektor, spielte den – Burgtheaterdirektor. Karl Paryla, O. W. Fischer und Erik Frey waren in dem Film auf der Burgtheatergalerie als Schauspielschüler zu sehen. Paryla heiratete später die Hauptdarstellerin Hortense Raky, mit der er bis zu seinem Tod im Sommer 1996 zusammen blieb. Willy Eichberger, der jugendliche Liebhaber, mußte zwei Jahre später nach Hollywood emigrieren, wo er unter dem Namen Carl Esmond ein ganz gut beschäftigter Filmschauspieler wurde. Derselbe Willy Eichberger spielte 1933 als Partner eines gewissen Wolfgang Liebeneiner in der großartigen Schnitzler-Verfilmung von Max Ophüls' *Liebelei*, die auch Magda Schneider und Luise Ullrich in die erste Reihe der Filmschauspielerinnen

brachte. Gustaf Gründgens verkörperte den Ehemann, der den Fritz (Wolfgang Liebeneiner) erschießt. Und mit Gustaf Gründgens spielte ich 1960 *Das Glas Wasser*. Wolfgang Liebeneiner heiratete mich 1944. Dieser Beruf schafft schon merkwürdige Querverbindungen.

Olga Tschechowa und Werner Krauß wurden Stars des Dritten Reiches, und O.W. Fischer gelangte nach dem Krieg zu Starruhm. Ich spielte mit ihm unter der Regie von Hollywood-Heimkehrer Robert Siodmak in *Mein Vater, der Schauspieler*.

In *Burgtheater* spielte der kleine große Hans Moser eine seiner unvergeßlichen Faktotum-Rollen als Souffleur. Seine Frau Blanka war Jüdin, was selbst dem Publikumsliebling Hans Moser während der Nazizeit große Schwierigkeiten bereitete.

Ich trat mit ihm 1938 im Theater in der Josefstadt in Raimunds *Bauer als Millionär* auf. Hans Moser als Fortunatus Wurzel und ich seine Jugend:

»Brüderlein fein, Brüderlein fein,
wirst mir doch nicht böse sein!
Brüderlein fein, Brüderlein fein,
's muß geschieden sein ...«

Zu den großen Namen, die zu meiner Anfangszeit besonders strahlten, gehörten Albert Bassermann und Tilla Durieux.

In Gorkis *Nachtasyl* spielte ich im November 1937 in der Josefstadt mit Albert Bassermann. Ich durfte meinen Kopf an seinen Bauch lehnen. Darauf bin ich heute noch stolz.

Und einmal fragte man mich, ob ich in Ibsens *Gespenster* spielen möchte. Es war eine Sonderaufführung – drei Festvorstellungen, mit Albert Bassermann und Tilla Durieux in

den Hauptrollen. Heute würde man dafür sicher ein farbiges Titelbild auf der Fernsehbeilage bekommen.
Anstelle einer Beschreibung möchte ich für die vielen, die Bassermann nicht mehr persönlich erlebten, wiedergeben, was Curt Goetz erzählte.
Schauplatz: Das Berliner Lessing-Theater. Stück: Schnitzlers *Der einsame Weg*. Albert Bassermann spielte den Herrn von Sala.

Er trat nicht auf die Szene. Er hatte sich eingefunden. Aber nachdem er sich einmal eingefunden hatte, war er nicht mehr wegzudenken. Warum hing man an seinen Lippen, warum lauschte man mit allen Sinnen diesem gebrochenen, die Nerven bürstenden Organ? Dieser Gentleman, der offenbar einen tiefen Zug aus dem Becher des Lebens getan haben mußte und dessen Zukunft offensichtlich in der Vergangenheit lag, sprach von seinem nahen Ende. Man kann gleichgültig von seinem Tod sprechen und es kann klingen wie Todesfurcht. Man kann gleichgültig von seinem Tod sprechen und es kann affektiert klingen. Aber so aufrichtig gleichgültig ...! – Und wie er dann, als er seinen Abendspaziergang machte, am Teich vorüberkam in Gedanken versunken über sein verpfuschtes Leben – ins Wasser starrte – und auf dem Grund des Teiches es grünlich schimmern sah von dem grünen Kleidchen des Mädchens, das ihn liebte und seinetwegen – da zerriß eine Grimasse so wilden Schmerzes sein bisher so beherrschtes Gesicht, daß es die Zuschauer von den Sitzen hob.
Der Vorhang fiel. Und noch immer saß das Publikum, unfähig zu applaudieren. Ein Schauspieler, der eine Charakterzeichnung auf den Bruchteil einer Sekunde aufbaute, in dem er auf den Grund seiner Seele blicken ließ. Welch

eiserner Beherrschung der Mittel bedarf das! Und dieser Schauspieler hieß Albert Bassermann.

Zu dieser Zeit war ich geistig im Stande der Unschuld. Ich hatte keine Fragen, bekam also auch keine Antworten. Ich war schon damals für alles offen, tat alles, was man mir sagte. Ich war voll Neugier auf das Leben. Ich war plötzlich als Schauspielerin gefragt und wußte nicht genau warum. Und weil ich selbst das viele Leben, das ich nicht kannte, nur ahnte, nicht in meiner beschränkten Welt unterbringen konnte, wollte ich es kennenlernen, indem ich in Rollen eintauchte: junge Mädchen, Prinzessinnen, Geliebte und Verdammte. Und ich entdeckte, daß ich die Menschen zum Weinen bringen konnte. Zum Lachen wollte ich sie nicht bringen, weil ich lieber selber lachte.

Und ich war überaus glücklich, als ich soviel Geld verdiente, daß ich meinen Eltern all das zurückzahlen konnte, was sie für mich getan hatten. Rein materiell gesprochen.

Von mir dank meiner Dauerbeschäftigung kaum wahrgenommen, geschahen in den Dreißigerjahren wieder teils weltbewegende Ereignisse:

Für die Entdeckung der Blutgruppen erhielt der Arzt Dr. Karl Landsteiner 1930 den Nobelpreis. Vorher waren viele Patienten bei Bluttransfusionen an Blutunverträglichkeit gestorben. Auf den allerneuesten österreichischen Tausend-Schilling-Banknoten vor Einführung des Euro prangt jetzt Dr. Karl Landsteiner.

In der Wiener Staatsoper fand 1930 die Erstaufführung von Alban Bergs *Wozzeck* statt. Franz Lehár feierte im selben Jahr seinen sechzigsten Geburtstag.

Die Verfilmung des 1928 erschienenen, sofort zum Welt-

erfolg gewordenen Romans *Im Westen nichts Neues* von Erich Maria Remarque – den ich auch noch persönlich kennengelernt habe – bekam in Österreich und Deutschland ein Aufführungsverbot, weil er »zu pazifistisch« war.
Tod des großen Seelendramatikers und Arztes Arthur Schnitzler 1931.
Tod des – manchmal fanatischen – Sprachsäuberers und Schnitzler-Gegners Karl Kraus 1936.
Engelbert Dollfuß machte sich 1932 nach der Selbstausschaltung des Parlaments zum Diktator. Es gab Bürgerkrieg in Österreich. Dollfuß verbot die Nationalsozialistische Partei. Der Justizpalast brannte.
Die Eröffnung der Literatur am Naschmarkt im November 1933 geschah ein paar Monate nach der Ernennung Hitlers zum Reichskanzler durch Hindenburg in Deutschland. Leider dauerte Hitlers Gastspiel länger als das der Literatur am Naschmarkt.
Dollfuß wurde 1934 von den Nationalsozialisten ermordet.
Hitler marschierte 1938 in Österreich ein. Der Zweite Weltkrieg warf seine Schatten voraus …

Wie man das Leben so spielt

Geschichten aus einer wahnwitzigen Zeit
1937 bis 1947

Zur Zeit von Hitlers Einmarsch in Österreich im März 1938 war ich in Berlin und drehte meinen ersten Film mit Ewald Balser als Partner: *Der Weg zu Isabel*. Als ich nach Wien zurückkam, ging alles scheinbar »seinen geregelten Gang«.

Am Theater in der Josefstadt stand ein Direktionswechsel bevor. Erik Frey wollte Direktor werden, nachdem Ernst Lothar mit seiner Frau Adrienne Gessner emigriert war. Max Reinhardt, Billy Wilder, Fred Zinnemann, Otto Preminger, Erich von Stroheim und andere Regisseure waren bereits in Amerika. Egon Friedell war aus dem Fenster seiner Wohnung gesprungen in panischer Angst vor den Nationalsozialisten. Und viele waren in die Konzentrationslager abtransportiert worden …

Mein neuer Direktor wurde Heinz Hilpert, der seit 1934 als Nachfolger Max Reinhardts und mit dessen Zustimmung gleichzeitig das Berliner Deutsche Theater und die Kammerspiele führte. Für mich hatte das beruflich nur Vorteile, denn viele Produktionen wurden aus ökonomischen Erwägungen erst in Berlin und dann in Wien gespielt und umgekehrt. Meine erste Berliner Premiere hatte ich im Rahmen eines Ensemble-Gastspiels des Theaters in der Josefstadt am 23. Dezember 1938 mit Hermann Bahrs *Wienerinnen*.

Heinz Hilpert mochte mich offenbar sofort und nahm mich mit nach Berlin. In Wien spielte ich unter seiner Regie im November 1939 meinen ersten Klassiker: Shakespeares *Was ihr wollt*.
Wenn mir Frau Lamberg-Offer beigebracht hat, wie man auf einer Bühne spricht und sich bewegt, so habe ich von Heinz Hilpert, dem großen Theatermann, alles gelernt, was das Theater von einem Schauspieler erfordert und wie man schwierige Texte mit Leben erfüllt, allabendlich, jederzeit wiederholbar.
Denn wichtiger noch als meine Erfolge war meine Erziehung durch Hilpert, der ein fanatischer Gegner jeden Star-Wesens war, der es haßte und verachtete und ganz der Sache, dem Stück, diente, das herausgebracht werden sollte. Das bedeutete, daß jeder Schauspieler dazu angehalten war, ein Charakterspieler zu sein und sich für jede Rolle neu zu verwandeln. Heinz Hilpert bleute mir ein: Man darf sich selbst nie überschätzen, man darf nie aufhören zu lernen und vor allem – man darf nicht eitel sein.
Dieser durch und durch künstlerische Mensch hat dafür gesorgt, daß mir auch nicht in den Jahren des grellsten Rampenlichtes irgend etwas in den Kopf gestiegen ist.

Nach den *Wienerinnen* waren die Jugend in Ferdinand Raimunds *Bauer als Millionär* und die Maria del Pilar in Alexander Lernet-Holenias *Glastüren* meine nächsten Aufgaben bei Hilpert in Wien. Im März 1939 gastierten wir Josefstädter mit *Glastüren* wieder an den Kammerspielen des Deutschen Theaters Berlin, wo ich im April 1939 mit Somerset Maughams Gesellschaftskomödie *Der Kreis* Premiere hatte. Über das Theater in der Josefstadt schrieb Hilpert:

Eine Gedenktafel auf der Seilerstätte, wo Fanny Elßler einst wohnte, sagte von ihr: Sie war das Lächeln des Jahrhunderts.

Vom Josefstädter Theater könnte man sagen: Es ist das Lächeln Wiens durch beinahe zwei Jahrhunderte hindurch.

Es ist für mich das schönste, zarteste, leiseste Instrument, auf dem Dichter, Schauspieler und Regisseure spielen können. Es ist so unendlich sensibel, dieses erlesene Instrument! Und es ist nicht nur ein kostbarer Rahmen für die dramatische Kunst, sondern es ist auch ein unbeirrbarer Lügendetektor. In diesem Kleinod wird alle Wahrheit zum Zauber und jede Lüge zu einer decouvrierten Plumpheit. Tausenden von Menschen, in alle Welt gestreut, hat es unvergeßliche Erinnerungen, unauslöschliche Träume, unverletzbare schicksalfordernde Eindrücke geschenkt. Es ist das nobelste und stillste Theater in Europa! Es ist ein Gottesgeschenk an diese Stadt.

Heinz Hilpert liebte starke Schauspielerinnen, starke Frauen: Angela Salloker, Fita Benkhoff, Elisabeth Flickenschildt …

Während der Kriegszeit fuhr er oft in die Schweiz. Das Geheimnis war: Er hatte eine dorthin emigrierte Freundin – Jüdin natürlich –, die er besuchte. Aber keiner der Kollegen, die ich kannte, hat je ein Wort darüber gesprochen.

Hilpert inszenierte, probte aber nicht gern. Das bedeutet, daß er Spielleiter im buchstäblichen Sinne und im Geist Max Reinhardts war. Er leitete das Spiel, aber die Bühne gehörte dem Schauspieler, der ja auch jeden Abend sein Gesicht hinhalten muß für etwaige Mißerfolge. Als Viola in *Was ihr wollt* hätte ich eine Szene gern noch einige Male geprobt, aber Hilpert sagte: »Geh nach Haus. Jearbeitet wird zu Haus.

Hier wird jeprobt, aber nich probiert! – Du machst det schon, Hiddi!«
Wenn es bei ihm eine Party gab, gehörte ich immer zu den letzten, die bereit waren aufzubrechen. So wurde ich bei Hilpert ins Bett gelegt (*bei* Hilpert, nicht *zu* Hilpert!) und schlief bis zehn Uhr morgens. Wenn ich dann zu Hause auftauchte, meinte meine Mutter: »Daß du überhaupt noch nach Hause kommst! Hab ich aber Glück gehabt!«
Aber sie wußte, wenn ich bei Hilpert war, ging das in Ordnung.

Ich kam zu Hilpert ins Büro: »Heinz! Ich habe ein schönes Filmangebot!«
»Ja, du hast'n Filmanjebot. Und von mir haste das Anjebot, nächste Woche mit Proben anzufangen.«
Damit war das Filmangebot erledigt.
Und ich spielte bei Hilpert die Viola, die Eboli, die Luise Miller, die Nora, die Klara in Hebbels *Maria Magdalene* …
Auch privat pflegte mich Heinz Hilpert immer zu »erziehen«: Wir waren bei Hans Holt und seiner Frau eingeladen. Auf dem Heimweg brummte er: »Ick mag det nich! Immer erzählst du wat – und immer stimmst du zu …«

Oft hat man heute den Eindruck, wenn man über den Ausbruch des Zweiten Weltkriegs Berichte liest, daß die Völker Europas in Aufruhr waren. Ich habe ihn wie eine schleichende Krankheit empfunden. Es begann mit dem Polen-Feldzug, und die meisten Leute am Theater und beim Film – mit anderen hatte ich ja kaum etwas zu tun – waren der Meinung, daß in ein paar Wochen »der Spuk« vorüber sei. Dann kam die blitzartige Besetzung Frankreichs, die so schnell vor sich ging, daß man kaum Zeit hatte, die Nach-

D E U T S C H E S T H E A T E R

DIREKTION HEINZ HILPERT

B E R L I N N W 7, S C H U M A N N S T R A S S E 13a

Maria Magdalene

Trauerspiel in drei Aufzügen von Friedrich Hebbel

Regie: Heinz Hilpert — Bühnenbilder: Caspar Neher

Meister Anton, ein Tischler	Robert Taube
Seine Frau	Frida Richard
Klara, seine Tochter	Hilde Krahl
Karl, sein Sohn	Karl John
Leonhard	Siegfried Breuer
Ein Sekretär	Albin Skoda
Wolfram, ein Kaufmann	Heinrich Troxbömker
Adam, ein Gerichtsdiener	Josef Zeilbeck
Ein zweiter Gerichtsdiener	Carl Jönsson
Eine Magd	Madeleine Collier

Technische Leitung: Karl Ruppert — Beleuchtung: Wilhelm Köhler

Pause nach dem zweiten Aufzug

Zu spät kommenden Besuchern können wir erst nach Beendigung des ersten Aktes in den Zuschauerraum Einlaß gewähren. Unsere Logenschließer sind angewiesen, die Türen nach Beginn der Vorstellung geschlossen zu halten und keinerlei Ausnahmen zu machen. Die genauen Anfangszeiten sind jeweils den Tageszeitungen zu entnehmen. — Wir entsprechen mit dieser Maßnahme zahlreichen Zuschriften aus dem Publikum, die uns dringend baten, jede Störung der Vorstellung fernzuhalten.

Im Falle eines Fliegeralarms befolgen Sie bitte die Anweisungen unseres Personals.

Laut polizeilicher Anordnung darf bis zur Entwarnung keine Garderobe ausgegeben werden.

Besetzungszettel zu »Maria Magdalene« vom 12. September 1942, Deutsches Theater Berlin

richten zu verfolgen. Norwegen, Dänemark und Nordafrika waren in Windeseile okkupiert. Dazwischen wurden durch den Hitler-Stalin-Nichtangriffspakt noch jene Gemüter beruhigt, die den Konflikt mit Rußland fürchteten.
Immer, wenn es während meiner zahlreichen Theaterpremieren zeitlich möglich war – wenn Hilpert es mir »erlaubte« –, drehte ich einen Film. Nicht nur, weil es Spaß machte, sondern weil man auch viel mehr Geld dabei verdiente. Das ist ja heute noch so, bloß daß es kaum noch einen deutschen und noch weniger einen österreichischen Film gibt.
Nach der *Postmeister*-Premiere 1940 erhielt ich Waschkörbe voll mit Briefen. Es handelte sich ja schon um meinen sechsten Film seit *Serenade* 1937, aber erst jetzt wurde mir klar, daß das für mich der große Durchbruch war. Und mir wurde die Macht des Films im Vergleich zum Theater klar. Ein Schauspieler kann damit weltberühmt werden, ohne seine Heimatstadt je zu verlassen. Ich erhielt Briefe von Soldaten, die den *Postmeister* in Scheunen gesehen hatten, ein paar Kilometer vor der Front, projiziert auf ein mit Nägeln befestigtes Leintuch. Und einige von ihnen starben sicher wenige Tage darauf bei Kampfhandlungen.
Ich als Dunja erschien – ein zweites Ich, ein Gespenst – gleichzeitig dort, wo Granaten einschlugen, und im Kinopalast, wo die Leute anschließend nach Hause gingen ins warme Bett. Und überall erleidet Dunja unveränderbar ihre Tragödie. Die Männer, die den Film sehen, würden diese Dunja retten, wären sie an Stelle von Hans Holt oder Siegfried Breuer – und die Frauen weinen über den Liebestod und den armen Postmeister.
Beim Theater hingegen fällt der Vorhang, wenn die Jungfrau von Orleans gestorben ist. Man kann dann am Bühnen-

türl warten und sich ein Autogramm geben lassen von der Schauspielerin, die hoffentlich weder eine Jungfrau noch eine von Orleans ist. Denn im ersten Fall hätte sie die Rolle nicht überzeugend spielen können, und im zweiten hätte man sie nicht verstanden, weil sie Französin wäre. Ich habe die Jungfrau von Orleans bis zur nächsten Vorstellung in meiner Garderobe gelassen bei meinem Kostüm und in den Herzen und Köpfen der Zuschauer, wenn – ja wenn ich so gut war, um betroffen zu machen.

Als ich einmal mit meinem Mann im Schneideraum war, ist mir das Wunder klargeworden: 130000 einzelne Bilder liegen in runden Blechdosen. Durch einen einfachen mechanischen Apparat, den sogar eine angelernte Hilfskraft bedienen kann, werden diese Bilder zum Leben erweckt, zum Sprechen gebracht. Und in einem verdunkelten Raum sitzen viele Menschen, die lachen und weinen über das Schicksal von anderen Menschen, die von einem Autor erdacht, von einem Regisseur geführt, von einem Kameramann auf Zelluloid gebannt, von einem Schauspieler zum Leben erweckt worden sind.

Und mit diesem Projektionsapparat können sogar Tote immer wieder auferstehen – denken wir nur an Hans Moser oder Charlie Chaplin. Über sie lachen und weinen Menschen, die noch gar nicht geboren waren, als jene starben. Das ist das Wunder des Films.

Und ich sitze mit meinen achtzig Jahren vor einem Fernsehbildschirm und sehe zu, wie ich im Alter von dreiundzwanzig Jahren das Schicksal der Dunja erleide. Nur schade, daß so vielen Menschen, die einen Fernseher haben, der Weitblick fehlt …

Oft bekomme ich heute zu hören: »Mein Gott! Waren das

noch Zeiten, als Sie im *Postmeister* gespielt haben!« Und alle haben vergessen, daß es das zweite Kriegsjahr war – was die Zeiten betrifft. Allerdings herrschte 1940 eine nicht geringe Euphorie, denn Deutschland schien den Krieg zu gewinnen. Man hatte die Tschechoslowakei, Polen, Frankreich, Norwegen überrannt unter Mißachtung aller bis dahin gültigen Konventionen wie Neutralität und Menschenrechte. Durch diese Scheinerfolge wurde aber das Regime Hitler, Goebbels, Göring, Himmler zementiert, denn – wie es auch im Film heißt –: Gegen Erfolg gibt es kein Argument. Es war die »Organisierung der Arbeitslosen durch die Arbeitsscheuen«.
Und da es während des »Tausendjährigen Reiches« kein Fernsehen gab, wie heute beim Jugoslawien-Krieg oder bei Gemetzel in Afrika, sahen die Leute die Deutsche Wochenschau mit ihren euphorischen Siegesmeldungen. Söhne und Väter kamen auf Heimaturlaub und wurden von ihren Frauen als Helden bewundert und gefeiert: Eiserne Kreuze, Mutterkreuze wurden verteilt. Die Millionen Holzkreuze sah noch niemand. Auch nicht den Bau von Gaskammern und Verbrennungsöfen durch eine florierende Industrie.
Bertolt Brecht sagte einmal: »Man spricht immer von der Großartigkeit antiker Bauten, und die Herrscher, unter denen sie gebaut wurden, sind in Stein verewigt. Aber nirgends stehen die Namen der Arbeiter, die das Bauwerk errichtet haben.« Der gute Brecht hat nur etwas vergessen: Die Arbeiter, die etwas errichten, kümmern sich nicht einen Deut darum, um welches Gebäude es sich handelt, weil sie mit der Arbeit ihren Lebensunterhalt und den ihrer Familien verdienen. Denn es müssen ja wohl auch Arbeiter gewesen sein, die die Konzentrationslager und die Gefängnisse gebaut haben, nicht nur die Paläste.

Um noch einmal auf den *Postmeister* zurückzukommen, auf den heute fast jeder zurückkommt, mit dem ich spreche: Es ist ja nicht so, daß ich mich nicht darüber gefreut und den Erfolg genossen hätte, aber mir vermittelt sich oft der Eindruck, als hätte ich außer diesem Film nichts anderes gemacht. Doch es gibt vieles, was ich gern gespielt habe, vor allem auch am Theater. Und auf die Dunja im *Postmeister* kann ich nicht so sehr stolz sein, denn eine so gute Rolle in einem so guten Film nach einer so guten Novelle trägt eine Schauspielerin geradezu. Da muß man ja gut sein.
Gustav Ucicky hat eine ausgezeichnete Regiearbeit geleistet, und meine Partner waren großartig: Heinrich George, Siegfried Breuer, Hans Holt.
Skurriles Detail am Rande: Die Puschkin-Novelle als literarische Vorlage wurde deshalb gewählt, weil es doch den Hitler-Stalin-Pakt gab und man den Russen gegenüber eine Geste setzen wollte. Ziemlich genau ein Jahr später wurde der Angriff auf die Sowjetunion befohlen, und prompt wurden keine russischen Autoren mehr verfilmt oder auf dem Theater gespielt. Und die Sowjetunion setzte in allen Kinos den bis dahin wegen des Nichtangriffspaktes zurückgehaltenen Film von Sergej Eisenstein *Alexander Newski* ein, der den Kampf der Russen gegen die Deutschordensritter beschreibt.

Heinrich Georges große Liebe war Elisabeth Bergner gewesen. Sie war schon Ende 1932 mit ihrem Mann Paul Czinner erst nach England, dann nach Amerika gegangen. Heinrich George aber hatte in seinem Wohnzimmer ein großes Bild von ihr hängen. Man erzählte sich, er habe, wieder einmal volltrunken, seiner Frau Berta Drews befohlen: »Knie nieder vor dieser Frau! Sie ist die größte Schauspielerin!«

Die Gäste waren peinlich berührt, aber Berta Drews kannte ihren spinnenden Koloß.
Besonders bemerkenswert fand ich es, daß Heinrich George während der Arbeit am *Postmeister* keinen Tropfen Alkohol trank. Dafür standen Kisten mit Mineralwasser in seiner Garderobe. Alle zwei Stunden mußte ihm vom Garderober der Kragen gewechselt werden, so schwitzte er.
Er mochte mich und er liebte seine Rolle, dieser etwas unförmige Mann mit der Kinderseele, ein Bär, dessen aus den Fugen quellendes Gesicht meist etwas gutmütig Eiferndes ausstrahlte. Ich habe von ihm ungeheuer viel gelernt.
Wenn ein Schauspieler Alkoholiker ist, dann sollte er wenigstens auf der Bühne oder vor der Kamera nicht betrunken sein. Denn dann geht es entweder mit der Karriere oder mit seinem Leben bergab. Manchmal mit beidem. Wie man an den traurigen Beispielen eines Oskar Werner oder eines Helmut Qualtinger sehen konnte. Sehen ohne die Chance, auch nur im geringsten helfen zu können.

Der zweite gewaltige deutsche Schauspieler neben Heinrich George war Emil Jannings, mit dem ich selbst weniger zu tun hatte, aber um so mehr Wolfgang. Jannings war der Intellektuelle, George der Kraftmensch. Wolfgang Liebeneiner machte den Bismarck-Film *Die Entlassung* mit Emil Jannings.
Im Zusammenhang mit diesem Film besuchte Wolfgang einmal Emil Jannings in seinem Haus in der Nähe von St. Gilgen am Wolfgangsee. Jannings führte ihn mit listigem Grinsen auf seine Terrasse und zeigte ihm sein Fernrohr. Es war auf das berühmte »Weiße Rössl« am gegenüberliegenden Seeufer gerichtet. Jannings erzählte, daß er dort den

Herzog von Windsor mit seiner amerikanischen Frau Wallis beobachten könne, derentwegen er auf die Krone Englands verzichtet hatte.
Wenn Jannings das Fernrohr nur ein kleines Stück nach rechts drehte, hätte er den Friedhof von St. Wolfgang sehen können, auf dem sich heute sein Grab befindet.

Wenn ich über Liebe und Krieg, aber auch über meine Filmpartner nachdenke, kann Siegfried Breuer nicht unerwähnt bleiben.
Ich spielte in der Josefstadt, als Siegfried Breuer und Karl John – die beiden Buben, wie ich sie nannte – in der Kulisse standen und mich beobachteten, als ich die Jugend sang im *Bauer als Millionär* mit Hans Moser: »Brüderlein fein ...«
Da merkte ich, daß beide im wahrsten Sinne des Wortes »ein Auge auf mich hatten«.
Karl John warb unentwegt um mich in dieser Zeit, halb im Spaß, halb im Ernst. Er hatte dauernd Affären mit Frauen, trotz seiner langjährigen Freundin Else Bongers. Vielleicht reizte ihn gerade meine manchmal sehr herbe Widerborstigkeit. Und er sprach fast immer im Konjunktiv: »Man müßte ... man sollte ... man könnte ... es wäre ...«
Er ließ sich nie entmutigen – so wurde er einer der besten Freunde von mir und Wolfgang. Ich konnte mich nie von ihm im Auto irgendwo hinbringen lassen, denn er hielt an jeder Ecke und erzählte mir eine Geschichte. Ich wäre unweigerlich überall zu spät gekommen, hätte ich mich von Karl John öfter transportieren lassen. Man *sollte* das bedenken, sonst *müßte* man eine andere Lösung anstreben und *könnte* einen Mann fürs Leben finden ...
Karl John wurde ein guter Freund, aber in Siegfried Breuer

verliebte ich mich. Er war der einzige Schauspieler, in den ich mich verliebt habe. Breuer war mein Filmpartner im *Postmeister*, auf der Bühne in *Maria Magdalene*. Er war fabelhaft als der böse Leonhard, vor den die Klara sich hinkniet und bittet: »Heirate mich!«

Auch in dem Film *Anuschka* war er sehr böse zu mir. Ich spielte sein Dienstmädchen und wurde hinausgeworfen, weil er mich des Diebstahls beschuldigte. Zu Unrecht!

Die Kollegen gewöhnten sich daran, daß wir so etwas wie ein Paar waren. Das waren wir aber nicht. Das konnte man mit dem Siegi nicht sein. Er hatte seine Ausflüge in Bars und Stammlokale – ich habe das Leben nicht mit ihm geteilt. Eigentlich war es eine Beziehung auf der Bühne – und bissel nachher im Café sind wir Arm in Arm gesessen. Aber ich liebte ihn schon, er wirkte geheimnisvoll – der levantinische Typ. Sinnliche Augen, eloquentes Benehmen …

Seine Frau war Soubrette und ebnete dem Siegi seinen Weg in Graz, wo er schon große Rollen spielte. Als er dann an die Josefstadt kam, hat er sich als Dank scheiden lassen.

Dann lernte ich 1941 bei dem Film *Das andere Ich* in Berlin Wolfgang Liebeneiner näher kennen. Die Beziehung zu Wolfgang, die damals noch gar keinen spektakulären Anfang nahm, war natürlich einschneidend für mein weiteres Leben.

Breuer kam nach Berlin. »Haben wir nicht ausgemacht zu heiraten?«

»Aber geh! Dich kann man gar nicht heiraten!« Aber er gefiel mir wieder.

Wolfgang sehen und fühlen: »Das ist ein Mann fürs Leben«, war eins. Aber er war ja noch mit Ruth Hellberg verheiratet, die auch im *Postmeister* mitgespielt hat, und zwar als Dunjas Freundin Elisabeth.

Dann sagte ich Siegi: »Das wird nichts mit uns. Ich hab einen andern kennengelernt.«
Das war der Todesstoß für ihn, wie er später sagte. Alkohol, kleinere Rollen …
Heinz Hilpert mochte ihn und engagierte ihn fest. Breuer spielte wieder wesentliche Rollen – Hauptrollen. Dann wurde er krank, hatte finanzielle Schwierigkeiten.
Er sagte angeblich zu Kollegen: »Der Liebeneiner hat der Krahl so geschadet! Eine solche Prachtperson und ein Intellektueller – das is nix!«
Als Siegfried Breuer 1952 starb, bezahlte Heinz Hilpert alle seine Schulden.

Jetzt habe ich ihn schon so oft erwähnt, daß es an der Zeit ist, von dem Mann zu erzählen, mit dem ich von 1944 bis zu seinem Tod 1987 verheiratet war: Wolfgang Liebeneiner.
Er ist 1905 – zwölf Jahre vor mir – in Schlesien geboren, beim Riesengebirge.
1930 spielte er in München in einer studentischen Laienaufführung den Torquato Tasso. Der große Theatermann Otto Falckenberg, langjähriger Direktor der Münchner Kammerspiele, wurde auf ihn aufmerksam. Aber nicht wegen des Tasso, sondern: Wolfgang wurde vor den Vorhang geschickt, um dem Publikum spontan etwas mitzuteilen. Und das machte er offenbar so hinreißend, daß Falckenberg ihn als Regieassistenten verpflichtete. Nach dreijähriger Tätigkeit bei Falckenberg engagierte ihn Max Reinhardt nach Berlin an sein Deutsches Theater und darauf Gustaf Gründgens an sein Staatstheater am Gendarmenmarkt. Mit dem Film kam er erstmalig 1931 in Berührung. Er spielte in dem Film über den Ersten Weltkrieg *Die andere Seite*.

1933 war er der Fritz in der Schnitzler-Verfilmung *Liebelei* neben Magda Schneider und Luise Ullrich. Mit *Versprich mir nichts* und *Der Mustergatte* mit Heinz Rühmann, 1937, debütierte Wolfgang erfolgreich als Filmregisseur.
1941 nahm mich eine Freundin mit zu Liebeneiners Geburtstagsparty, die mir überhaupt nicht gefallen hat. Wolfgang hatte von irgend jemand eine Querflöte geschenkt bekommen, auf der er sofort zu spielen versuchte. Es klang gräßlich. Um seine Gäste hat er sich überhaupt nicht gekümmert. Wolfgang seinerseits wurde von einer Freundin bestürmt, er müsse sich meinen Film *Die barmherzige Lüge* ansehen, um die Schauspielerin Hilde Krahl zu sehen. Er fand den Film scheußlich und lachte – in einem tränenreichen Melodram! – Und 1944 heirateten wir unter den schon geschilderten schwierigen Umständen in Wien.

In diesem Zusammenhang eine kleine Episode:
Schlafwagen erster Klasse Berlin–Wien. Heinz Hilpert stellt überrascht fest, daß Wolfgang Liebeneiner das Abteil mit ihm teilt.
»Wo fährst'n du hin, Wolfgang?«
»Nach Wien.«
»Was machste denn in Wien?«
»Ich heirate.«
»Was? Wen heiratest du?«
»Na, die Hilde Krahl!«
Hilpert fiel fast aus dem Bett. – Ich hatte nicht gewagt, es ihm zu sagen. Obwohl ich ihm sonst alles erzählt habe.
Wolfgang schimpfte mit mir: »Den Heinz hat fast der Schlag getroffen!«
Bei der Hochzeit war Hilpert als einziger Nichtverwandter

eingeladen. Dazu noch Mutter, Vater und vier Leute aus Jugoslawien mit Rucksäcken voll Essen. Als man mir dezent zu verstehen gab, daß ich als Frischvereheliche mit meinem Angetrauten zu verschwinden hätte – als erste! –, sagte ich, daß ich aus Respekt vor Hilpert nicht vor ihm das Fest verlassen wollte.

Wolfgang hat einmal etwas sehr Schönes über mich als Schauspielerin gesagt:

»Hilde war immer, auch als Liebhaberin, eine Charakterspielerin, das heißt, sie hat sich nie auf die Wirkung ihrer Persönlichkeit verlassen, was ja den Star ausmacht, sondern sie hat stets versucht, sich selbst der Rolle anzugleichen. Der Star ist ein Markenartikel: So wie Persil Persil bleibt, bleibt der Star sich in jeder Rolle gleich; er wandelt sich nicht, er wandelt die Rolle. Das hat Hilde nie getan.«

Mein erster Film unter der Regie von Wolfgang Liebeneiner war *Das andere Ich*.
Bei den Aufnahmen zu diesem Film spürte ich wieder einmal, wie sich mein Eintauchen in eine Rolle in der Praxis gestaltete. Mathias Wieman, mein Partner, stand vor der Kamera, ich neben ihr, um ihm meinen Dialogteil für die Schuß-Gegenschuß-Aufnahme zu geben. Wieman hatte grimmig zu sein, weil ihn eines der beiden Mädchen, die ich spielte, an der Nase herumführte. Er blitzte mich mit blauen Augen an, sein Mund verschloß sich hart, die Worte flogen knapp und scharf wie Pfeile. Ich gab tapfer Antwort, wie es im Drehbuch stand. Als die Einstellung beendet war, sprang ich zu Wieman hin, schüttelte ihn und rief unter Lachen und Weinen, er solle mich doch nicht so schrecklich böse angucken,

das hielte ich nicht aus. Obwohl ich nicht im Bild war, sondern nur Stichworte brachte, hatte ich die Szene mit aller Intensität erlebt, bis zu dem Maße des inneren und äußeren Beteiligtseins, daß ich sie unmittelbar danach noch wie eine Wirklichkeit weiter empfand.

Wohl fast ein jeder hat es in sich, das andere Ich. Es schaut uns stirnrunzelnd über die Schulter und hebt mahnend den Zeigefinger des Gewissens, wenn wir einmal zu leichtsinnig und ausgelassen sind. Heinrich Spoerl, ein Meister der Situationskomik, hat sich in seinem Drehbuch für *Das andere Ich* dieses psychologischen Faktums bemächtigt und aus einer stichhaltig konstruierten Zwangslage die beiden Ichs in dem Mädchen Magdalena so weit zur Selbständigkeit wachsen lassen, daß daraus eine Magda und eine Lena werden: eine Werkssekretärin, die nachts im Arbeitskittel mit streng zurückgekämmtem Haar mit nüchterner Sachlichkeit Dienst in einer lärmdurchtosten Maschinenhalle tut und jeden Flirt eisig zurückweist – und eine technische Zeichnerin mit Lockenkopf und reizend kapriziösen Kleidern, die tagsüber im Büro steht und nicht gerade mit Zurückhaltung kokettiert. Es war eine enorm reizvolle Aufgabe für mich, diese zwei Frauen in einer unter der Regie Wolfgang Liebeneiners zu gestalten. Liebenswerte Randfiguren waren Erich Pontos Geheimrat und Margarete Haagens zimmervermietende gutmütig-barsche höhere Witwe.

Nach dem letzten Drehtag war das erste, was ich äußerte, das Bedauern, daß diese von Wolfgang so vorbildlich geführte Spielgemeinschaft auseinandergehen müsse. Es war eben doch ein Stück eigenes Leben, das in diesen Stunden zu Ende ging.

Als G.W. Pabst den Film über die Neuberin, *Komödianten*, drehte, durfte ich neben Käthe Dorsch spielen. Später verkörperte ich an den Hamburger Kammerspielen selbst die Neuberin.
In Pabsts Film kämpft Karoline Neuber, Prinzipalin einer fahrenden Schauspielertruppe, um Qualität und Ansehen eines spezifisch deutschen Theaters, gereinigt von den Possen des zotenreißenden Hanswurst und bereichert durch Werke, deren Pionier Gotthold Ephraim Lessing ist. Sowohl die Neuberin (Käthe Dorsch) als auch die Attraktivste und Treueste aus dem Ensemble, Philine Schröder (meine Rolle), haben die Chance, das entbehrungsreiche Komödiantenleben gegen das Dasein an der Seite eines reichen und mächtigen Mannes einzutauschen. Beide entscheiden sich fürs Theater.
Wolfgang sagte immer, daß Käthe Dorsch die größte Schauspielerin für ihn war. Andere große Schauspielerinnen spielen immer nur sich selbst, aber die Dorsch war stets die Rolle. Wenn sie als Gretchen erzählte:

»Und früh am Tage schon am Waschtrog stehn.
Dann auf den Markt und an dem Herde sorgen,
Und immerfort, wie heut so morgen.
Da geht's, mein Herr, nicht immer mutig zu;
doch schmeckt dafür das Essen, schmeckt die Ruh«,

dann war sie eine Königin. Andere spielen das Gretchen nur, sie war es. Man könnte sie als weibliche Variante von Werner Krauß bezeichnen, der für eine gute Rolle seine Seele verkaufte.
Als er den Film *Jud Süß* annahm, warnte ihn Wolfgang Liebeneiner: »Werner, warum machst du das?«
»Weißt du, wie viele verschiedene Juden ich in diesem Film spiele? Fünf! Und jeden anders!«

»Aber weißt du nicht, welchen Schaden du damit anrichtest?«
»Das geht mich nichts an – ich bin Schauspieler!«
Die Geschichte dieses berüchtigten Films ist faszinierend, und ich habe erst nach dem Krieg darüber gelesen:
Der historische Joseph Süß-Oppenheimer wurde als Halbjude 1692 in Heidelberg geboren und war Finanzberater des Herzogs Karl Alexander von Württemberg. Er wurde 1738 nach dem Tod des Herzogs hingerichtet. 1827 schrieb Wilhelm Hauff eine Novelle über ihn, 1925 der jüdische Autor Lion Feuchtwanger einen Roman, und 1934 wurde dieser in England verfilmt. Im Roman sind der Herzog und der Jude lüstern und machthungrig. Als der Herzog der Tochter des Juden nachstellt, springt sie vom Dach in den Tod. Süß-Oppenheimer schwört dem Herzog Rache. – Der Regisseur Veit Harlan drehte 1940 einen antisemitischen Propagandafilm, in dem der Jude als Lüstling für die Freilassung ihres Ehemannes die Hingabe der schönen Dorothea (Kristina Söderbaum) fordert. Sie tut es, der Ehemann kommt frei, und sie geht ins Wasser. Der Herzog läßt Oppenheimer freie Hand für einen Staatsstreich, der aus Karl Alexander einen absoluten Souverän machen soll. Aber der Herzog erliegt einem Schlaganfall. Oppenheimer wird gehängt. Alle Juden müssen das Land verlassen. Die Besetzung des Films war vom Besten: Ferdinand Marian in der Titelrolle, Heinrich George als Herzog, Werner Krauß als Rabbi Löw und noch vier andere Juden, weiters Theodor Loos, Eugen Klöpfer, Wolfgang Staudte und Albert Florath …
Die größte Perfidie war aber der Einsatz des Films. Immer wenn die Nazis eine »Säuberungsaktion« in einem Ghetto planten, wurde der Film vorher eingesetzt.

Ich hatte bei meinen Filmverpflichtungen unwahrscheinliches Glück. Es wurde mir nie ein politischer Stoff angeboten. Es waren Gesellschaftsfilme, Lustspiele, Liebesgeschichten. Meine Filmographie während des Dritten Reiches liest sich so: *Gastspiel im Paradies* (Regie: Karl Hartl), *Der Hampelmann* (Karl Heinz Martin), *Die barmherzige Lüge* (Werner Klingler), *Der Weg zu Isabel* (Erich Engel), *Donauschiffer* (R. A. Stemmle).
Zu diesem Film des Jahres 1940, in dem Attila Hörbiger mein Partner war, möchte ich etwas erzählen, was Filmarbeit verdeutlicht: Wir hatten auf einem echten Donaukahn gedreht mit allen Unbilden und Unzulänglichkeiten, die das mit sich brachte. Als wir nach Wochen erschöpft und abgedreht waren, sah sich der Produzent das Resultat an und beschloß: »Das Material ist unbrauchbar! Wir bauen den Donaukahn im Atelier nach, und alle Schauspielszenen werden im Atelier wiederholt!«
Wir drehten den Film dann praktisch in vierzehn Tagen noch einmal.
Nach *Donauschiffer* kamen *Der Postmeister* (Gustav Ucicky), *Herz modern möbliert* (Theo Lingen), *Komödianten* (G. W. Pabst), *Das andere Ich* (Wolfgang Liebeneiner), *Anuschka* (Helmut Käutner), *Meine Freundin Josefine* (Hans H. Zerlett), *Großstadtmelodie* (Liebeneiner), *Träumerei* (Harald Braun) und *Das Leben geht weiter* (Liebeneiner).
Und am Theater hatte ich bei Heinz Hilpert, der sich überhaupt nicht auf Propagandastücke einließ, nach den bereits genannten Stücken Goldonis *Kaffeehaus*, Schillers *Kabale und Liebe*, Ibsens *Nora*, Schillers *Don Carlos* und *Achill unter den Weibern* von Ernst Jüngst.
Wie man daraus leicht ersehen kann, war ich voll beschäftigt

und nie arbeitslos. Was keine Entschuldigung für mein absolutes politisches Desinteresse sein kann. Wohl aber eine Erklärung. Mir ging es um gute Rollen, um dramatische Rollen!
Dramatische Rollen: Eintauchen in ein anderes Leben – eintauchen in Schmerz und Verzweiflung – alles, was man im alltäglichen Leben, wohlbehütet, nicht loswird.
Ich kann frech werden – ein bißchen untreu – statt anzurufen, warten lassen – das weiß ich alles. Aber das ist nicht tragisch.
Oder wie Curt Goetz es ausdrückte: »Wenn eine Tranfunzel flennt – das ist nicht tragisch. Tragisch ist es, wenn das Lächeln weint.«
Romeo und Julia ist eine Tragödie. Wenn ein Friseur Liebeskummer hat, wird eher ein Schwank daraus. Womit ich nichts gegen die Friseure gesagt haben will.
Ich schaue mir nichts Lustiges an. Lustig bin ich selber. Und ich lache über mich. Wenn das mehr Menschen könnten, hätten wir weniger Fanatiker. Was den Fanatiker auszeichnet, ist die Humorlosigkeit. Das macht ihn so gefährlich, egal wofür er steht. Der Fanatiker löst ohne zu zögern die Stampede aus, wenn sein Wort auf fruchtbaren Boden fällt. Und unter den trampelnden Hufen der Rinderherde werden Körper, Pflanzen und Humanismus begraben. Wenn der einzelne im Gebrüll, im Kriegsgeschrei, untergeht ... Ob die Redner nun Mussolini heißen, Conrad von Hötzendorf, Goebbels, Hitler, Castro oder Ulbricht.
Angeblich soll im Jenseits Walter Ulbricht dem Götz von Berlichingen begegnet sein. Der stellte sich höflich vor: »Götz mit der eisernen Hand.«
Drauf Ulbricht in unverfälschtem Sächsisch: »Walter mit der feurigen Zunge!«

THEATER IN DER JOSEFSTADT

DIREKTION HEINZ HILPERT

WIEN, VIII., JOSEFSTÄDTER STRASSE 26

Dienstag, den 4. Mai 1943

Zum ersten Male:

NORA

Schauspiel in drei Akten von Henrik Ibsen

Regie: Heinz Hilpert — Bühnenbilder: Ernst Schütte

Helmer, Advokat	Hans Thimig
Nora, seine Frau	Hilde Krahl
Doktor Rank	Anton Edthofer
Frau Linde	Vilma Degischer
Krogstad, Anwalt	Walter Richter
Ivar (Kinder Helmers)	Rolfi Truxa
Bob (Kinder Helmers)	Fredi Langauer
Emmy (Kinder Helmers)	Helga Fach
Anne-Marie, Kinderfrau (bei Helmers)	Gisa Wurm
Helene, Hausmädchen (bei Helmers)	Helly Servi
Ein Dienstmann	Fritz Gamberti

Technische Einrichtung: Karl Dworsky — Beleuchtung: Franz Pribil

Pause nach dem zweiten Akt

Beginn 7 Uhr — Ende gegen 10 Uhr

Besetzungszettel zur Premiere »Nora« am 4. Mai 1943 im Theater in der Josefstadt

Götz stutzte und meinte dann: »Na ja – trotzdem!«
Fanatiker können nicht lachen. Ein Schauspieler ohne Humor wird nie ein großer Schauspieler. Man kann mit mir viel lachen. Womit ich nicht sagen will, daß ich groß war. Groß sind für mich Dürer, Chagall, Rubinstein, Slezak, Caruso, Pavarotti, Gould, Joseph Roth und Torberg …

Tendenziöse Filme wie *Ohm Krüger* oder *Der alte und der junge König* resultieren aus einer historischen Perspektive, wie sie dem herrschenden Regime gerade ins Konzept paßt.

Wolfgang hat mir das einmal so erklärt:

»Im alten Preußen lernten wir, daß der Alte Fritz der Schöpfer von Preußens Größe und damit einer der Gründer des Deutschen Reiches sei. Als ich auf der Universität Innsbruck Historie hörte, erfuhr ich dort, daß König Friedrich von Preußen das Deutsche Reich zerstört und seinen endgültigen Untergang durch Napoleon vorbereitet hatte. Schiller hat einmal gesagt, die Weltgeschichte sei das Weltgericht. Und wirklich gleicht der Historiker ebenso wie der Verfasser eines historischen Dramas einem Richter, denn jeder versucht, ›Wahrheit zu finden‹. Zu diesem Zweck sammeln sie möglichst viele Fakten, um die Wirklichkeit zu rekonstruieren. Die Wirklichkeit ist aber nicht die Wahrheit. Jeder Mensch hat seine eigene Wahrheit in einer einzigen Wirklichkeit. Das Gericht bemüht sich noch die Motive einer Tat zu finden, denn erst die Motive ergeben die Wahrheit. Nun gibt es die Wahrheit des Autors, die Wahrheit des Regisseurs, die Wahrheit des Schauspielers und die Wahrheit des Zuschauers. Ein Mann, der einen anderen umbringt, ist ein Mörder. Handelt er aber im Auftrag des Staates, ist er ein Held. Die Sieger einer Revolution lassen bekanntlich sich und ihre Anhänger zu Helden erklären und ihre unterlegenen Gegner zu Verbrechern. Solche Beurteilungen bleiben manchmal durch Jahrtausende stehen und waren doch nur von Zufällen abhängig und für die Propaganda formuliert.«

Wolfgang drehte seinen Film *Ich klage an* mit Paul Hartmann und Heidemarie Hatheyer während des Krieges. Und weil dieser Film die Sterbehilfe behandelte, wurde er als Propagandafilm für die Nazis und ihr Euthanasieprogramm betrachtet. Er brachte Wolfgang nach dem Krieg ein Berufsverbot ein, das aber ein Jahr später wieder aufgehoben wurde. Hätte er den Film in den Sechzigerjahren gedreht, wäre es eine »Diskussionsgrundlage« gewesen.

Dazu erläuterte Wolfgang weiter:

»Der historische Forscher und erst recht der Dramatiker sind genausowenig wie ein Gericht imstande, die ganze Wahrheit festzustellen. Aber sie können versuchen, das Geschehene in seinem Ablauf zu rekonstruieren, um es dann von ihrem Standpunkt aus zu beurteilen. Der Standpunkt des Gerichtes ist das gerade gültige Gesetzbuch mit seinen Paragraphen. Der Standpunkt des Historikers ist seine eigene Weltanschauung. Der Standpunkt des Dramatikers wird von diesem selbst gewählt: er ordnet den Stoff nach dramaturgischen Gesichtspunkten, um mit Hilfe dieser Ordnung seine persönliche Meinung zu beweisen. Wo bleibt da die Wahrheit? – Wer bei Schiller etwas über die Geschichte der Jungfrau von Orleans erfahren will, der erfährt fast nichts. Aber dramaturgisch und psychologisch ist die Geschichte, die Schiller erzählt, absolut wahr.«

Ich habe, glaube ich, jede Bühnenfassung der heiligen Johanna gespielt, nur daß der Deutsche Schiller, der Ire Shaw

und der Amerikaner Anderson, schon national bedingt, eine andere Sicht hatten. Johanna war schließlich eine französische Nationalheldin, und selbst Shakespeare hat sie in einer kurzen Szene von *Heinrich VI.* als »französische Hexe« abgetan. Ich als Schauspielerin fand die Beschäftigung mit den verschiedenen Jungfrauen von Orleans enorm spannend, und als Schauspielerin habe ich die Sicht des jeweiligen Autors dargestellt – beeinflußt vom Regisseur der jeweiligen Inszenierung.
»Wichtig ist einzig und allein«, sagte Wolfgang, »daß die Dosierung von Schwarz und Weiß die richtige bleibt, daß die Motive der handelnden Personen möglichst nicht verfälscht werden und daß der Zuschauer eine geistige Erbauung mit nach Hause nehmen kann. Charlie Chaplin ist der Beweis dafür in *Modern Times*, wo man sich kaputtlachen kann und trotzdem das soziale Engagement und die Warnung vor dem Maschinenzeitalter mitnimmt.«

Ich hatte das Glück, bei den Festen und offiziellen Veranstaltungen der Naziführung nie anwesend zu sein, weil ich zwischen Wien und Berlin pendelte, und immer wenn ein Empfang in Berlin war, weilte ich gerade in Wien und umgekehrt. Was hauptsächlich daran lag, daß Heinz Hilpert die Direktion des Theaters in der Josefstadt und des Deutschen Theater Berlin hatte.
Ich muß gestehen, daß es auch nicht nur mein politisches Desinteresse gewesen ist, das mich bei dem Ränkespiel, das da rundum stattfand, irritierte. Da gab es viel kompetentere – und politische – Köpfe, die sowohl während des Dritten Reiches als auch danach Schwierigkeiten hatten, den Durchblick zu finden, so er überhaupt zu finden war.

1/2 Links: Mein erstes Familienfoto: Mit Vater und Mutter im September 1917. - Oben: Feingemacht zum ersten Geburtstag, Wien, 17. Januar 1918

3/4 Links: Mit meiner Großmutter, Brod, Sommer 1921. - Unten: Als neunjährige Ballettschülerin in Wien, Dezember 1926

5 Noch während meines Engagements an der Wiener Kleinkunstbühne »Literatur am Naschmarkt« stand ich im Winter 1935/36 in einer kleinen Rolle des Filmlustspiels »Puppenfee« vor der Kamera.

Gegenüberliegende Seite, obere und mittlere Reihe >
8-11 Ab 1937 folgte für mich eine schöne Filmrolle auf die andere: Mit Albert Matterstock und Igo Sym in Willi Forsts »Serenade«, 1937 (oben); in »Gastspiel im Paradies« (Mitte links) und, mit Frits von Dongen, in »Der Hampelmann«, beide 1938 (Mitte rechts)

6/7 Mitte: Am 28. März 1936 hatte ich am Wiener Theater in der Scala Premiere mit dem musikalischen Lustspiel »Hofloge« von Karl Farkas. Mein Partner: Oscar Karlweis. - Unten: Für mich ist mein erster »offizieller« Film Géza von Bolvarys »Mädchenpensionat«, 1936. Szene mit Angela Salloker

12/13 Unten: In meiner ersten großen Berliner Theaterrolle als Maria del Pilar in der Komödie »Glastüren« von Alexander Lernet-Holenia, März 1939 (links), und, mit Axel von Ambesser, in Somerset Maughams Gesellschaftskomödie »Der Kreis« in der Inszenierung von Heinz Hilpert, April 1939 (rechts), beide an den Kammerspielen des Deutschen Theaters

14 Unter Heinz Hilperts Regie spielte ich in Wien und Berlin meine ersten klassischen Rollen: Die Viola in Shakespeares »Was ihr wollt«, neben Christl Mardayn als Olivia, Theater in der Josefstadt, November 1939, ...

15 ... und, neben Siegfried Breuer als Leonhard die Klara in Friedrich Hebbels »Maria Magdalene«, Deutsches Theater, September 1942.

16 Mein sechster Film seit meinem großen Erfolg in »Serenade« war 1940 Gustav Ucickys Puschkin-Verfilmung »Der Postmeister«. Die Dunja neben meinem Filmvater Heinrich George war mein endgültiger Durchbruch.

17 An der Seite der großen Käthe Dorsch als Neuberin spielte ich die Philine Schröder in G.W. Pabsts Film »Komödianten«, 1941.

18-20 Unten: Helmut Käutner übertrug mir die Titelrolle in seinem Film »Anuschka«, 1941. - Rechts: In Wien spielte ich in Carlo Goldonis »Kaffeehaus«, Januar 1941, und im Jahr darauf die Titelrolle in August Strindbergs »Königin Christine« im Bann der bewunderten Greta Garbo und ihrer Darstellung der schwedischen Königin in dem Hollywoodfilm von 1933, beide Theater in der Josefstadt.

21/22 Zweimal Schiller: Mit Paul Hubschmid in »Kabale und Liebe«, Dezember 1942 (links), und als Eboli in »Don Carlos«, Dezember 1943, beide Theater in der Josefstadt

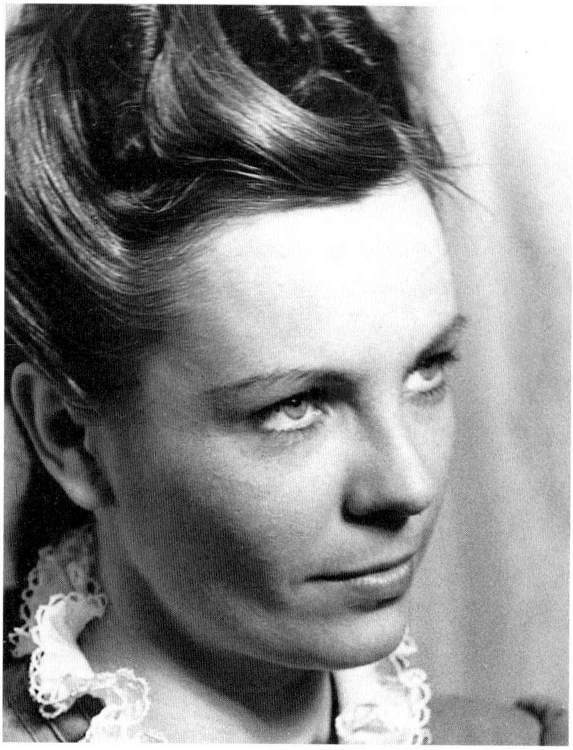

23/24 Als Nora in dem Schauspiel von Henrik Ibsen, Theater in der Josefstadt, und (unten) als Clara Wieck in Harald Brauns Film »Träumerei«, beide 1943

25/26 Mit Mathias Wieman als Robert Schumann in »Träumerei«, 1943 (oben), und, mit Ferdinand Marian, in »Das Gesetz der Liebe«, 1945

27/28 Wir heirateten 1944: Privatfotos von mir und Wolfgang Liebeneiner aus dieser Zeit

29 Eine meiner ersten Aufgaben nach dem Krieg war, im September 1946, neben Hermann Lenschau als modernem Orpheus, die Titelrolle in »Eurydike« von Jean Anouilh, ...

30 ... und im Dezember 1947 spielte ich, neben Erwin Linder als Jupiter, die Alkmene in Jean Giraudoux' »Amphitryon 38«, beide an Ida Ehres Hamburger Kammerspielen.

Wolfgang Liebeneiner zum Beispiel, dessen Sympathien zweifellos dem deutschen Großbürgertum und dessen moralischen Vorstellungen gehörten, was ihm einerseits sicher die Umsetzung der vom Regime geförderten Sujets erleichterte, erregte andererseits immer wieder das Mißtrauen sowohl von Göring als auch von Goebbels, weil er – wie auch Gustav Gründgens – rassisch und politisch verfolgten Künstlern wie zum Beispiel Werner Hochbaum half. Als Lothar Müthel, neben Gründgens und Jürgen Fehling einer der führenden Regisseure des Staatstheaters am Gendarmenmarkt, 1939 die Direktion des Wiener Burgtheaters übernahm, wurde Wolfgang sein Nachfolger in Berlin und inszenierte mit Gründgens in der Rolle des Malers Dubedat Shaws *Arzt am Scheideweg*. Als Gründgens sich dann 1943 »freiwillig« zum Militärdienst meldete, setzte er Wolfgang und Alfred Mühr als seine Stellvertreter am Staatstheater ein. Von 1942 bis 1945 war Wolfgang Produktionschef der UFA.

Bei Mühr hinwiederum war es so, daß er der nationalsozialistischen Bewegung angehörte (das hat mir alles Wolfgang erklärt), aber die Kraft- und Ideenlosigkeit der Konservativen beklagte und Erwin Piscators Aktivitäten für ein linksgerichtetes, politisch-agitatorisches Theater als vorbildlich darstellte. Als sich Mühr 1934 spöttisch über einige Inszenierungen des Staatstheaters äußerte, drohte ihm Göring, ihn verhaften zu lassen, wenn er es wagen sollte, noch einmal das Haus zu betreten. Und 1943 war er mit Wolfgang Chef von Görings Staatstheater! – Ich möchte damit nur illustriert haben, daß es selbst für hochpolitisch Denkende nicht ganz leicht war, sich zwischen Freund und Feind zurechtzufinden – und dann erst für eine Schauspielerin, die eigentlich nur an guten Rollen interessiert war …

Nur einem Empfang bei Goebbels, der das Theater in der Josefstadt mit der geschmackvollen Bemerkung »KZ auf Urlaub« apostrophierte, konnte ich nicht ausweichen.
Bei diesem Fest sagte Goebbels: »Und jetzt wird uns Frau Marika Rökk etwas zum besten geben!«
Und Marika Rökk tanzte und sang dazu aus voller Kehle: »Ich brauche keine Millionen, mir fehlt kein Pfännig zum Glück ...« Beim Refrain »Miir fäählt nur eine Kleinigkeit, 'ne winz'gä Kleinigkeit, und diese Kleinigkeit bist du, nur du, nur du!« spielte sie kokett Goebbels an, der mit steinerner Miene dasaß, zählte er doch mit seinen Einmeterachtundfünfzig nach den arischen Maßstäben, die er gemeinsam mit seinem Führer vertrat, eher zu den Schrumpfgermanen.

Eine zweite Geschichte, die den Reichspropagandaminister charakterisiert, wurde mir von einem meiner Direktoren, Herrn Schreiber, erzählt, der neben seiner Theatertätigkeit auch noch Magier war. Seine Tricks wurden in Berlin so bewundert, daß er eines Tages eine Einladung zu einer Abendgesellschaft bei Goebbels erhielt.
Herr Schreiber war darüber nicht sehr beglückt, denn man kann einem Machtmenschen nicht Tricks vorführen, die dessen Allwissenheit in Frage stellen. Anderseits war Herr Schreiber nicht bereit, sich als anerkannter Magier zu blamieren. Es war nämlich so, daß er bei einem seiner Kartenkunststücke etwas besonders Verblüffendes machte. Er ließ einen der Anwesenden eine beliebige Karte aus zwei Kartenspielen ziehen, dann kam für ihn ein Anruf von außerhalb des Hauses, wo er sich befand, und der Anrufer sagte am Telefon, welche Karte gezogen worden war.
Nun war die private Nummer von Goebbels begreiflicher-

weise streng geheim. Überdies hatte der zu kurz geratene Minister die Gestapo und einige Leibwächter postiert, die Herrn Schreiber bei seinen Tricks überführen und Goebbels auch als den Meister der Illusionisten bestätigen sollten. Als nun Herr Schreiber es trotzdem schaffte, daß ein Diener während des Kartentricks eintrat und Goebbels einen Anruf für Herrn Schreiber meldete – wobei nicht erwähnt werden muß, daß die gezogene Karte richtig geraten wurde –, befahl ein bleicher Goebbels dem Magier, sofort zu sagen, wie dieser das gemacht hätte – unter Umgehung aller Sicherheitsvorkehrungen. Und Herr Schreiber, angstschweißgebadet, sagte: »Es tut mir leid, Herr Minister, das kann ich nicht, weil ich sonst aus dem Verband der Magier und Illusionskünstler ausgeschlossen werde. Tun Sie, was Sie wollen …«

Goebbels beendete die Abendgesellschaft abrupt, aber Schreiber ging nach Hause, wo seine Frau in großer Sorge auf ihn wartete. – Ich war mit diesem Herrn Schreiber auch nach dem Krieg noch gut bekannt. Er nannte sich dann Kalanag und war der erste Magier, der ein Auto auf offener Bühne im Ronacher verschwinden ließ. Und einmal saß ich sogar in diesem Auto. Rückblickend gesehen war während der Nazi-Zeit eine Hochkonjunktur für Zauberer, Propheten und Komödianten. Die einen waren es, um zu überleben, die anderen als notorische Lügner, und die Regierung bestand aus Schmierenkomödianten, die bei der blutigen Kriegs- und Vernichtungstragödie auch noch gegeneinander intrigierten wie an einem Provinztheater: Göring gegen Goebbels, Himmler gegen beide und vor ihrem Führer vereint im Hitlergruß »aufgehobene Rechte«, wie es der Kabarettist Werner Finck im doppelten Sinn des Wortes bezeichnete.

Eine noch gefährlichere Konfrontation mit Goebbels hatte

Wolfgang, unseren Freund und Kollegen Karl John betreffend.
Der Propagandaminister befahl Wolfgang zu sich: »Kennen Sie Karl John?«
»Verzeihung, Herr Minister, ich verstehe die Frage nicht.«
»Sie scheinen manches nicht zu verstehen, Herr Liebeneiner!«
»Wieso, Herr Minister? Ich habe mich doch für Karl John bei Ihnen eingesetzt, und er hat die Hauptrolle in meinem letzten Film gespielt.«
»John war gestern bei einer Schweizerin eingeladen und warf unter den anwesenden Gästen die Frage auf, was mit Hitler nach dem Krieg geschehen wird. Und er beantwortete die Frage gleich selbst: Der Führer wird an einer Kette durch ganz Deutschland geführt, mit einer Sammelbüchse für das Winterhilfswerk. Jeder darf ihn anspucken. Einmal Anspukken kostet eine Mark!«
»Das kann er doch nicht gesagt haben!« stammelte Wolfgang.
»Wörtlich! Und Sie werden es für sich behalten, Herr Liebeneiner, sonst ...«
Wolfgang versprach es und fuhr am selben Abend zu Karl John.
Der Regisseur Liebeneiner inszeniert ein gefährliches Spiel. Ein Arzt zapft aus der Vene Karl Johns Blut. In der Toilette des Restaurants nahe der Friedrichstraße trinkt John von seinem eigenen Blut, stürzt dann etwas später auf der Treppe des Bahnhofs Friedrichstraße zu Boden, läßt das aufgenommene Blut aus dem Mund über Kinn und Hand laufen und bleibt »bewußtlos« liegen. Gott sei Dank ist ein Arzt zur Stelle – es ist natürlich der, der das Blut aus der Vene gezapft hat. Im Krankenhaus konstatiert man Schädelbasisbruch.

John ist in den nächsten Wochen ein »schwerkranker« Mann, der sich keine Sekunde verraten darf, denn Goebbels' Beauftragte sind immer wieder um ihn, um den Augenblick abzupassen, wo der Delinquent so weit genesen ist, daß man an Hinrichtung denken kann. Nicht einmal ich als seine beste Freundin wußte, daß John nur simulierte und besuchte ihn »höchst besorgt« im Krankenhaus.
Karl John hat Wolfgang die »kleine Gefälligkeit« nie vergessen.

Ein anderer Kollege, mit dem ich in Deutschland gern und viel zusammen spielte, war Hans Brausewetter. Er war sowohl am Theater als auch beim Film sehr gefragt.
Er spielte mit mir Ibsens *Nora* an den Kammerspielen. In Wien war mein Partner Hans Thimig gewesen.
Meine Garderobe war um die Ecke von der Brausewetters. Es war furchtbar heiß an dem Tag, und ich zog mich in meiner Garderobe ganz aus. Müde war ich auch und wollte vor der Vorstellung noch ein bißchen ausruhen. Da fiel mir ein, daß ich »Brausi« noch etwas fragen wollte. Also ging ich in seine Garderobe. Er wirkte etwas überrascht, gab mir aber die gewünschte Auskunft anstandslos. Dann erzählte er allen: »Stellt euch vor, die Krahl kam nackt in meine Garderobe!«
Ich war eigentlich immer ziemlich unbefangen, was das Ausziehen betraf – ich meine, ich hatte kein Problem damit, aber das war ja nun doch peinlich. Ich fragte also Hans Brausewetter: »Du, Brausi, war ich wirklich nackt?«
»Ja«, meinte er höflich, »es war ja ein hübscher Anblick, aber wie komme ich zu der Ehre?«
Und ich sagte wahrheitsgemäß: »Ich hab's vergessen!«
Er verstand nie, wie man so was vergessen kann. Noch dazu,

wo er sich aus nackten Frauen gar nichts machte. Brausi war stockschwul wie sehr viele talentierte Schauspieler. Wahrscheinlich herrschte bei den eifrig tratschenden Kollegen die Vermutung, daß ich ihn auf den »rechten Weg« bringen wollte.

Mein schweizerischer Kollege Paul Hubschmid war schon bei Hilpert in *Kabale und Liebe* mein Ferdinand gewesen. Nach dem Krieg war er als Filmschauspieler einige Jahre in Amerika, wo er sich Paul Christian nannte, weil die Amerikaner »Hubschmid« nicht aussprechen konnten.
Bei den Dreharbeiten zu *Meine Freundin Josefine* fiel mir auf, daß er ständig einen kleinen Koffer bei sich hatte, von dem er sich nie trennte. Es erweckte natürlich meine Neugier, wie alles, wofür man keine plausible Erklärung hat. So fragte ich ihn nach dem Inhalt des geheimnisvollen Koffers. Hubschmid öffnete ihn bereitwillig – er war gefüllt mit homöopathischen Präparaten und Arzneimitteln. Sorgfältig geordnet für alle möglichen Krankheiten, die einen bei der Filmarbeit treffen können: Halsschmerzen, Schnupfen, Stimmverlust, Fieber, Ohren- und Augenbeschwerden.
Es war mir nie ganz klar, ob Paul wegen oder trotz der Homöopathie ein so großer, schöner Mann war.

Kurz vor Kriegsende, als schon nahezu jeden Tag Bombenflüge der Alliierten stattfanden, drehten wir ausgerechnet *Träumerei*, den Robert-Schumann-Film mit Mathias Wieman in der Hauptrolle. Ich spielte die Clara Wieck, spätere Schumann, und war sehr stolz, daß ich das Klavierspielen selber machen konnte. Natürlich wurde das dann von einem Klaviervirtuosen »synchronisiert«, aber für die Kamera konn-

te ich alles richtig spielen. Meine mehrjährige Klavierausbildung machte sich bezahlt.
Jeden Tag, vor Drehbeginn, rief der Aufnahmeleiter das Team zusammen und sagte: »Also fangen wir an. Ist das Leben nicht schön?«
Und wir riefen im Chor: »Das Leben ist herrlich!« Wenn wir Glück hatten, gab es keinen Bombenangriff an diesem Tag. Ich bin nie, absolut nie in einen Luftschutzkeller gegangen – wegen meiner Angst vor der Finsternis, die klaustrophobische Anfälle bei mir auslöst. Auch heute noch.
Bei Mathias Wieman war das etwas anders, was Bombenangriffe betraf: Die Villa, in der er wohnte, hatte einen Bombentreffer abbekommen. Wieman blieb unverletzt. Der hohe Nazi-Offizier, der eine Etage unter ihm wohnte, ebenfalls. Aber der Garten vor der Villa war bedeckt mit verstreuten pornographischen Fotos. Und Mathias Wieman, der so etwas nicht einmal angefaßt hätte, sagte uns konsterniert: »Man wird bestimmt annehmen, daß diese Bilder von mir stammen, weil man das einem Schauspieler eher zutraut als einem hohen Offizier!«
Dieser Bombentreffer hatte aber noch andere Folgen bei dem sehr sensiblen Wieman. Wir saßen noch in der »Maske«. Die Musiker, die für die Filmaufnahme unser Orchester bildeten, das Clara Schumann begleitet, waren schon fertig und langweilten sich. Und so machten sie mit den Streichinstrumenten die Luftschutzsirene nach. Dieser Spaß rief bei dem sonst so ruhigen und besonnenen Mathias Wieman einen Tobsuchtsanfall hervor. Die Musiker waren sehr erschrocken und entschuldigten sich, aber die Aufnahmen mußten eine halbe Stunde später beginnen, bis Mathias sich beruhigt hatte.

Über *Träumerei* habe ich später gelesen:

> Harald Brauns biographisches Porträt der Musikerehe von Clara Wieck und Robert Schumann legt den dramaturgischen Schwerpunkt auf den inneren Konflikt Claras, die zwischen Vater und Ehemann, zwischen künstlerischer Begabung und Liebe hin- und hergerissen wird.
> Im Schaffen Hilde Krahls bildet die vielschichtige und ausdrucksintensive Charakterisierung Clara Wiecks einen Höhepunkt. Mathias Wieman stellte dem eine wandlungsfähige Interpretation Robert Schumanns zur Seite, für dessen innere Zerrissenheit er die Idealbesetzung war.

Mathias Wieman habe ich etwas Besonderes zu verdanken: die Begegnung mit dem Maler Emil Nolde, kurz bevor es ihm gelang, nach Schweden zu emigrieren. Mathias brachte Wolfgang und mich heimlich in eine kleine Wohnung, deren Wände dicht bedeckt waren mit den Bildern Emil Noldes, die er als sein einziges Kapital in die Emigration mitnehmen wollte. Ich werde diese Seelenlandschaften nie vergessen.

Gegen Kriegsende flog ich einmal von Dreharbeiten in Prag nach Berlin zu meinem Mann. Es war unmittelbar nach einem Bombenangriff. Die Erde war schwarz von Schutt und Asche. Als wir zur Landung ansetzten, entdeckte ich am Rande des Rollfeldes, inmitten der Verwüstungen, ein Schrebergartenhäuschen. Vier Männer saßen davor und spielten seelenruhig Karten. Friedlich, als hätte die Erde nicht eben noch gebebt. Dieses Bild ist mir unvergeßlich. Ist zum Trost geworden, wenn ich verzweifeln will. Das Leben geht immer wieder weiter …

1945: Wolfgang drehte in Lüneburg noch den Film *Das Leben geht weiter* – der nie vollendet wurde – und richtete eine Wohnung in Berlin-Dahlem ein, die aber dann von den Russen bezogen wurde. Dabei wurde Wolfgangs Schallplattensammlung, etwa fünftausend Stück, von den russischen Soldaten als besondere Kulturtat vollständig zerstört.
Aber wir haben ihr nicht besonders nachgeweint, weil wir uns bewußt waren, daß andere Menschen mehr verloren und viel Schlimmeres erlebt hatten und noch erlebten.

Ich kannte während des Krieges einen Luftwaffenoffizier. Er war Stuka-Pilot und verehrte mich sehr, schrieb mir immer wieder Briefe. Ein paarmal habe ich mich mit ihm getroffen, denn ich war neugierig zu hören, wie man sich da fühlt in so einem Sturzkampfflieger, was man tut, was man sieht. Ich hatte ja keine Ahnung. Aber bei diesem Thema wurde er immer einsilbig und gab nur allgemeine Phrasen und Informationen von sich. Ich habe nie erfahren, ob er das wegen der Geheimhaltung tat oder aus persönlichen Gründen. Er hatte eine fesche Fliegeruniform an, und ich begriff das Gerede um den Zauber der Montur. Nach dem Krieg meldete er sich noch einmal bei mir. Er war wieder beim Kohleabbau tätig, und sein Brief war von einer Stumpfsinnigkeit, die ihresgleichen suchte. Ich dachte daran, daß es offenbar viel einfacher ist, aus einem Handelsvertreter einen forschen Unteroffzier zu machen, als einen Helden in Uniform zurückzuverwandeln in einen Versicherungskaufmann.
Die Perversion des Krieges besteht ja darin, daß man einen Haufen junger Leute ins Feuer schickt und hinten schon die Sanitäter postiert hat, die die zurückkommenden Krüppel

wieder zusammenflicken. Wie Lichtenberg es schon 1790 formulierte:
»Der Unterschied von uns Menschen zu den primitiven Tieren: Wir fressen uns nicht – wir schlachten uns bloß.«
Ich habe aber noch nie einen Menschen getroffen, der für den Krieg war. Das muß so ähnlich sein wie auf den Friedhöfen, wo – wenn man den Grabinschriften trauen darf – auch nur die guten Menschen liegen. Ich habe mich schon oft gefragt, wo eigentlich die Bösen begraben sind …

Wir waren für die Filmaufnahmen zu *Das Leben geht weiter* nach Lüneburg gegangen, weil die Stadt einen Flugplatz hatte. Die Luftwaffenoffiziere hatten uns gesagt, daß die Alliierten einen so kleinen Flugplatz nicht bombardieren würden, weil es »nicht dafürstand«. Trotzdem griffen die Engländer und Amerikaner gelegentlich aus der Luft an. Dann liefen wir zum Waldrand und warfen uns auf die Erde. Wir ernährten uns aus der Gulaschkanone und waren eine verschworene Gemeinschaft. Meine Szenen auf dem Bahnhof – der im Atelier aufgebaut wurde – zog Wolfgang vor, ehe meine Schwangerschaft offensichtlich wurde. Dann erst wollte er den Rest des Films ohne mich drehen.
Täglich lief ich mit der Milchkanne durch Lüneburg, denn ich hatte extra Lebensmittelmarken für Milch wegen »Mutterschaft«.
Obwohl ich mich gesund und munter fühlte, sagte eines Tages Gustav Knuth zu mir: »Jetzt kommen die Tiefflieger immer öfter. Mit dir muß was geschehen!«
Er und mein Mann brachten mich nach Hamburg zu einem Arzt, Dr. Heesch. Als der mich sah, sagte er: »Sie bleiben hier in meinem Haus!«

»Aber das geht doch nicht«, meinte ich, »ich bin doch fremd für Sie!«
»Sie haben mir mit Ihren Filmen so viel Freude gemacht. Da müssen Sie mir schon eine kleine Revanche gestatten.«
So war ich plötzlich in einer bezaubernden Villa in Blankenese, gleich neben dem Krankenhaus.
Wer hat damals keinen Hunger gehabt? Einmal ergatterte ich ein halbes Kilo Würfelzucker. Unser Wohltäter nahm mir das Sackerl sofort weg. »Das Kind muß nicht im Bauch wachsen, sondern wenn es auf der Welt ist«, sagte er.
Eines Tages stand ein überraschender Besucher vor dem Gartentor: Heinz Hilpert. Er grinste von einem Ohr zum anderen, weil ich hochschwanger, mit über dem Bauch gefalteten Händen vor ihm stand. Natürlich wollte er wissen, wann ich wieder auf der Bühne einsatzfähig wäre.
In Blankenese habe ich dann im Juni meine Tochter zur Welt gebracht.
Ich war zum erstenmal in Hamburg. Wolfgang sagte, daß er das Film-Equipment, für das er verantwortlich war, den schon in Norddeutschland stehenden Engländern ordnungsgemäß übergeben müsse. In dieser Beziehung war er ein korrekter Preuße. Und so geschah es, daß wir uns für einige Zeit trennen mußten.
Leider hatte ich keine Milch. Eine Flüchtlingsfrau aus Ostpreußen erbarmte sich. So ist meine kleine Tochter ein strammes Baby geworden.

Im heißen Juni 1945 ist also unsere Tochter Johanna zur Welt gekommen. Ohne Mutter-Kind-Paß, ohne staatliche Prämie dafür, daß man das Kind auch untersuchen läßt – und wo dann auch nichts Gescheiteres herauskommt, die

Kinder sich in modernen Windeln mit Schutzbündchen und Auslaufstopper so sauwohl fühlen, daß sie überhaupt nicht mehr stubenrein werden wollen. Heute kann man sich bei der Werbung für Baby-Produkte ja oft des Eindrucks nicht erwehren, daß das Wichtigste an einem Menschen ein zarter Po ist.

Als Johanna in Hamburg zur Welt kam, war sie so häßlich, daß Wolfgang lachend erklärte, sie habe die Nase von Fritz Kortner, die Augen von Paul Wegener und die Backen von Heinrich George. »Du hast zuviel an die Kalmücken« – so bezeichnete er »die Russen« – »gedacht, als du sie trugst.« So nannten wir sie kurzerhand Mücke, nicht ahnend, daß ihr dieser Name bis heute bleiben sollte.

Ich hatte von Anfang an eine Kinderfrau. Dadurch war ich nie versucht – versucht! –, eine richtige Mutter zu sein.

»Ein gesundes Kind!« sagte der Arzt.

»Schreit auch genug!« sagte ich.

Die Mücke hat dann wirklich sehr viel geschrien. Das hat unser Gastgeber auf die Dauer nicht ausgehalten. Wir mußten weg und suchten im zerbombten Hamburg eine Wohnung, die wir schließlich auch fanden. Es war eine kleine Wohnung in der Isestraße nahe der U-Bahn – deshalb wurde dieser Teil der Straße von den Hamburgern auch galgenhumorig Miesestraße genannt. Der Kinderwagen stand, wann immer das Wetter es zuließ, auf dem Klopfbalkon, damit die Mücke frische Luft hatte. Über ein Jahr wohnten wir dort in etwas beengten Verhältnissen.

Als uns das Wohnungsamt dann eine andere Wohnung anbot – »Die trauen wir uns niemand anzubieten, außer Ihnen!« –, befürchteten wir das Schlimmste. Aber wir wurden angenehm überrascht. Sie war in einem wunderschönen

Haus, mit wildem Wein bewachsen – das Elternhaus Axel von Ambessers. Wir bekamen den ersten Stock. Unter uns hatte eine Freundin von uns einen Modesalon, besser gesagt, sie wurde unsere Freundin, was mit dem Modesalon nur bedingt zu tun hatte, weil ich klarerweise auch ihre Dauerkundin war.

Was übrigens Axel von Ambesser betrifft, der original Axel von Österreich hieß, obwohl er Deutscher war: Axel war der Aristokrat unter den Schauspielern und hatte auch bei Heinz Hilpert angefangen. In Somerset Maughams *Kreis* war er 1939 mein Partner. Es sollte bis 1970 dauern, bis ich mit ihm wieder auf der Bühne stand, in einem Stück von ihm und unter seiner Regie: *Begegnung im Herbst*. Zu der Zeit, als wir ins Haus seiner Eltern einzogen, war diese Komödie noch nicht einmal geboren.

Am Hamburger Schauspielhaus spielte ich im Winter 1945/46 mit dem damals sehr dünnen Gustav Knuth Shakespeares *Der Widerspenstigen Zähmung*, und wir froren erbärmlich, weil das Theater ungeheizt war. Das Publikum saß im Mantel, soweit man einen solchen besaß, im Zuschauerraum.

Um es wenigstens zu Hause etwas wärmer zu haben, gab man Wolfgang den Tip, am Rand der Stadt in einem Wäldchen einen Baum zu fällen, was er prompt tat. Als er mitten im schönsten Baumumschneiden war, kam ein Mann und fragte: »Was machen Sie denn da?«

»Nun, ich fälle einen Baum für Brennholz. Man hat mir empfohlen, das hier zu tun.«

»Aber das ist mein Grundstück!«

Wolfgang durfte den gefällten Baum trotzdem abtransportieren, und wir mußten feststellen, daß nasses Holz raucht

und dieser Rauch die ganze Wohnung langanhaltend erfüllt. So griff Wolfgang zu einer kriminellen Handlung: Strom war ja rationiert. Er manipulierte den Zähler, so daß dieser nicht mehr weiterlief und wir in der Nacht über einen Speicher ein wenig Wärme gewannen. Was aber zur Folge hatte, daß wir bei jedem Läuten der Türklingel fürchterlich erschraken, obwohl es meistens Kollegen und Freunde waren, die Milch, Wein oder Speck brachten, um unseren Speisezettel aufzubessern. Ida Ehre, die im Herbst 1945 auch am Schauspielhaus engagiert war, erhielt Care-Pakete von Verwandten aus Amerika und teilte sie mit uns.
Eines Tages meldete Frau Mohr, die Kinderfrau, daß die Mücke zu schwer zum Tragen werde und wohl Schuhe benötige, um auf eigenen Füßen zu stehen.
Unsere Frau Mohr konnte alles organisieren, denn sie war eine 1a Schwarzhändlerin. So hatten wir innerhalb von acht Tagen Kinderschuhe für die Mücke.
Einmal brachte Frau Mohr einen Fisch. Ich habe nie kochen können. Aber sie versicherte mir, daß das anhand des Rezeptes ganz einfach sei. So machte ich mich daran, den Fisch ganz einfach zu braten. Als er fertig war und ich stolz zum Servieren schritt, machte es leise »Plopp!« und der Kopf des Fisches fiel ab. Ich wurde in diesem Moment so von Verzweiflung über meine totale Unfähigkeit gepackt, daß ich mich allen Ernstes aus dem Fenster gestürzt hätte, wäre ich allein zu Hause gewesen. Natürlich lachten wir später wie verrückt über den Vorfall, aber es war im ersten Moment ein wirklicher Schock für mich.
Auch Frau Mohr verlor beinahe ihren Kopf. Denn eines Tages war ihr »Bekannter« verschwunden. Als er Tage später tot aus der Alster gezogen wurde, verhaftete man sie und ver-

urteilte sie zum Tode. Wahrscheinlich durch ihre Beziehungen – hatte doch so mancher Butter vom Schwarzmarkt »auf dem Kopf« – gelang es ihr, begnadigt zu werden, und bald hatte sie wieder ein gutgehendes Geschäft. Für mich war es sehr aufregend, weil ich zum erstenmal in meinem Leben vor Gericht aussagen mußte – im Prozeß gegen Frau Mohr. Ebenso wie mein Mann, der das wesentlich gelassener nahm als ich.

Mit dem Krieg setzte ich mich auf der Bühne wohl am stärksten in *Mutter Courage und ihre Kinder* von Bert Brecht auseinander. Ich spielte in dem Stück dreimal. Bei meiner Freundin und Direktorin der Hamburger Kammerspiele, Ida Ehre, übernahm ich die Rolle der stummen Kattrin, als Ida die Mutter Courage spielte. Jahre danach spielte ich die Titelrolle in Bad Hersfeld, machte eine Tournee mit dem Stück und spielte die Courage auch in Wien am Burgtheater.
Diese harte, starke Frau handelt nach dem Motto: Geschäft ist Geschäft. Und der Krieg ist das größte Geschäft. Daran hat sich seit dem Dreißigjährigen Krieg nichts geändert. Ein einfacher Landser stürmt dem Feind entgegen und wird als schwerverletzter Held ins Lazarett getragen. Außer den Ärzten verdienen an ihm die Waffenhändler, die Waffenfabriken, die Medikamenten- und Verbandszeug-Industrie, die Uniformschneider und die Textilindustrie – es gibt Arbeitsplätze!

Am Theater waren diese neun Jahre in Hamburg, von 1945 bis 1954, eine herrliche Zeit. Bei Ida Ehre spielten wir alle Stücke, die während der Hitlerzeit verboten waren oder jetzt aus dem Ausland zu uns kamen. Ich war die Schöne Helena in Giraudoux' *Der Trojanische Krieg wird nicht statt-*

HAMBURGER
KAMMERSPIELE

LEITUNG: IDA EHRE

Freitag, den 21. März 1947, 16,30 Uhr

Premiere

WIR SIND NOCH EINMAL DAVONGEKOMMEN

(THE SKIN OF OUR TEETH)

Schauspiel in 3 Akten von Thornton Wilder

Autorisierte Übertragung aus dem Amerikanischen von Gentiane Genser

Regie: Helmut Käutner

Bühnenbild: Helmut Koniarsky

Technische Einrichtung: Rudolf Rathert

Mit Genehmigung der Militärregierung

Darsteller:

Ansager .... Hermann Lenschau

Mr. Antrobus ..... Hermann Schomberg
Mrs. Antrobus .... Ida Ehre
Gladys .... Käte Pontow
Henry .... Hans Quest
Sabina .... Hilde Krahl

Dinosaurier .... Horst Hächler
Mammutbaby .... Hubert Fichte
Telegraphenbote ....Hans Anklam
Richter Moses .... Eduard Marks
Homer .... Erwin Geschonneck
Miss Euterpe Muse ..... Ingeborg Ihnken
Miss Terpsichore Muse ...... Helga Aust
Miss Melpomene .... Else Quecke
Wahrsagerin .... Tilla Hohmann
Abendregisseur ...... Erwin Geschonneck
Rundfunkbeamter .... Gerhard Bräuer
Schauspielschüler .... Heinz Scheider

Flüchtlinge, Kongreßteilnehmer, Bühnenpersonal, Publikum: Arthur Grandeit, Heinz Guß, Jürgen Heipcke, Karl-Heinz Jage, Helmut Kröger, Rudolf Meyer, Heinz Scheider

Pause nach jedem Akt

Besetzungszettel zur Erstaufführung von »Wir sind noch einmal davongekommen« an den Hamburger Kammerspielen, 21. März 1947

finden, die Alkmene in *Amphitryon 38*, ebenfalls von Giraudoux, spielte die ewige Verführerin Sabina in Thornton Wilders *Wir sind noch einmal davongekommen*, die Eurydike in Anouilhs gleichnamigem Stück. Dazu kamen u. a. *Die respektvolle Dirne* und *Geschlossene Gesellschaft* von Jean-Paul Sartre an einem Abend.

1948 gab es eine denkwürdige *Maria Stuart* unter der Regie von Ulrich Erfurth. Ida Ehre war die Elisabeth, ich die Maria. Da es sowohl an Kostümen als auch an Stoffen mangelte, zauberte die Schneiderei aus bemalter Jute, sprich Kartoffelsäcken, die historischen Gewänder der Tudor-Zeit für uns. Sie sahen so echt aus wie später nie wieder die wirklich teuren. Ich spielte die Elisabeth rund zwanzig Jahre später

in Rudolf Steinboecks Burgtheater-Inszenierung mit dessen Frau Aglaja Schmid als Maria Stuart.
In unserer Nachkriegs-Inszenierung in Hamburg zeichneten wir uns durch eine besonders vornehm-starre Haltung aus, weil die Kartoffelsack-Kostüme bei jeder Bewegung mörderisch auf der Haut kratzten. So vermieden wir jede überflüssige Bewegung.
Zum *Maria Stuart*-Ensemble gehörten auch Hermann Schomberg und Eduard Marks, die später am Hamburger Schauspielhaus zum festen Stamm der Gründgens-Schauspieler zählten. Einen Pagen, der auch die Inspektion überhatte, spielte Horst Hächler, der erste Ehemann von Maria Schell.
Wegen meiner Eltern kehrten wir schließlich zurück nach Wien. Ich hatte vor allem große Sehnsucht nach meiner Mutter.

Meine Mutter hat mir nie im falschen Moment dreingeredet. Und ich freute mich am meisten, wenn sie sagte: »Du, das hat mir heute besonders gefallen. Das war schön!«
Meine Mutter erzählte mir oft von alten Bräuchen, die ebenso wie die Messe in der Kirche mit einem Zeremoniell zu tun haben, das es ja auch, in der Form von Aberglauben, am Theater gibt. Manche der Bräuche waren auf den ersten Blick geheimnisvoll, auf den zweiten wurden sie völlig klar.
Bei den Bauern wurde Brot nie frisch gegessen.
Beim Kirschenpflücken wurden Lieder gesungen.
Als Donauschiffer wurden nur Nichtschwimmer aufgenommen. – Warum?
Wird Brot ganz frisch aus dem Backofen gegessen, bläht es nicht nur, sondern man ißt auch zuviel.

Wenn man bei der Obsternte singt, kann man nicht soviel naschen.
Wenn einer schwimmen kann, und es gibt ein Problem mit dem Schiff, springt er ins Wasser und rettet sich ans Ufer. Ist er aber Nichtschwimmer, bleibt er bei der wertvollen Ladung und versucht das ganze Schiff zu retten.
Meine Vorliebe für dramatische Rollen wurde sicher auch durch meine völlig geradlinige, unverschnörkselte Mutter beeinflußt, denn sie konnte die dramatischsten Geschehnisse mit einer so einfachen Klarheit erzählen, daß man immer fasziniert zuhörte.
Sie ging mit ihren Gefühlen nicht schonungsvoll um und sagte allen Leuten die Wahrheit. Jeder hat seine eigene Wahrheit in einer einzigen Wirklichkeit. Und daher gilt sowohl für das Spiel als auch für das Leben die Wahrhaftigkeit. Die Wahrheit sagen ist nicht dramatisch – Wahrhaftigkeit ist wichtig, auch am Theater.
Ich erinnere mich an ein junges Mädchen, Erika hieß es, das immer am Gangfenster mit meiner Mutter sprach – die Küche hatte das Fenster zum Gang. Eines Tages stand das Mädchen da und weinte.
Als ich meine Mutter nach dem Grund fragte, sagte sie: »Aber dieser Trampel! Weil sie nicht getan hat, was ich ihr gesagt habe! Sie hat zwei Brüder kennengelernt, Geschäftsleute, auch noch Holländer! Einer hat sie heiraten wollen. Da sagt ihm sein Bruder: Wenn du nichts dagegen hast, stellen wir sie auf die Probe. Ich werde ihr auch den Hof machen, und wenn sie darauf hereinfällt, weißt du, was du davon zu halten hast. Der Bruder war einverstanden. Was tut diese blöde Gans? Sie läßt sich beschwatzen und geht mit dem anderen ins Bett! Ich hatte ihr gesagt: Benimm dich anständig!

Nicht, daß er glaubt, du bist leicht zu haben! Bürger wollen Jungfrauen! – Jetzt sind sie beide weg! Plärren hilft da gar nichts. Was will sie damit gutmachen?«

Das Mädchen Erika hatte also zwei fliehende Holländer verursacht. Und ihr Leben war verhunzt. Sie wurde zuckerkrank.

Meine Mutter erzählte: »Ich soll die Erika besuchen, aber ich hab so Angst davor. Die lebt mit einem jungen Burschen zusammen.«

»Das ist doch kein Grund zur Angst!« sagte ich.

»Nein, aber sie braucht Pflege.«

Erika konnte sich kaum mehr bewegen, und dieser rührende junge Mann, den ihr der liebe Gott noch geschickt hatte, hat sie bis zum Tode gepflegt.

Das sind Schicksale, die wir auf der Bühne und im Film darstellen, um dafür Applaus zu ernten und nach der Vorstellung nach Hause zu gehen und Tee zu trinken. Oder zu lachen. Oder an eigenen Problemen zu leiden. Komisches wechselt mit Tragischem. Malen müßte man können! Schreiben müßte man können!

Meine Mutter fiel zwar immer mit der Tür ins Haus, aber sie half, wo sie konnte. Nur lügen konnte sie nicht. Sie sagte immer die Wahrheit. Vielleicht ihre Wahrheit – aber die Wahrheit.

Sie hatte einmal eine Freundin, die nur Tennis im Kopf hatte.

»Mit der kann man nicht befreundet sein!« erklärte sie.

»Du darfst nicht immer von dir auf andere schließen«, sagte ich weise Tochter. »Nicht jeder kann so sein wie du. Du bist eine Hausfrau und andere –«

»Die is gar nichts! Nicht einmal eine gute Tennisspielerin!«

Der Mann der besagten Frau verlor seinen Posten – die Frau war hilflos.

»Siehst du«, sagte meine Mutter, »sie ist gar nichts. Sie trinkt. Und ich muß ihr das Essen hintragen, weil sie nicht einmal kochen kann!«
Mutter hat alles beim Namen genannt. Auch mit meinen Männern hat sie immer recht gehabt. Sie hat die Schwächen von Wolfgang gleich erkannt.
»Aber er geht auf mich ein – noch und noch!« argumentierte ich.
»Na, ich werd ihm sagen, daß er nicht so sehr auf dich eingeht …«

An den Hamburger Kammerspielen fand am 21. November 1947 die Uraufführung von Wolfgang Borcherts *Draußen vor der Tür* mit Hans Quest in der Rolle des Heimkehrers Beckmann statt. Es ist das wohl stärkste Antikriegsstück, das je geschrieben wurde. Borchert war noch ein paarmal bei den Proben – er sah sehr krank aus. Sechsundzwanzig Jahre war er alt.
Mein Mann, Wolfgang Liebeneiner, führte Regie und verfaßte ein Drehbuch nach dem Stück. Der Film kam unter dem Titel *Liebe 47* in die Kinos. Er war eine unserer besten Arbeiten. Geschäftlich aber war er kein Erfolg.
Das kurze Leben des Wolfgang Borchert hört sich an wie eine Tragödie in drei Akten. Er sprach nicht viel über sich, aber aus verschiedenen Äußerungen konnten wir doch diese Aneinanderreihung von schrecklichen Erlebnissen und Schicksalsschlägen erfahren:
Borchert absolvierte zuerst eine Buchhändlerlehre und nahm privaten Schauspielunterricht. Dem folgte ein kurzes Engagement am Lüneburger Theater. 1941 mußte er schließlich zum Militär. Seine Verwundung an der Ostfront wurde als

Selbstverstümmelung angezeigt, und er wurde zu drei Monaten Einzelhaft verurteilt. Dann gab es doch noch einen Freispruch und eine erneute Anklage wegen »Äußerungen gegen Staat und Partei«. Er erhielt vier Monate Haft und anschließend »Frontbewährung«. Mit Gelbfieber und Fleckfieber kam er ins Lazarett.
1944 erhielt er wegen Verbreitung politischer Witze neun Monate Gefängnis und neuerlich Frontbewährung. Anfang 1945 geriet er in französische Gefangenschaft, aus der er nach Hamburg floh. Trotz Krankheit arbeitete er als Schauspieler, Regisseur und Kabarettist bis November 1945.
Weil es nur in der Schweiz Nahrung gab, die er brauchte, ermöglichten wir – und mit uns Freunde vom Theater – ihm 1947 einen längeren Sanatoriumsaufenthalt in der Schweiz. Aber es war zu spät. Er starb in Basel einen Tag vor der Uraufführung seines einzigen Theaterstückes, das eigentlich als Hörspiel konzipiert war: *Draußen vor der Tür*.
Bis auf einige Gedichte entstanden alle seine Arbeiten in der kurzen Zeit zwischen Ende des Krieges und 1947.
In diesem Zusammenhang fällt mir wieder etwas ein, auf das mich später Friedrich Torberg aufmerksam gemacht hatte. Es war eines der stärksten Epigramme, die sich mit Gott, der Unmenschlichkeit und der Weisheit beschäftigen. Sein Verfasser war Erich Kästner.

Als die Synagogen brannten

Der junge SA-Mann:
Wo ist nun Jehova, euer Gott? Ist er – Adresse unbekannt – verzogen?
Der alte Jude:
Gibt's einen Gott, gibt's auch Gerechtigkeit!
Wenn's keinen gibt, was braucht es Synagogen?

Und Friedrich Torberg sagte:
Das Lächeln ist das Erbteil meines Stammes …

Den Film *1. April 2000* habe ich im Jahr 1950 schon deshalb so gern gemacht, weil er sich kompromißlos gegen den Krieg aussprach. Jeder Mensch muß kämpfen – deshalb heißt es ja auch Lebenskampf –, aber in einem Krieg werden der Violinvirtuose und der Ackerbauer von einer Granate zerrissen, die ein halbwüchsiger Hilfsarbeiter abgefeuert hat, und das Resultat sind nichts als zwei Tote in der Gefallenen-Bilanz …

Als ich 1952 nach Wien zurückkehrte, traf ich mich wieder mit meiner Schauspiellehrerin, Frau Lamberg-Offer. Sie hatte sechs Jahre Theresienstadt durchlitten. Um fünfzehn Jahre hat diese menschlich ungewöhnliche Frau ihre vielen Leidensschwestern überlebt und bis zu ihrem Tod Schauspielunterricht gegeben.

Sein Leben lang spielt mancher eine Rolle

Geschichten zwischen Vorhang und Leinwand
1947 bis 1957

Es gab 1945 eine »Maßnahme der Alliierten Kommission zur Rehabilitierung des österreichischen Kulturlebens«. Das bedeutete, daß Regisseure, Schauspieler, Sänger und Musiker, die während des Dritten Reiches am Theater oder im Film tätig waren, verhört wurden über ihre Aktivitäten und Beziehungen zum Regime. Sie wurden befragt von Verbindungsoffizieren – das waren Emigranten, die in amerikanischer oder britischer Uniform nach Österreich zurückkehrten –, um durch ein Verhör festzustellen, ob sie sich im Sinne des Nationalsozialismus betätigt hatten. Danach gab es eine Empfehlung an die Alliierte Kommission, die ein Berufsverbot zur Folge hatte oder nicht.

Ernst Lothar, mein ehemaliger Direktor des Theaters in der Josefstadt, war als Verbindungsoffizier der Amerikaner aus der Emigration nach Österreich zurückgekehrt. Der Theater- und Musikoffizier Lothar befragte zum Beispiel Herbert von Karajan unter anderem darüber, warum er im besetzten Paris das Horst-Wessel-Lied dirigiert habe.

Das zweieinhalbstündige Verhör ergab eine politische Unbedenklichkeitsbescheinigung für Karajan, aber die Tatsache, daß er ein Parteibuch besessen hatte, führte zu einer Groteske bei den Salzburger Festspielen 1946 und 1947: Ihm

wurde ein »politisch unbelasteter Musiker zur Seite gegeben«, der »seine« Konzerte dirigierte, während Karajan im Hintergrund bleiben mußte.
Auch ich wurde einer Befragung durch Ernst Lothar unterzogen, konnte aber ebenfalls als »politisch unbedenklich« eingestuft werden. Einer der Gründe dafür waren meine bereits erwähnten Filme zwischen 1939 und 1945, an deren Titeln man schon erkennen konnte, daß sie politisch unbedenklich waren.

Kurz nach dem Krieg hatte ich ein Abenteuer mit Jürgen Fehling. Ich erhielt vom Berliner Renaissance-Theater das Angebot, unter Fehlings Regie *Der Doppeladler* von Jean Cocteau zu machen. Ich mußte von Hamburg ins schwer kriegsbeschädigte Berlin und konnte mir gar nicht vorstellen, daß ich überhaupt eine Unterkunft finden würde, aber Kurt Raeck, der Direktor des Theaters, schaffte auch das.
Als ich meinem Mann von dem Angebot erzählte und hinzufügte: »Wolfgang! Dieser Fehling ist, was man so hört, verrückt!«, sagte er: »So kann man das nicht sagen. Er ist ein Genie, das diese Gratwanderung macht – zwischen Genie und Wahnsinn. Daher stürzt er manchmal ab und kommt in eine Klinik. Dann ist wieder alles in Ordnung. Er ist sehr streng – aber denk daran: Ein Genie!«
Also nahm ich das Engagement an.
Ich kam zur ersten Probe: Fehling graugesichtig, faltig. Seine Freundin Joana Maria Gorvin konnte die Rolle »leider« nicht spielen – sie war verhindert. Ich war der Ersatz.
Die erste Probe, bei der auch mein Partner Kurt Meisel anwesend war, gab mir einen Vorgeschmack von der Gratwanderung eines Genies am Rande des Wahnsinns. Fehling ließ

mich für meinen ersten Auftritt die Tür öffnen, wobei er schon bei diesem Türöffnen etwas Bestimmtes erzielen wollte, was dazu führte, daß ich eine Woche lang (!) die Tür auf alle möglichen Arten öffnete. Ich plagte mich. Kurt Raeck, der gelegentlich im Zuschauerraum saß, fragte mich schließlich, warum ich mir das gefallen ließe.

»Schließlich haben Sie Fehling engagiert«, erwiderte ich, »und mein Mann sagt, daß er ein Genie ist und schwierig.«

Wolfgang merkte am Telefon, daß ich nicht mehr ganz bei mir war. »Ist dir nicht gut?«

»Gut ist mir schon, aber der hält mir die ganze Zeit die Gorvin vor ...«

Am nächsten Tag drückte mir Fehling eine Rolle Klopapier in die Hand und befahl: »Lesen Sie!« – Auf der Rolle standen lauter ordinäre Wirtinnen-Verse, von Fehling per Hand geschrieben.

»Wollen wir jetzt nicht besser probieren?« schlug ich vor.

»Gehen Sie im Kreis!« Ich ging im Kreis. »Sprechen Sie das Alphabet!«

»Während ich im Kreis gehe oder extra?«

»Sprechen Sie das Alphabet und gehen Sie im Kreis!«

Als ich bei i, je, ka ankam, brüllte Fehling plötzlich los: »Was heißt je – das heißt jot!«

Also jot.

Dann überlegte er und gab die Anweisung: »Sagen Sie das Alphabet von hinten nach vorn!«

An diesem Tag rief Raeck meinen Mann in Hamburg an und teilte ihm besorgt mit, daß Fehling dabei sei, mich kaputtzumachen.

Wolfgang reiste am nächsten Tag an, kam zur Probe und sagte zu Fehling: »Jürgen! Was machst du mit meiner Frau?«

Soweit ich mich erinnere, reagierte Fehling nicht einmal. Jedenfalls wurden die Proben abgebrochen, und sowohl Kurt Meisel als auch ich reisten erleichtert nach Hause. Es war meine erste und letzte Begegnung mit Kurt Meisel. Fehling kam wieder einmal in die Klinik.
Ich hatte die folgende Geschichte über Jürgen Fehling vor dieser meiner Probenarbeit mit ihm immer für einen Witz gehalten:
Jürgen Fehling galt als das Urbild des genialen Regisseurs. Einmal brauchte er eine Koppel Hunde. Er wurde gefragt, was für Hunde er benötige.
»Hunde?« fragte Fehling mit großer Gebärde. »Ich brauche Wölfe!«
Die Wolfshunde kamen, fünf ausgesuchte, nach Blut lechzende Tiere, ein Rudel in Ketten. Ein Spezialist brachte sie ins Theater. Schauspieler, Inspizient, Souffleuse, alle verdrückten sich, trieben sich auf den Gängen, in der Kantine herum, während Fehling auf der Probebühne mit den Hunden arbeitete. Zuerst erklangen noch Gebell, Knurren und andere bedrohliche Geräusche, dann wurde es still. Plötzlich ein leises Wimmern. Ein beherzter Bühnenarbeiter öffnete die Tür zur Probebühne einen Spalt.
Da lagen die Bluthunde winselnd in einer Ecke zusammengekauert. Vor ihnen kniete Fehling und flüsterte beschwörend-drohend: »Nicht wau – waff, waff! Nicht wau – waff, waff!«

In der Josefstadt, bei Turgenjews *Ein Monat auf dem Lande*, hatte ich es nicht mit der Tür, sondern mit dem Fenster. Der russische Regisseur Peter Scharoff ließ mich bei der Probe das Fenster öffnen, immer wieder.

»Feenster aufmachen und schweeeres Herz. – Sehnsucht nach einem Maann! – Niiecht soo! – Deenken Sie daran!!«
Ich habe immer wieder das Fenster aufgemacht und ich habe mich soo gesehnt – weil mir meine Hände fast abgefallen sind.
»Niiecht gut!« kam es immer wieder von unten, einen Nachmittag lang.
Scharoff hat noch Stanislawski gekannt. Ich weiß nicht einmal, wer auf die Idee gekommen ist, ihn nach Wien zu holen. Aber trotz allem liebte ich den kleinen Mann aus Rußland.

Ulrich Erfurth, später Gründgens-Hausregisseur und einer von seinen engsten Vertrauten, inszenierte 1946 *Eurydike* von Anouilh. Immer wieder besserte er mich aus. Entweder ich hatte einen schlechten Tag oder ich habe mich gewehrt gegen das, was er mir sagen wollte. Auf jeden Fall begann ich, einen Ausbruch zu kriegen, und wurde immer lauter, bis zum Fortissimo! Ich rede und rede und rede, plötzlich merke ich: da ist gar niemand!
»Uli?!«
Er saß in der allerletzten Reihe im Finstern.
»Wieso sagst du nichts??«
»Entschuldige, ich dachte, ich laß dich einmal ausreden.«
Das war so gescheit von ihm – das ist mir unvergeßlich. Hilpert hätte mich natürlich unterbrochen mit »Du fliegst bei mir raus!« Aber Uli schwieg. Ich habe noch öfter mit ihm durchaus erfolgreich zusammengearbeitet.

Ich wohnte zwar von 1945 bis 1954 in Hamburg, pendelte aber wegen meines dortigen Engagements und meiner Verpflichtungen am Theater in der Josefstadt, am Deutschen Theater in Göttingen und einigen Filmdreharbeiten immer wieder zwischen den drei Städten. Bei einem meiner Aufenthalte in Wien habe ich Friedrich Torberg – eigentlich sehr unspektakulär – kennengelernt: Auch Ernst Haeusserman war 1945 in amerikanischer Uniform nach Wien zurückgekommen. Er war für die Theater zuständig, ein Major Peter Schnabel für die Musik. Mit Ernst Haeusserman bin ich ins gleiche Gymnasium gegangen. Wir trafen uns oft auf dem Schulweg. Später holte er mich ans Burgtheater.

Ich war also im Büro von Haeusserman, gemeinsam mit Major Schnabel, der mich mit einem Spruch immer unweigerlich zum Lachen brachte: »Ich erkläre mein Benehmen für vorlaut und bübisch und ziehe die ritterlichen Konsequenzen!« Da kam ein Mann herein, der von den beiden mit »Servus Fritzerl!« begrüßt wurde.

Das war Friedrich Torberg, dessen Name sich aus dem väterlichen Kantor und dem Mädchennamen der Mutter, Berg, zusammensetzte. Wenn jemand süffisant fragte, wie er denn zu so einem nordischen Namen käme, pflegte er zu sagen: »Meine Vorfahren waren Schiffsrabbiner bei den Wikingern.«

Ich wurde ihm von Major Schnabel vorgestellt, und er lud mich zu einem Treffen in ein Kaffeehaus ein, »wo man zwar nicht zu Hause, aber doch nicht an der frischen Luft ist«.

Es wurde eine lange – manchmal engere, manchmal weitere – Freundschaft daraus. Ich lernte viel von ihm über jüdischen Humor, über Literatur, über Politik und bedauerte nur, daß er mit meinem Mann keinen richtigen Kontakt fand. Es schien eine Wand zwischen ihnen zu sein. Wolfgang war et-

was älter als Torberg – vielleicht war es sogar die von ihm geleugnete Eifersucht.
Wenn Friedrich Torberg schilderte, wie die Emigranten – und zwar diejenigen, die noch Glück hatten – in Hollywood durch die Studios Büros zugewiesen bekamen, in denen sie saßen und Filmthemen bearbeiteten, von denen sie von vornherein wußten, daß sie nie realisiert würden, dann verstand man die Verzweiflung von Menschen, die von intellektuellem Schaffensdrang erfüllt waren, den sie nicht loswerden konnten. Aber man bekam seinen monatlichen Scheck und hatte Anwesenheitspflicht. »Ein Schriftsteller – und wenn er noch so gut Englisch kann – wird sich nie in der Fremdsprache zu Hause fühlen«, erklärte Torberg immer wieder. »Es befähigt ihn zwar, Berichte für eine Zeitung zu schreiben, aber keinesfalls Literatur!«
Major Peter Schnabel war da eher ein Lebenskünstler. Er war Musik- und Literaturliebhaber wie die meisten jüdischen Emigranten. Als ich ihn einmal fragte, wie er denn in die hohe Position eines Majors der US Army gekommen sei, meinte er verschmitzt, daß da eine Prüfung notwendig gewesen sei mit sehr schwierigen Fragen für Nichtamerikaner. Aber er hatte einen guten amerikanischen Freund beim Militär, der ihn mit einem Spickzettel versorgte. Als die Amerikaner sicher waren, daß der Krieg gewonnen war, brauchten sie natürlich dringend Verbindungsoffiziere, die sich mit den Deutschen und Österreichern in den besetzten Gebieten verständigen konnten.
Ich glaube, Peter Schnabel hat im Nachkriegs-Wien ein ganz komfortables Leben geführt. Er kam gratis zu allen kulturellen Veranstaltungen, die ihn interessierten, und er hatte genug Verpflegung von der US Army.

Friedrich Torberg gab sich damit nicht zufrieden. Er brauchte die Herausforderung. Und er war ausgehungert nach seiner Muttersprache, in der allein er sich unvergleichlich ausdrücken konnte. Torberg schrieb Romane, Essays, Parodien, gründete 1954 die kulturpolitische Zeitschrift »FORVM« – und er war ein Theaterkritiker, dessen Kritiken im Wiener »Kurier«, in der »Presse«, in der »Neuen« und in der »Süddeutschen Zeitung« man auch dann gerne las, wenn man selbst drin vorkam. Ich werde ihn im folgenden immer wieder zitieren, denn sein um größtmögliche Objektivität bemühtes Urteil war für mich maßgebend – und darüber hinaus blendend, oft witzig formuliert.
Er war ein erklärter Brecht-Gegner und ein Feind des Kommunismus. In einer Kritik über Claus Peymann – lange vor dessen Zeit als Burgtheater-Direktor – schrieb Torberg: »Peymann und Genossen erklärten den lauschenden Journalisten, daß sie dem Establishment den nackten Hintern zeigen werden. Und damit zeigen sie ihr wahres Gesicht …«
Anderseits konnte Friedrich Torberg nach intensiv durchdiskutierten Nächten im Kaffeehaus so schöne Sachen schreiben wie beim *Sommer der 17. Puppe* oder bei *Die Dame ist nicht fürs Feuer*:

> Unter Wolfgang Liebeneiners bedachtsamer Regie spielte Hilde Krahl die bedenkenlose Hingabe an einen unhaltbaren Lebenstraum mit der gleichen großartigen Selbstverständlichkeit wie den Zusammenbruch angesichts der Erkenntnis, daß es keine ewige Jugend gibt, und noch ihr Absturz ins Leere war von größerer Vitalität als anderswo ein Taumel des Glücks …
> Wolfgang Liebeneiners Inszenierung war genauso gescheit und graziös, wie Helmut Käutners Bühnenbild es

erhoffen ließ. Hilde Krahl zwischen Ja und Nein, weil sie hier nämlich eine Hexe spielen darf – also eine Frau – zwischen Vielleicht und Vielleicht …

Es kommt nicht von ungefähr, daß ich eine tiefe Bewunderung und Sympathie für den funkelnden, brillanten jüdischen Geist empfinde. Nicht nur, daß meine Lehrer im Mädchengymnasium in der Mehrzahl Juden waren, auch meine Mitschülerinnen stammten ja großteils aus jüdischen Familien.

Alfred Polgar hat so himmlische Sachen über das Theater gesagt. Wenn er zum Beispiel an einer Stelle historische Bühnenwerke als »Utopien nach rückwärts« bezeichnet, oder wenn er anderswo gewisse Volksstücke, die ein wenig zuviel des Guten vom Lokalkolorit mitbekommen haben, »Lokalanästhesien« nennt, also da könnte ich vor Seligkeit wegschwimmen in solchen Formulierungen.

Ich hatte nie ein besonderes Problem mit meinen Interviewern, aber viele von ihnen offenbar mit mir. Denn ich galt als schwierig. Und ich wurde schwierig, wenn man mir so blöde Fragen stellte wie: »Wie – Sie spielen *auch Theater*?!«

Ich hatte mit all jenen kein Problem, deren Horizont etwas weiter reichte als der bloße Verstand. Und ich war eine harte, zuweilen taube Nuß für Leute, die an Substanz mehr herauslocken wollten, als sie selbst überhaupt beanspruchen oder verkraften konnten. Davon abgesehen tat ich mich mit meiner Umgebung im allgemeinen nicht schwer, da ich mich anpassen kann und Launen, Stimmungen oder Depressionen nicht an die Oberfläche dringen lasse. Mit mir intim werden ist freilich ein anderes Ding.

Ich bin nach wie vor der Meinung: Wenn man den Leuten immer wieder bewußt und konsequent Niveau vorsetzt, so ist es bestimmt möglich, sie auch dafür zu gewinnen. Selbst jene, die zunächst abseits standen.
Ich habe mir damals in Berlin eine Inszenierung des *Kreidekreises* angesehen, zu der eine ganz faszinierende Zwölfton-Musik gehörte. Und ich konnte beobachten, daß sehr einfache, schlichte Menschen im Parkett, die sonst wohl süßere Kost gewohnt waren, durchaus mitgingen, obwohl sie nicht im Nebenberuf Musik studiert hatten wie ich.
Ähnlich verhält es sich mit der Literatur. Die Tatsache, daß Leute die Regenbogen-Presse lesen, statt zu sehen, »wie der Abend auf künstlerisch hin wird«; daß man den Musikantenstadl besucht statt einen Musentempel, ist oft blanke Notwehr gegen zuviel intellektuelles und psychologisches Gewäsch über die einfachen Dinge des Lebens. (»Intelleckt's mich doch alle miteinander!« sagte Erwin Steinhauer.)
In Wien habe ich angefangen. Und in Wien wohne ich heute. Mit Wien verbindet mich die Sprache, obwohl ich nie Dialekt gespielt habe. Wenn die Wiener begeistert sind, dann zeigen sie das. Was kann sich ein Schauspieler mehr wünschen?
Zu den Wiener Eigenarten gehört es auch, daß es ein Kino »Auge Gottes« gibt, in dem ab den späten Sechzigerjahren hauptsächlich Sexfilme gespielt wurden, die bei keinem Gynäkologen einen Wunsch offenließen, wie mir meine männlichen Kollegen versicherten.
Dann gibt es im dritten Wiener Gemeindebezirk einen Ortsteil mit dem befremdlichen Namen St. Marx, was einen Kommunisten aus Deutschland einmal zu der Bemerkung veranlaßte: »Wir schätzen ja den ollen Marx ooch sehr, aber

31 Mein erster Nachkriegsfilm war »Liebe 47«, 1948, nach Wolfgang Borcherts »Draußen vor der Tür«, mit Hans Quest als Heimkehrer Beckmann.

32 Als Schillers Maria Stuart mit Ida Ehre als Elisabeth an den Hamburger Kammerspielen, 1948. Die Materialnot erzwang Kostüme aus bedruckten Jutesäcken und Papier.

33 Zweimal Sartre an einem Abend in den Hamburger Kammerspielen, 1949: Mit Edda Seippel und Richard Lauffen in »Geschlossene Gesellschaft« (Mitte rechts) …

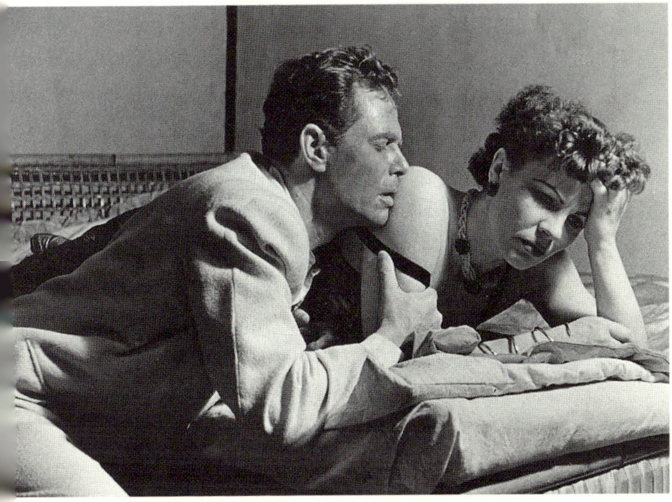

34 … und mit Karl John in »Die respektvolle Dirne«

35 Links: In Franz Molnárs »Panoptikum«, Hamburger Kammerspiele, 1950

36 Rechts: Mein künstlerischer Vater war Heinz Hilpert: In Wien und Berlin hatte ich bevorzugt unter seiner Regie gespielt. Im Herbst 1950 wurde er Intendant des Deutschen Theaters in Göttingen, ...

37 ... wo ich in seiner Eröffnungsinszenierung die Titelrolle in George Bernard Shaws »Heiliger Johanna« spielte. Hier die Inquisitionsszene mit Erich Ponto als Cauchon (hinter mir) sowie Siegfried Lowitz, Arthur Mentz, Adalbert Gausche, Luzius Versell und Klaus Behrendt (v.l.n.r.

38 Die pikante musikalische Burleske »Meine Nichte Susanne«, 1950, in der ich die Titelrolle spielte, wurde leider ein Flop an den Kinokassen.

39 Meine erste Begegnung mit Karl Schönherrs »Weibsteufel« hatte ich 1951 in dem Film meines Mannes Wolfgang Liebeneiner. Mein Partner war Kurt Heintel als Jäger.

40 Wichtig wegen seiner Aussage war mir der Harald-Braun-Film »Herz der Welt«, 1951, der die Lebensgeschichte der Pazifistin Bertha von Suttner zum Thema hat. Meinen Ehemann Arthur von Suttner spielte Dieter Borsche.

42 Ein Film zur Geschichte Österreichs mit Science-fiction-Elementen ist »1. April 2000« 1952. Ich spielte die Weltpräsidentin.

41 Links: Die Titelrolle eines taubstummen Mädchens in »Johnny Belinda« von Elmer Harris spielte ich 1952 sowohl an den Hamburger Kammerspielen als auch am Wiener Theater in der Josefstadt.

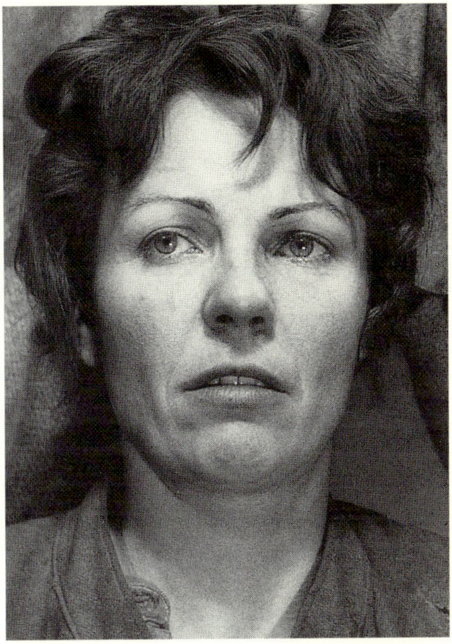

43/44 Wandlungsfähigkeit mußte ich beweisen, als ich 1952 kurz hintereinander an den Hamburger Kammerspielen die Magda in Hermann Sudermanns »Heimat« (links) und die stumme Kattrin in Bertolt Brechts »Mutter Courage und ihre Kinder« spielte.
45 Auf der Bühne Mutter und Tochter: Mit Ida Ehre als Courage in Bertolt Brechts Chronik des Dreißigjährigen Krieges, Hamburg 1952

46 In der Titelrolle von Maxwell Andersons »Johanna aus Lothringen«, einem Stück, das ich 1953 in Hamburg und in Wien spielte. Hier eine Szene aus der Aufführung an den Hamburger Kammerspielen mit Horst Breitkreutz und, vorne, Hermann Lenschau

Gegenüberliegende Seite>
48/49 Oben: In Walter Reischs Spionagefilm »Die Mücke«, 1954, war Gustav Knuth mein Partner. - Unten: Jeder Satz war ein Juwel: In Federico García Lorcas »Mariana Pineda« mit Elisabeth Markus im Theater in der Josefstadt, 1955

47 Mit Leopold Rudolf, dem Schauspieler der wohlgesetzten Pausen, in »Die Dame ist nicht fürs Feuer« von Christopher Fry, Theater in der Josefstadt, Wien 1954

50-53 Oben links und rechts: Mit Wolfgang in unserem Haus in Wien-Dornbach. - Mitte links: Meine Eltern mit Ilko, dem Schäfer, und Delia, der Pudeldame. - Mitte rechts: Friedrich Torberg, Kritiker und Freund

54 Unsere »Mücke«: Mit Tochter Johanna

daß ihr Österreicher ihn gleich heiligsprecht, geht ja wohl n bißchen zu weit!«
In St. Marx befand sich der Wiener Auslandsschlachthof. Als dieser geschlossen wurde, um an einer anderen Stelle modernisiert und neu errichtet zu werden, besetzten linksgerichtete Jungkünstler das Areal und wollten es als »Arena St. Marx« zum Kulturzentrum umfunktionieren. Aber um das Geheimnis um den heiligen Marx zu lüften – ich habe mich erkundigt: Es war ursprünglich der heilige Markus gemeint, der wienerisch »dialektisch« verkürzt wurde. Und noch eine Eigenart, die allerdings nichts mit Wien zu tun hat: Die ehemalige Währung der DDR wurde im Westen Ostmark genannt. Die war mir schon deshalb unsympathisch, weil im Dritten Reich die Ostmark für Österreich stand.
Zu den Wiener Schauspielern gehören einige, mit denen mich eine besondere Herzlichkeit verbindet – bei ein paar muß ich leider sagen verband, denn sie sind nicht mehr da.
Bei Friedrich Torberg war das wieder etwas ganz anderes: Ich liebte seine Gescheitheit, seinen Witz und seine Lebensweisheit. Torberg zuliebe ging ich mit ihm und Herrn Pollak, dem bekannten Chefredakteur der »Arbeiterzeitung«, sogar ins Fußballstadion. Ich habe keine Ahnung von Fußball und stellte naturgemäß eine Menge Fragen, die bei jedem Fußballfanatiker schmerzverzerrte Gesichtszüge verursachen. Daß aber meine beiden Begleiter es ertrugen, den vorwurfsvollen Blicken empörter Tribünenbesucher zu begegnen, die sich wegen meiner Fragen ständig drohend nach mir umdrehten, das muß wohl auch Liebe gewesen sein.
Berlin, Hamburg und Wien waren nach dem Krieg die drei Hauptstädte meiner Theater-, Film- und später auch Fern-

sehtätigkeit. Dazu kamen dann immer wieder einmal München, Düsseldorf oder Bad Hersfeld für viele schöne Aufgaben.

Berlin vor dem Krieg war mir zu groß. Ich hatte auch nie die Zeit, mich mit der »Reichshauptstadt« vertraut zu machen, weil ich ständig am Theater beschäftigt war oder Filme drehte. Aber die Berliner lernte ich kennen – Heinz Hilpert ist da an erster Stelle zu nennen.

Die Berliner waren sehr skeptisch den Nazis gegenüber und begegneten ihnen ebenso mit ihrem treffsicheren Humor wie später den Kommunisten unter Ulbricht und Grotewohl – was nicht selten zu Verhaftungen führte. Denn totalitäre Regime vertragen am allerwenigsten Humor. Das ist eigentlich logisch: Wenn sich eine Diktatur im Besitz der alleinigen Wahrheit glaubt, muß jeder, der nicht dieser Meinung ist, eliminiert werden.

Als die Kommunisten die Mauer errichteten, die Berlin teilte, wurde mir klar, warum Friedrich Torberg ein so scharfer Antikommunist war. Und Brecht-Gegner – nicht nur wegen Brechts berüchtigtem Glückwunschtelegramm an Ulbricht zur Niederschlagung des Ostberliner Arbeiteraufstandes von 1953.

Und doch gibt es von Bertolt Brecht Gedichte, die ich bei einer Lesung nie vortragen kann, weil ich weinen muß, so schön sind sie. Irgendwie verbinde ich Bert Brecht immer mit Berlin, obwohl ich meine erste Brechtrolle, die stumme Kattrin in der *Mutter Courage,* in Hamburg bei Ida Ehre spielte und auch später nie mit Brecht in Berlin auftrat. Das lag wohl daran, daß Brecht seine auf Parteilinie liegenden Modell-Inszenierungen in Ostberlin seit 1949 am Deutschen Theater und seit 1954 im eigenen Haus, dem Berliner

Ensemble im Theater am Schiffbauerdamm, machte. Typisch für Brecht war, daß er einen bescheidenen VW-Käfer fuhr, der aber einen Sportwagenmotor eingebaut hatte.
Berlin habe ich in seinen drei einschneidenden Phasen erlebt. Als Hauptstadt des Dritten Reiches, als geteilte und als wiedervereinigte Stadt.
Friedrich Luft, der berühmte Berliner Theaterkritiker, erfreute mich mit fulminanten Kritiken. Dazu muß ich gestehen, daß mich schlechte Kritiken immer sehr betroffen machten. Nicht aus Eitelkeit. Es mag daran liegen, daß ich das Bedürfnis hatte, den Menschen angenehm zu sein – nicht nur auf der Bühne, sondern auch privat. Mein oft heftiges Wesen mag dabei nicht sehr hilfreich sein.
Eine Schauspielerin, die einem zu Berlin sofort einfällt, ist Grethe Weiser. Es wird manchen überraschen, aber die Urberlinerin war gar keine Berlinerin. Sie stammte aus Hannover. In *Liebe 47*, einem unserer besten Filme, gab ihr Wolfgang die erste ernste Filmrolle ihrer Karriere – eine Berliner Zimmervermieterin. Sie war grandios. Aber Produzenten und Publikum bestanden darauf, sie vornehmlich wieder als Ulknudel zu sehen. Sie erlitt damit dasselbe Schicksal wie Peter Alexander, der ein österreichischer Danny Kaye hätte werden können, wenn es der geistige Horizont der Filmproduzenten zugelassen hätte. Und Grethe war eng befreundet mit Ida Ehre, der wienerischsten aller Jüdinnen.
Grethe Weiser erzählte mir, daß sie nach Ende des Krieges in die Trümmerstadt Berlin zurückkam. Sie hatte einen besonders netten Taxi-Chauffeur. So beschloß sie, ihm ein üppiges Trinkgeld zu geben. Schweigend steckte er es ein.
»Is es eigentlich nich mehr üblich in Berlin, bei einem größeren Trinkgeld ›Danke‹ zu sagen?« erkundigte sich Grethe.

»Manche tun's – andere tun es wieder nich!« war die Berliner Antwort.

Dabei fällt mir immer der Vergleich zwischen Deutschen und Österreichern von Hugo von Hofmannsthal ein, unter dessen präzisen und geradezu philosophischen Aussagen drei besonders pointierte mir reizvoll erscheinen:

Der Deutsche hat ein stolzes Selbstgefühl. – Der Österreicher hat mehr Selbstironie.

Der Deutsche neigt dazu, sich zu rechtfertigen. – Der Österreicher bleibt über sich selbst lieber im unklaren.

Der Deutsche zeigt eine große Unfähigkeit, sich in andere hineinzudenken. – Der Österreicher kann sich in andere bis zur Charakterlosigkeit hineindenken.

Aber zurück zur dritten meiner künstlerischen Heimatstädte: Besonders schön ist Hamburg, weil ich eine starke Beziehung zur Heide, zur Nordsee, zur nordischen Landschaft, zu den nordischen Menschen habe. Da werde ich immer ganz unrealistisch: Vielleicht war ich schon einmal auf der Welt und habe dort gelebt. Sonst gibt es das ja nicht, daß man sich so hingezogen fühlt! – Und die Maler und die Schriftsteller! Das Gedicht *Über die Heide* von Theodor Storm kommt mir in den Sinn:

Über die Heide hallet mein Schritt,
Dumpf aus der Erde wandert es mit.
Herbst ist gekommen, Frühling ist weit –
Gab es denn einmal selige Zeit?
Brauende Nebel geistern umher,
Schwarz ist das Kraut und der Himmel so leer.
Wär ich hier nur nicht gegangen im Mai!
Leben und Liebe – wie flog es vorbei!

Welch faszinierender Kontrast dazu ist doch da Franz Grillparzers

Abschied von Wien

Leb wohl, du stolze Kaiserstadt,
Zwar nicht auf immer, denk' ich;
Zu andern Grenzen, lebensmatt,
Die irren Schritte lenk' ich.

Schön bist du, doch gefährlich auch,
Dem Schüler wie dem Meister,
Entnervend weht dein Sommerhauch,
Du Capua der Geister.

Auf deinen Fluren geht sich's weich,
Und Berg' und Wälder breiten
Rings um dich her ein Zauberreich,
Durch das die Ströme gleiten.

Weithin Musik, wie wenn im Baum
Der Vögel Chor erwachte;
Man spricht nicht, denkt wohl etwa kaum
Und fühlt das Halbgedachte.

Dazu ein Volk, ein wackres Herz,
Verstand und vom gesunden,
Das sich mit Märchen und mit Scherz
Der Wahrheit Bild umwunden.

Man lebt in halber Poesie,
Gefährlich ist die ganze,
Und ist ein Dichter, ob man nie
An Vers gedacht und Stanze.

Doch weil von so viel Schönheit voll
Wir nur zu atmen brauchen,
Vergißt man, was zum Herzen quoll,
Auch wieder auszuhauchen:

Die Tafel bleibt, die Leinwand leer,
Drum fort aus diesen Gründen,
Ob von der Reiselust Beschwer
Sich fest're Bilder ründen.

Sehr treu sind die Hamburger. Ein großartiges Publikum für ernste Stücke. Die Wiener wollen doch lieber Unterhaltung, »Melancholie mit Flinserln«, wie Elfriede Ott eines ihrer hinreißenden Wiener Programme nannte.
Nach dem Krieg in Hamburg wurden wir von den Menschen beschenkt mit Güte, mit Hilfsbereitschaft. Die Not bestand ja nicht darin, daß man kein Geld hatte, sondern daß es für das Geld nichts zu kaufen gab, besonders keine Lebensmittel. Ich werde nie einen Kollegen vergessen, der immer mit einer Aktentasche kam, und es waren Erdäpfel für uns drin!
Dann hatten wir auch noch eine Wiener Theaterdirektorin – Ida Ehre! Und befreundeten uns mit einem englischen Theateroffizier, der auch Wiener war und jetzt John Olden hieß. Er erzählte mir, daß er kurz nach Kriegsende, zurückgekehrt in seine Heimatstadt Wien, in englischer Uniform über die Mariahilfer Straße gegangen sei, als plötzlich ein Mann auf ihn zukam und rief: »Servas, Fritzerl! Wie geht's dir denn? Was machst denn immer?« Das hat ihn wohl ebenso verblüfft wie Friedrich Torberg, als dieser nach dem Krieg in sein Stamm-Café kam und sich auf seinen Stammplatz setz-

te, der zufällig frei war. Der auch zehn Jahre älter gewordene Ober kam und fragte:
»Das Übliche, Herr Doktor?«

Der erste wichtige Film, den ich mit meinem Mann nach dem Krieg drehte, war der schon erwähnte *Liebe 47* nach Wolfgang Borchert.
Erst wollte er einen Stoff verfilmen, den die Briten nicht erlaubten. Dann wollte er einen Film nach Kleists Novelle *Die Marquise von O.* mit mir in der Hauptrolle drehen. Ich freute mich schon darauf. Mein Partner sollte Karl John sein. Als der las, daß der Verführer der schlafenden Dame beritten ist, kaufte er sich ein Pferd, das sich durch ungeheure Gefräßigkeit auszeichnete. John wußte gar nicht, woher er das Futter nehmen sollte. Bald zeigte sich, daß der Kauf des Pferdes höchst überflüssig war, denn die Briten hatten auch etwas gegen diesen Film. Und so kam es zu *Liebe 47* bei der »Filmaufbau Göttingen«. Karl John, der die Hauptrolle spielte, erschien zu Pferd auf dem Göttinger Bahnhof, um uns zu empfangen.
Bei Borchert und in unserem Film gelingt es dem Heimkehrer Beckmann nicht, heimzukehren. Es ist das Drama der Kontaktlosigkeit. Alles hat sich verändert, nichts hat sich verwandelt. Die Menschen sind hart, verständnislos, stupide wie eh und je. Da haben sich zwei das Leben genommen, indem sie den Gashahn aufdrehten. Bedauernd sagt der neue Mieter: »Von dem Gas hätten wir einen ganzen Monat kochen können!«
Wolfgang wollte in seinem ersten Nachkriegsfilm uns und dem Publikum nichts ersparen. Unschöne Menschen in häßlichen Lebensumständen. Aber 1948/49 wollte man nicht

mehr die Trümmer in der Reproduktion sehen, man träumte lieber und suchte den schönen Schein. Ich spielte eine deutsche Frau, noch ungepflegter als Maria Schell in ihrem scheußlich schönen Film *Gervaise*.

Der Film fiel beim Publikum durch, aber in Locarno wurde ich 1949 von der Film-Jury als Beste Darstellerin ausgezeichnet.

An jenem Abend, als auf dem Internationalen Film-Festival Wolfgangs *Liebe 47* preisgekrönt werden sollte, war aus der deutschen Equipe nur Karl John, der männliche Hauptdarsteller, anwesend. Er stand in der südlichen Pracht des Freilichtkinos, sehr korrekt im weißen Smoking, vor der riesigen Leinwand und versuchte Worte zu finden, die seine und überhaupt der deutschen Filmschaffenden Gefühle in diesem Rahmen ausdrücken sollten: Locarno, Friedenskonferenz, die neutrale Schweiz und der Traum vom Süden, Vernichtung und Wiederauferstehung ...

Er fand nicht das Ohr dieser Menschen, die es nicht nötig gehabt hatten, sich sechs Jahre lang nach dem Süden und dem freien Land zu sehnen, weil sie ja, zum großen Teil jedenfalls, das Glück hatten, dort zu leben und das alles zu besitzen.

Tags darauf kam ich mit Wolfgang an. Wir waren durch Verkehrsschwierigkeiten aufgehalten worden und waren hundemüde. Aber wir standen allen Rede und Antwort, die uns da umringten. Kein Filmproblem blieb unerörtert. Nein, wir waren nicht zum Vergnügen in Locarno. Wolfgang hatte das Ohr aller seiner Zuhörer, nicht aber ihre Herzen. Anders ausgedrückt: Die Kluft erwies sich wieder einmal als tiefer als jede noch so große Verständigungsbereitschaft. Bei vielen, die schon dem Aufschrei, dem De profundis des Films, fassungslos gegenübergestanden waren, fehlte einfach die Fähigkeit, sich in etwas hineinzudenken, »was es eigentlich gar nicht geben kann«, und was es – vielleicht zum erstenmal seit dem Dreißigjährigen Krieg – eben doch gegeben hatte.

Auf diesem Podium der Auseinandersetzung war nicht mehr von Schuldfragen die Rede, sondern von Tatsachen. Von Zuständen und ihrer künstlerischen Gestaltung. Wolfgang sagte:

»Sie müssen nicht glauben, daß ich und wir deutschen Regisseure überhaupt mit pathologischer Hartnäckigkeit an den Trümmer- und Elendsfilmen hängen! Ich wollte eigentlich gar nicht *Liebe 47* drehen, sondern Heinrich von Kleists *Marquise von O.* als Rokoko-Komödie mit Hintergrund. Nur hat es die britische Filmkontrollstelle nicht erlaubt. Durch das Mißverständnis eines des Englischen offenbar nicht ausreichend mächtigen Mittelsmannes glaubten wir aber, daß alles in Ordnung sei! Nicht nur das Drehbuch wurde fertiggestellt, die Schauspieler engagiert – nein, auch die ersten Dekorationen standen schon. Da wurde das Ganze verboten! Die Erklärung war einfach: Das Filmmaterial konnte ja nicht mit D-Mark gekauft werden, es mußte von den Engländern importiert und mit guten Dollars bezahlt werden. Selbstverständlich stellten sie sich da auf den Standpunkt, daß für diese Devisen nicht etwas gedreht werden sollte, was man in London sicher genausogut machen könnte, sondern etwas, was eben unsere besondere Stärke sei. Es ging um Stunden, wenn nicht alles umsonst gewesen sein sollte. Es gab nur einen Stoff, der allen Anforderungen entsprechen würde: Wolfgang Borcherts wild anklagendes Heimkehrerstück *Draußen vor der Tür*. Ich war mir noch mit dem Dichter persönlich einig geworden, daß bei einer Verfilmung die gegen den Soldaten Beckmann zu stark zurückgetretene weibliche Hauptfigur den Schlüssel bilden würde. So steht am Beginn des Films die Frau neben dem Mann am nächtlichen Flußufer, bereit, ihrem Leben ein Ende zu machen. Und dann wird rückblickend ihr Leben neben dem seinen erhellt, die Tragik des Frauenschicksals in jenen Tagen und – als beide alles voneinander wissen, kann es keiner mehr über sich bringen, den verhängnisvollen letzten Schritt zu tun. Sie sind füreinander verantwortlich geworden.«

Was Wolfgang mit diesem Film wollte, war nach seinen eigenen Worten: Der Versuch, die Verzweiflung des Gestern und die Angst vor dem Morgen dadurch zu überwinden, daß man auf die Frage »Was nun?« die soziale Problematik ausklammert und nur dem einzelnen eine sittliche Antwort gibt: Warum sollen wir die Welt verbessern? Fangen wir doch bei uns selbst an: ein Leben miteinander, füreinander!

Nach *Liebe 47* folgten Filme von Wolfgang Liebeneiner mit den unterschiedlichsten Themen, zu denen der »gehobene Heimatfilm« wie zum Beispiel *Waldwinter* oder *Die Trapp-Familie* hinzukam. Aber auch *Die heilige Lüge* mit Ulla Jacobsson, *Auf der Reeperbahn nachts um halb eins* mit Hans Albers und Heinz Rühmann, *Ich war ein häßliches Mädchen* mit Sonja Ziemann und Karlheinz Böhm, *Auf Wiedersehen, Franziska* mit Ruth Leuwerik und Carlos Thompson, *Königin Luise* mit Ruth Leuwerik und Dieter Borsche und *Immer wenn der Tag beginnt* wieder mit Ruth Leuwerik und einem sehr jungen Christian Wolff …

Auf die Frage, wem es der Regisseur denn recht machen sollte, der Kritik oder dem Publikum, antwortete Wolfgang:

»Natürlich dem Publikum, denn von den Freikarten, die die Kritiker bekommen, kann der Film nicht leben.«
Aber welchem Publikum soll man es nun recht machen? Denen, die vom Film eine Erlösung von der Alltagsmisere erhoffen, indem man sie ins Reich der Wunschträume entführt – oder denen, die wünschen, daß Filme unsere Zeitprobleme aufgreifen und die Lösungen aufzeigen, die Politiker und Philosophen nicht haben finden können. Wolfgang entschied sich für die Filme, die das Leben schreibt.
Wir wollten aber auch etwas Heiteres bringen: *Meine Nichte Susanne,* 1950. Ein kapriziöses, leicht frivol-spielerisches Stück, eine musikalische Burleske. *Liebe 47* war ein künstlerischer Erfolg und ein Publikumsdurchfall gewesen. *Meine Nichte Susanne* war vom Kassenergebnis her eine Katastrophe.
Wir mußten feststellen, daß der Film vom Verleih in einer verstümmelten Fassung in Provinzkinos herauskam. Wolfgang sagte, daß ein Viertel aller Einstellungen aus dem Originalfilm herausgeschnitten worden war. »Seit Goebbels wurde mir kein Film so verstümmelt!« ärgerte er sich. »Der Film geht vor die Hunde, der gute Film jedenfalls. Es ist nur noch möglich, Dreck zu drehen. Die Produzenten und vor allem die Verleiher wünschen nur das Mittelmäßige. Das ist die Garantie für ein Mindestgeschäft. Alles Starke scheidet aus.«

Und dann kam ein Filmangebot von den Amerikanern: mein erstes ausländisches Filmangebot mit einer sehr beachtlichen Gage. Gleichzeitig erhielt ich einen Anruf von meinem verehrten Heinz Hilpert, der das Dreisparten-Stadttheater in der niedersächsischen Universitätsstadt Göttingen übernommen hatte und als reines Schauspielhaus unter dem Na-

men »Deutsches Theater« weiterführen wollte. Sein Angebot: die Eröffnungspremiere *Die heilige Johanna* von George Bernard Shaw und die Uraufführung von Carl Zuckmayers neuem Stück *Der Gesang im Feuerofen*. Die Gage war begreiflicherweise viel weniger beachtlich.
Ich fragte Wolfgang: »Was soll ich machen? Den amerikanischen Film oder Hilpert und Göttingen?«
»Natürlich den Film!« war Wolfgangs Antwort.
Und so entschied ich mich für Göttingen und Hilpert.
Wolfgangs Groll über meine Entscheidung entlud sich nach der Premiere der *Heiligen Johanna*: »Wieso mußt du ewig lang mit dem Rücken zum Publikum spielen? Man sieht nur deinen Hinterkopf!«
Ich regelte das mit Hilpert.
Die Kritiken für meine beiden Göttinger Arbeiten waren – nun, sagen wir: interessant!
Bei Shaws *Heiliger Johanna* befand man, das Beherrschende, Bestechende und Entscheidende an der Hilpertschen Inszenierung sei die kristallene Klarheit des Wortes. In der Aufführung durfte also keine Silbe durch Undeutlichkeit verlorengehen. Dieser Hinweis wäre heute bei vielen renommierten deutschsprachigen Bühnen überaus hilfreich, damit das Publikum wieder versteht, was da gestöhnt, genuschelt und gelallt wird.
Die Zuschauer im Deutschen Theater, soweit sie noch keine Hilpert-Inszenierung erlebt hatten, waren aufs tiefste beeindruckt von einer in Göttingen noch nie erlebten Regie des Wortes. Diese bewußte, gewollte und unbeirrte Entwicklung des Dramas vom Urelement aller Schauspielkunst her, dem Wort, war das, was man unter Hilpertschem Stil verstand. Diesen erlebte man, wie der Kritiker meinte, schon

am ersten Abend in Reinkultur, und nicht nur von den Trägern der Hauptrollen, sondern auch von den Chargen. Daher kam eine Aufhellung des Stückes zustande, die jeden Winkel des gedanklichen Hintergrundes ausleuchtete und keine Undeutlichkeit und keinen Zweifel zuließ. Alles andere trat vor der Magie der Sprache in den Hintergrund, war Diener des Wortes:

Johanna war Hilde Krahl. Und sie war genau so, wie Shaw sie sich wohl gedacht hat: ein junges Landmädchen, das in grenzenloser Ahnungslosigkeit von den Mächtigen, die ihre Welt regieren, den Stimmen folgt, die sie vernimmt. Sie weiß schließlich wohl, welche Macht sie über die Menschen hat, aber nicht, daß diese Macht von der Kirche nicht geduldet werden konnte. Dieses ungläubige Nichtbegreifen war der stärkste und menschlich erschütterndste Zug in dem mit hellen Aquarellfarben gemalten Bild, das Hilde Krahl ihrer Johanna gab. Und daher wurde die große Szene vor dem Inquisitionsgericht auch zum Höhepunkt, ihr Bekenntnisaufschrei war der schmetternde Einsturz der Welt ihrer Illusionen – und der Sieg über ihre Widersacher. Ein Triumph des Glaubens, der Triumph aber auch einer großen Menschengestalterin.

In einer Linie mit Hilde Krahl Erich Pontos unvergeßlicher Bischof Cauchon, das Wunder einer in geheimsten Schwingungen und blitzendem Humor vibrierenden Sprechkunst, der mit Shawschem Geiste prall erfüllte Dauphin Michael Grahns …

Der Beifall steigerte sich von Szene zu Szene und ebbte nicht ab, bevor sich alle Darsteller mit Heinz Hilpert unzählige Male an der Rampe gezeigt hatten. Man hat an die fünfzig Vorhänge gezählt …

DIE HEILIGE JOHANNA

Dramatische Chronik in sechs Szenen und einem Epilog
von
Bernard Shaw

Regie: Heinz Hilpert

Bühnenbild: Jan Schlubach | Kostüme: Lilo Hagen

Johanna	Hilde Krahl
Der Dauphin (später Karl VII. von Frankreich)	Michael Grahn
Dunois, Bastard von Orleans	Friedrich Schoenfelder
Richard von Beauchamp, Graf von Warwick, englischer Feldherr	Fritz Brand
La Trémouille, Marschall von Frankreich	Eugen Bergen
Hauptmann La Hire	Peter Arens
Robert von Baudricourt, Schloßhauptmann	Fritz Eberth
Bertrand von Poulengey	Jöns Andersson
Gilles de Rais, Blaubart	Helmut Ringelmann
Herzogin von Trémouille	Charlotte Ritter
Der Erzbischof von Reims	Eugen Dumont
Peter Cauchon, Bischof von Beauvais	Erich Ponto
Kaplan von Stogumber	Arthur Mentz
Der Inquisitor	Adalbert Gausche
Bruder Martin Ladvenu	Klaus Behrendt
D'Estivet, Domherr	Siegfried Lowitz
Courcelles, Domherr von Paris	Luzius Versell
Ein Schloßverwalter	Engelbert Dameris
Der Scharfrichter	Alfred Heldenmaier
Ein englischer Soldat	Jöns Andersson
Ein Herr aus dem Jahre 1920	Siegfried Lowitz
Ein Edelknabe	Klaus Ponto
Ein Knappe	Ulrich Hoffmann

Ort der Handlung: Frankreich | Zeit: Die Jahre 1429, 1431 und 1456

Technische Einrichtung: Jakob Steimel | Beleuchtung: Heinz Herbst
Inspektion: Alfred Heldenmaier

Pause nach der 5. Szene

Besetzungszettel der Eröffnungsvorstellung des Deutschen Theaters in Göttingen unter der Leitung von Heinz Hilpert mit »Die heilige Johanna« am 16. September 1950

Soweit Heinz Koch im »Göttinger Tagblatt«.

Bei der Uraufführung von Carl Zuckmayers Drama *Der Gesang im Feuerofen* im November 1950 sahen die Kritiken schon etwas anders aus.

Fünfzig deutsche Bühnen hatten das Stück zur Aufführung

angenommen, aber Göttingen hatte das Recht der ersten Inszenierung unter der Regie von Heinz Hilpert. Gerhard Sanden urteilte in der »Welt«:

Bei dieser Uraufführung wurde man weder von unwiderstehlicher Rührung noch von europäischem Enthusiasmus überwältigt. Hilpert verbrannte die ganze Mannschaft rasch und kalt; kaum waren sie angetreten, kaum hatten sie hastig ein paar innige und bedeutende Worte gewechselt, da hob der Priester auch schon die Arme und alle fielen wie vom Blitz getroffen auf die Knie und das Licht ging aus: das war die Verbrennung. Genauso wurde bei vielen gemütvollen Szenenschlüssen verfahren: eben begann das Herz sich zu erwärmen, da brach das Spiel wieder einmal ab, und im Halbdunkel eilte eine Rotte von Bühnenarbeitern auf die Szene und räumte die Illusionen hinweg ...

Man hatte sich gefürchtet, von vier Darstellerinnen wie Hilde Krahl, Christine Kayßler, Tatjana Iwanow und Margrit Ensinger die vier jungen Französinnen spielen zu sehen, die mit ihren Freunden am Weihnachtsabend in dem von SD und von französischen Pétain-Polizisten umstellten Schloß verbrannt werden und die mit einem Lobgesang auf Gott sterben. Aber die Angst war verfrüht ...

Zuckmayer selbst sagte nach der Uraufführung: »Ich habe niemals eine schönere Liebesszene geschrieben als die im Stall zwischen Sylvester und Sylvaine« – gespielt von Friedrich Schoenfelder und Hilde Krahl –, der deutsche Unteroffzier und die französische Gastwirtstochter, die nachts gemeinsam erwarten, daß die Kuh Ramona kalbt. Jedoch was geschah in Göttingen? Hilde Krahl und Friedrich Schoenfelder hatten sozusagen die Stoppuhr im Rücken:

das Kalb erschien unglaubwürdig rasch, der verhauchende Schluß durfte nicht nachklingen. So ging der Atem vieler Szenen kurz und stoßweise, nicht vor Erregung, sondern wegen des Dauerlaufs durch die zahlreichen kurzen Bilder, mit denen die Inszenierung technisch fertig werden mußte. Vielleicht ein Wink an Heinz Hilpert, einige Striche wieder aufzumachen. Aber es muß gesagt werden, daß die hohe Sprachkultur einer Hilde Krahl in der Rolle der hellsichtigen und liebenden Sylvaine ebenso im Gedächtnis haften blieb wie Erich Pontos Ortsgendarm Neyroud, Mila Kopps »Schnapseule« oder Siegfried Lowitz' Pierre …

Mir persönlich gefiel besonders gut das Resümee des Stückes: »So wollen wir Frieden machen mit uns selbst und mit denen, die wir bekämpft haben. Es war unsere Pflicht, Feinde zu sein – jetzt ist es unser Recht, Brüder zu werden.«

Heinz Hilpert, der die dreißig Darsteller des Stückes souverän geführt hatte, sagte:

> »Dieses Stück ist ein Evangelium der Liebe, die aus tiefster Not wächst – und der Gnade, der auch noch der Böse teilhaftig wird. Es ist ein Signum der inneren Freiheit: Was uns zustößt, ist wenig – was wir daraus machen, ist alles.«

Über den Erfolg der Aufführung muß ehrlicherweise gesagt werden: Er war groß, aber nicht ungeteilt. Viele feierten Regisseur und Schauspieler, die anderen den Dichter und sein Stück. Und nicht alle hatten die tiefere Bedeutung der mutigen Dichtung begriffen …

1950 begannen auch die Dreharbeiten für den Film *1. April 2000* in Wien.

Originelle offizielle Einladung zur Wiener Filmpremiere »1. April 2000«, 1952

Eine der Rezensionen lautete:

> Die aparte Farce auf den Frieden der Völker hat Hilde Krahl als Vorsitzende der Weltkommission mitgeformt, hier in einer elegant-strengen, stilisierten Maske und mit einem mißtrauischen Tonfall, der den liebenswürdigen Lässigkeiten der Österreicher energisch auf den Leib rückte. Wir freuen uns aber, daß diese Moralpauken letzten Endes doch nicht von einer Exotin, sondern von einer Landsmännin gesprochen wurden. Notabene von einer der größten Schauspielerinnen, die Österreich unserer Zeit geschenkt hat.

1951 folgte die Verfilmung von Karl Schönherrs Theaterstück *Der Weibsteufel* mit Kurt Heintel als Jäger und Bruno Hübner als Ehemann.

Karl Schönherr hatte mich 1941 in der Josefstadt in Hebbels

Maria Magdalene gesehen und war der Meinung, daß ich einmal die ideale Verkörperung der Rolle des Weibsteufels sein würde. Schönherr ging damals spontan zur Styria Film und gab ihr zu sehr günstigen Bedingungen die Rechte an dem Stück – »für einen Film mit Hilde Krahl«. Er war der Meinung, wenn irgendeines seiner Stücke sich für eine Verfilmung eignete, dann dieses. Heinrich Haas, der Produzent der Styria und, wie ich schon erwähnte, mein erster Mann, ging mit besonderer Sorgfalt an das Vorhaben heran. Er hat eine Menge Geld in die Sache gesteckt und im Lauf der Zeit sieben Drehbücher anfertigen lassen – von namhaften Autoren. Als sich nach dem Krieg Zuckmayer und Wolfgang Liebeneiner gleichzeitig mit dem Stoff beschäftigten, hatten sie weder das Stück gelesen noch eine Aufführung gesehen.
Nach der Lektüre des *Weibsteufels* sagte Wolfgang: »Das ist ein klassisch zu nennendes Drama, so wie *Kabale und Liebe* oder *Nora*. Nur daß es im Dialekt abgefaßt ist, hat das Mißverständnis erzeugt, es handle sich um ein Bauernstück.«
So wurde für den Film nichts hinzuerfunden, sondern nur das, was in dem Stück erzählt wird, in Bilder aufgelöst. Nicht das Schlechte ist Gegenstand dieses Dramas, sondern die Frage, wie ein Mensch, der guten Willens ist und alle Anlagen dazu hätte, ein Weibsengel zu sein, dazu gebracht wird, ein Weibsteufel zu werden. Diese Frau hat ihre Ehe, die sie ernst nimmt. Und sie erlebt ihre erste große Liebe mit dem Jäger. Und von beiden – vom Mann und vom Geliebten – wird sie mißbraucht. Drei Menschen verstricken sich immer mehr in Schuld und gehen zugrunde. Das ist eine Entwicklung, eine Wandlung im Sinne der großen Tragödie. Wenn diese Frau schon am Anfang ein Weibsteufel ist, dann läuft das ganze Stück falsch.

Wir drehten in der Nähe von Hinterbichl, wo das Heim der Wiener Sängerknaben lag, am Rand der bewohnten Welt, aber auf einem Hof, in dem noch Menschen wohnten. Einer der alten Bauern hatte noch in seiner Jugend eine Gefängnisstrafe verbüßt wegen Schmuggels. Es war ein Schauplatz, wie er der Welt des Stückes entsprach.

Im selben Jahr spielte ich die Bertha von Suttner in *Herz der Welt*. Dieser Film war mir besonders wichtig, weil er die Begegnung Alfred Nobels, des Erfinders des Dynamits, mit der vehementen Kriegsgegnerin Bertha von Suttner zeigt, was letztlich zur Stiftung des Nobelpreises führte. Alfred Nobel hätte seine Erfindung gern wieder rückgängig gemacht, aber in der Menschheitsgeschichte gibt es ein ehernes Gesetz: Alles, was erfunden ist, kann nicht mehr abgeschafft werden. So ist es fast zynisch, daß der Nobelpreis mit Dynamit finanziert wurde. Den Alfred Nobel spielte der von mir so verehrte Mathias Wieman, der noch vor Kriegsende den Robert Schumann in unserem Film *Träumerei* so großartig dargestellt hatte

Bei *Herz der Welt* waren sich die Kritiker nicht ganz so einig, notabene wo dieser Film auch in der DDR gezeigt wurde. Zwei der widersprüchlichsten Rezensionen waren die folgenden.

Die »Bremer Nachrichten« schrieben:

> Da fehlt nichts an Gefühlsschablonen, was die Tränen des Publikums nachdrücklich zum Fließen bringt. Dialoge und Monologe peinlich überzogen. Kitschige Biographie, aber kein Friedensdokument. Wer Krieg nur für eine Dummheit hält, wird ihn niemals vermeiden. Es konnte bei einer solchen Anlage des Films nicht ausbleiben, daß

auch das Aufgebot berühmter Schauspieler nicht zu retten vermochte, was Regisseur und Drehbuchautor Harald Braun verdarb ... Hilde Krahl in der Rolle der Bertha von Suttner enttäuschte vor allem als alte Frau ...

Dagegen der »Weser Kurier«:

> Mit diesem Film zeigt der deutsche Film endlich, was er zu leisten imstande ist, was er zu geben vermag, dient er einer Idee! Durch das subtil gestaltete Ineinandergleiten von Romantik, zeitbedingter Theatralik und dokumentarischer Ereignisse mit ihrer Spiegelung im privaten Daseinsbereich wird alles ferngehalten, was Rührung in Kitsch, Gesinnung in Tendenz und echte Menschenliebe in Humanitätsduselei verwandeln könnte.
>
> Hilde Krahls Bertha von Suttner ist eine der größten Leistungen des deutschen Films überhaupt. Sie besitzt die lebensbejahende Schönheit der Achtzehnjährigen, sie besitzt die durch Leid gereifte Einfachheit der leise verblühenden Frau. Sie besitzt aber auch die milde Resignation der siebzigjährigen Greisin, der Einsamen, der aus der Welt Gehenden ...

Die Besetzungsliste war hervorragend: Man konnte Paul Bildt noch einmal sehen, und dann waren da Erich Ponto und Paul Henckels, Therese Giehse und Werner Hinz, Dieter Borsche, Heinrich Gretler, Alfred Neugebauer, Käthe Haack und Wolfgang Liebeneiner als Chefredakteur.

Bei diesem Film wurde der Grundstein zu einer Freundschaft gelegt, die mich bis heute begleitet: zu Michael Lenz. Am Anfang des Films trifft Bertha von Suttner den jungen Leutnant Philipp von Gobat, der sie schwärmerisch liebt. Diese Rolle spielte Michael Lenz. »Kämpfen Sie für das, was Sie lieben!« sagt Bertha zu ihm. Und er antwortet: »Ich wer-

Anzeige in der »Hannoverschen Allgemeinen Zeitung« vom 28. Februar 1952 zur Uraufführung des Films »Herz der Welt«

de nur für Sie kämpfen!« Einige Wochen später sieht sie ihn als Toten wieder bei einem Verwundeten-Transport von der Front.

Als ich 1962 in München in der Kleinen Komödie im Bayerischen Hof als Candida gastierte, spielte ich wieder mit Michael Lenz. Er stellte mir seinen Freund vor: Ulrich Krüger. Dieser war das, was man heute ein Model nennt. Ich verbrachte jede freie Minute in München mit Michael und Ulrich. Später wohnte ich des öfteren auch bei ihnen. Und war ich nicht in München, telefonierten wir häufig. Jahr um Jahr. Bis heute. Eine tiefe Freundschaft verbindet mich mit den beiden. Und deshalb ist dieses Buch Michael und Ulrich gewidmet.

Bertha von Suttner ist auf den österreichischen Tausend-Schilling-Banknoten zu sehen, ansonsten weiß man nur noch wenig von ihr. Dabei sagte sie so wichtige Sätze wie: »Die Geschichte wird eine Kette von Greueln bleiben, solange der Kulturmensch nicht erkennt, daß für keinerlei Zwecke ein Mittel angewendet werden darf, das weniger rein ist als der Zweck!«

Ihre Lebensgeschichte allerdings gleich einem Courths-Mahler-Roman: Das in Prag geborene »Komteßl« Kinsky wuchs in den glänzenden Wiener Adels- und Militärkreisen auf. Bereits als Dreizehnjährige wies sie die Werbung eines Prinzen ab. Ihre vergnügungssüchtige Mutter führte sie in die elegante Welt der internationalen Badeorte ein. Fünfmal verlobte sich das hübsche junge Mädchen. Endlich, als die Familie vor dem finanziellen Ruin stand, mußte die einunddreißigjährige Gräfin Kinsky eine Stelle als Erzieherin annehmen. So kam sie ins Haus der Familie Suttner und verliebte sich in den Sohn, den um sieben Jahre jüngeren Ba-

ron Arthur von Suttner. Sie gab ihre Stellung auf und wurde Gesellschafterin bei Alfred Nobel. Schließlich ließen sich Arthur von Suttner und Bertha heimlich in Wien trauen und flohen in den Kaukasus zu der Fürstin von Mingrelien. Dort erlebte Bertha den russisch-türkischen Krieg mit. Nach neun Jahren Exil wurden beide wieder in den Kreis der Familie aufgenommen.
Für das Ideal des Friedens entflammt, schrieb Bertha von Suttner den Roman *Die Waffen nieder!*, der 1890 erschien. Er erregte in England und in Amerika noch mehr Aufmerksamkeit als in Deutschland. In Preußen schrieb man: »Das Buch ist eine Gefahr für die Existenz des Ordnungsstaates!«
1892 gelang Bertha ein entscheidender Sieg: Als der Konflikt zwischen Italien und Frankreich in einen Krieg auszuarten drohte, glückte es ihr, mit einflußreichen Anhängern ihrer Idee aus Italien und Frankreich auf dem neutralen Boden Monacos eine friedliche Einigung zu erzielen.
Und noch einen Sieg errang sie – den über Alfred Nobel. Er erkannte, welche Verantwortung er mit dem von ihm erfundenen Dynamit aus der Hand gegeben hatte. Den größten Teil seines durch den Sprengstoff erworbenen Millionen-Vermögens bestimmte er zur Gründung der Nobelstiftung. Den Friedens-Nobelpreis erhielt 1905 als erste Bertha von Suttner. Sie sagte: »Ist es nicht sonderbar? Medizinische Kongresse werden mit Ärzten beschickt. An Frauenkongressen beteiligen sich Frauen, die für die Frauenrechte einstehen. In Antialkohol-Kongressen versammeln sich Abstinente, die gegen Trinkunsitten kämpfen. Nur zur Friedenskonferenz werden hohe Militärs delegiert, die die Unvermeidbarkeit des Krieges verkünden und die Führung der zukünftigen Schlachten statuieren.«

Bertha von Suttner nahm als einzige Frau 1899 an der Haager Friedenskonferenz teil. Aber die berühmte Haager Konvention regelt ja nicht den Frieden, sondern wie Krieg ordentlich zu führen sei und wie Kriegsgefangene je nach ihrem militärischen Rang behandelt zu werden haben.
Als Bertha von Suttner starb, rollten die Räder zum Ersten Weltkrieg …

1954 drehte ich den Spionagefilm *Die Mücke*. Das für mich Besondere an diesem Film war, daß ich wieder einmal mit Gustav Knuth spielen konnte, daß Walter Janssen aus meinem Willi-Forst-Film *Serenade* mitwirkte und der aus der Emigration zurückgekehrte Walter Reisch für Drehbuch und Regie zeichnete. Für die Filmmusik sorgte Peter Kreuder.
Walter Reisch erinnerte ich daran, daß er es war, bei dem ich 1936 meine ersten Probeaufnahmen für den Film hatte. Ich fuhr damals erwartungsvoll ins Sieveringer Atelier in Wien. Reisch betrachtete mich lange. Ich war eine naturbelassene Schönheit. Schließlich fragte er: »Warum haben Sie so dicke Augenbrauen?« – in einer Zeit, wo alle die Brauen zu hauchdünnen Strichen à la Marlene Dietrich rasierten. Dann wurde ich in ein Altwiener Kostüm gesteckt und von einem Mann in die Höhe gehoben. Dazu mußte ich rufen: »Verkauft's mei Gwand – i fohr in Himmel!« Das mußte ich so oft rufen, bis ich stockheiser war.
Jetzt also spielte ich unter Walter Reischs Regie eine ehemalige Meisterspionin, genannt »die Mücke«, die im Spanischen Bürgerkrieg zum Tode verurteilt war und der der Waffenstillstand das Leben rettete. Viele Jahre später trifft sie den Mann, der damals das Exekutionskommando befehligte (Gustav Knuth). Durch illegale Waffengeschäfte hat er

es zu Reichtum gebracht, während die Ex-Spionin in Armut lebt. Und dann taucht noch ein junger Agent (Bernhard Wicki) auf, der den Waffenschieber beschattet. Nun sitzt sie zwischen zwei Stühlen, besser gesagt, zwischen zwei Männern. Am Ende wird der Waffenhändler verhaftet, und sie bekommt ein neues Angebot von einem Diplomaten – ein berufliches!

Auf die Frage, ob ich glaube, daß es eine solche Frau wirklich gibt, antwortete ich damals:

> »Das war meine allererste Frage nach der Lektüre des Drehbuchs von Walter Reisch. Er sagte mir, er habe vor einigen Jahren viel über eine Frau gelesen, die als Spionin ein höchst abenteuerliches Leben führte und dann spurlos verschwand. Ich habe von ähnlichen Frauen, und vor allem von einer, die alle ›Madame‹ nannten, so viel erfahren, daß ich mir ein recht genaues Bild von der Art der Person, die ich spielen sollte, machen konnte. Eine Abenteurerin par excellence, undenkbar in einem bürgerlichen Dasein. Eine Frau, die Männer elektrisiert, ohne dabei merkbar einen Finger zu rühren. Ebenso beherrscht wie tollkühn, von unglaublicher Zähigkeit und einem Selbstvertrauen, das nichts erschüttern kann. Ein faszinierender Mensch. Ich gäbe sehr viel darum, aus ihrem Munde zu hören, was sie über meine Auffassung ihrer Person denkt …«

Der Film *Hochstaplerin der Liebe*, ebenfalls 1954, war für mich aus zwei Gründen reizvoll:

Wir drehten an der dalmatinischen Adria, in Abbazia, und ich konnte in meiner Rolle in vier verschiedene Masken schlüpfen, in denen ich Victor de Kowa, Hans Nielsen und

Rudolf Fernau um ihr Geld bringe, Viktor Staal hingegen wirklich liebe. Bis ich schließlich als gerechte Strafe mit dem Auto von einer Klippe ins Meer stürze.
In den Fünfzigerjahren war Jugoslawien von österreichischen und deutschen Produzenten als billiger Filmschauplatz entdeckt worden. Die Nächte in Abbazia wären so schön gewesen, hätte man sich ihrem Zauber hingeben können, aber man wird mit der Zeit filmverrückt und für manches unempfindlich.

Ein besonderes Heimkehrerschicksal griff Regisseur Falk Harnack in dem Film *Nacht der Entscheidung* auf. Ich spielte die Frau eines aus Sibirien heimkehrenden totgesagten Industriellen und habe zwischen diesem, meinem ersten Gatten, und meinem zweiten zu wählen. Ähnliche Fälle hat es leider genug in dieser Zeit gegeben. Es war ein ebenso realistischer wie dramatischer Filmstoff, und ich stand zwischen Carl Raddatz und Albert Lieven. Ich erinnere mich, daß ich, während ich in den Drehpausen Patiencen legte, davon träumte, malen zu können, um all die vielfältigen Eindrücke meines Lebens festhalten zu können.

Es war im Spätsommer 1954. Ich filmte gerade in München unter Paul Verhoeven in dem Johann-Strauß-Film *Ewiger Walzer*, als ich davon erfuhr, daß der Produzent Eric Pommer Herbert Reineckers *Kinder, Mütter und ein General* verfilmen wollte. Schon beim Lesen hatte mich der Roman beeindruckt. Als ich nun die Möglichkeit bekam, eine der Mütter zu spielen, habe ich ohne zu zögern zugesagt. Ich wollte dabeisein, wenn ein ernsthafter Film gegen den Krieg gemacht wird.

Diese Geschichte von fünf Müttern, die sich 1945 an der Ostfront auf die Suche nach ihren Söhnen machen, die aus der Schule fortgelaufen sind und sich freiwillig zur Wehrmacht gemeldet haben, mußte Regisseur Laslo Benedek ironischerweise mit zwei verschiedenen Schlüssen drehen: In der deutschen Verleihfassung gelingt es den Müttern durch einen Trick, die Jungen davor zu bewahren, noch einmal völlig sinnlos an die Front geschickt zu werden – ist der Krieg doch praktisch verloren. In der Fassung für das Ausland fahren die Kinder an die Front.
In diesem Antikriegsfilm spielte auch ein gewisser Klaus Kinski. Sein exzentrisches Spiel machte ihn international bekannt, und Wolfgang war der erste Regisseur, der ihn aus einem Film hinausschmiß, obwohl schon einige Szenen mit Kinski gedreht waren. Das ergab sich so: Wir mußten bei Außenaufnahmen in einem ländlichen Gasthof übernachten, und der Wirt war rührend bemüht, es der prominenten Film-Crew recht zu machen. Kinski forderte zuerst sehr herablassend einen anderen Teppich in seinem Zimmer, weil die Farbe des vorhandenen ihn am Meditieren hindere. Dann heischte er ein Glas Wasser, und als der Wirt es eilfertig brachte, ließ Kinski es auf den Boden fallen, weil das Wasser nicht die »richtige Trinktemperatur« hatte. Darauf erklärte Wolfgang Klaus Kinski in aller Ruhe, daß er auf seine weitere Mitwirkung in dem Film verzichten könne.

Neben einigen weniger wichtigen Filmen in diesen Jahren spielte ich am Theater in der Josefstadt unter der Regie Rudolf Steinboecks 1949 *Das Lächeln der Gioconda*, eine Art Krimi von Aldous Huxley. Anton Edthofer war einer meiner Partner.

Johnny Belinda von Elmer Harris war 1952 sowohl in Hamburg als auch in Wien ein großer Erfolg. Ich sagte immer, daß dieses Stück um ein taubstummes Mädchen das weibliche Gegenstück zu *Des Teufels General* ist, weil hier die weibliche und dort die männliche Hauptrolle so ausgezeichnet geschrieben ist, daß man völlig vernagelt sein muß, um damit nicht zu brillieren.

Friedrich Torberg sah das so:

> Was in diesem Stück auf einfache und einleuchtende Weise von Hilde Krahl demonstriert wird, sind die Urelemente darstellerischer Kunst: Gestik und Mimik. Die Demonstration erfolgt von einer Schauspielerin, der alle Mittel moderner Film- und Bühnenerfahrung geläufig sind – und die sich dieser Mittel begibt, um mit einer tastenden Gebärde ihrer Hände oder einem kleinen Aufleuchten ihrer Augen ein so vollendetes Auslangen zu finden, daß sie mit den Augen schreien und mit den Händen stottern kann. Auf welch gefährlich schmalem Grat sich das alles vollzieht, und wie leicht es ins Outrieren und damit ins Lächerliche abgleiten könnte, kommt dem Zuschauer erst nachträglich zu Bewußtsein. Und das ist der stärkste Beweis für den zugleich menschlichen und künstlerischen Geschmack der Schauspielerin Hilde Krahl.

Maxwell Andersons *Johanna aus Lothringen*, 1953, war eine meiner verschiedenen Darstellungen der Jeanne d'Arc. Ich habe auch die von Schiller und die von Shaw gespielt. Aber in Andersons Version findet Theater auf dem Theater statt, ein dramaturgischer Kunstgriff, der seit Pirandellos *Sechs Personen suchen einen Autor* in den Zwanzigerjahren immer wieder praktiziert wurde: Eine Theatertruppe spielt das

Schicksal der Jeanne d'Arc. Mein Mann verkörperte den Inquisitor in dieser Inszenierung, die ein großer Erfolg wurde bei Publikum und Presse. Außer bei Friedrich Torberg:

> Bei diesem parahistorischen Pseudo-Schauspielerstück, von Walter Firner weidlich bearbeitet, begibt sich dann doch das Wunder des Theaters, wenn man bereit ist, der Schauspielerin Mary Grey, die an ihre Rolle nicht glauben kann, alles zu glauben. Es hilft allerdings gewaltig, wenn die Schauspielerin, die die Schauspielerin spielt, die die Johanna spielt, Hilde Krahl heißt. Man möchte sie nach dieser Leistung gern die Johanna spielen sehen. Aber ohne Umweg über die Mary Grey.

Auch die Anastasia habe ich 1955 am Theater gespielt – besser gesagt: die Anna Schulze, die man für die letzte Zarentochter ausgab und von der bis heute nicht hundertprozentig sicher ist, ob sie es war oder nicht. Das Stück war nicht sehr überzeugend, aber das Erlebnis für mich war meine Partnerin Helene Thimig, die Witwe Max Reinhardts – eine Ikone des Theaters.

Friedrich Torberg kommentierte das folgendermaßen:

> Hilde Krahl ist als Anna noch nicht sehr ergiebig, doch wächst ihr binnen kurzem die Stasia hinzu und sie benimmt sich in stilvoll überladener Dekoration vollkommen großfürstlich. Dann kommt es zur Begegnung Zarinmutter und wiederaufgetauchtem Enkelkind. Da das kein Schiller g'schrieben hat, ist die Szene von sich aus ein raschelndes Nichts. Aber sie wird von Hilde Krahl und Helene Thimig gespielt, und das ist viel, das ist enorm, das ist alles, was irgend je aus solcher Szene herausgeholt werden kann. Diese beiden Schauspielerinnen seien be-

dankt für die Selbstverleugnung, mit der sie königliche Kunst auf klägliches Material verwandten. Hätten Wilhelm Backhaus und Wladimir Horowitz vierhändig die Kaffeehäferl-Polka gespielt – der Eindruck könnte nicht unvergeßlicher sein.

Mit *Oberst Chabert* nach Balzac ging ich Ende 1955/Anfang 1956 mit dem »Grünen Wagen« auf Reisen. Es war meine erste Theater-Tournee. Bei diesem Stück lernte ich O. E. Hasse kennen.

Es ist weitgehend unbekannt, wie nervtötend so eine Tournee sein kann, denn das Publikum sieht ja in der jeweiligen Stadt, in der man gastiert, nur die Aufführung. Aber es gibt einen sogenannten Tournee-Alltag. Diesen hat mein junger Kollege Gig Malzacher (damals war er jung!) in Form eines heiteren Tagebuchs für seine Kollegen aufgezeichnet. Daraus möchte ich einige Streiflichter zitieren:

Hochverehrte Kollegen! Es ist und bleibt ein erhebendes Gefühl, wenn ich erzählen kann, ich habe mit Stars wie Hilde Krahl, O. E. Hasse, Charles Regnier, Josef Sieber, Harald Juhnke oder dem »Starlet« Eva Crüwell auf der Bühne gestanden. Man stelle sich vor: Auf ein und derselben Bühne und dazu noch zu gleicher Zeit! Und diese Zeit war auch hübsch lang – das merkten wir, je mehr sich die Tournee ihrem Ende näherte – die Tournee mit dem Grünen Wagen.

Der Grüne Wagen ist ein Theaterunternehmen, das es sich zur Aufgabe gestellt hat, möglichst viel Geld zu verdienen. Man engagiert zwei oder drei junge Schauspieler und bezahlt sie miserabel. Um ihnen die paar Kröten schmackhaft zu machen, engagiert man die gleiche Anzahl Stars, die man der ausgleichenden Gerechtigkeit halber sehr gut bezahlt. Dann sucht man einen Regisseur und einen Autor – in unserem Fall waren das Herr Schweikart und Herr Rehfisch. Im Geist marschierte noch ein gewisser Honoré de Balzac mit.

Resultat: *Oberst Chabert* von H. J. Rehfisch – frei nach Balzac.

Herr Dr. Rehfisch, ein netter älterer Herr, entschuldigte sich bei der Stellprobe, daß er das Stück und solche Rollen geschrieben habe. Bei der Generalprobe entschuldigten sich die Schauspieler, daß sie das Stück und solche Rollen spielten. Es wurde ein Erfolg!

Hans Schweikart arbeitete hart und ohne Erbarmen. Als ich bei den Proben selbstsicherer wurde, sprach er: »Malzacher! Sind Sie nicht so schüchtern – ich kann schüchterne Menschen nicht leiden!«

Nun zur Besetzungsliste: Diane Ferraud – Hilde Krahl.

Wer hat noch nicht von ihr gehört! Wer hat nicht mindestens einen Film mit ihr gesehen und ist danach begeistert aus dem Kino gegangen! – Ihr etwas tiefes Organ, ihre faszinierenden Augen, die lieb und kalt zugleich blikken können! Sie ist ein Wunder an Pflichterfüllung, Präzision und Kollegialität. Ich glaube kaum, daß es viele Schauspieler gibt, die so arbeiten wie Hilde Krahl. Sie ist eine Besessene und darum eine wirklich große Schauspielerin. Das merkt man deutlich an ihrem Umgang mit dem Publikum und mit Autogrammjägern. Nie klagt sie über die Zudringlichkeit der Massen. Ihre Leidenschaft: Patience.

Derville, Advokat – Harald Juhnke.

Ein bißchen dicker als nötig (ich habe gehört, er soll abgenommen haben), groß, blond, in sich verliebt, aufrich-

tig – wenn sich die Gelegenheit bietet, ein Filou, manchmal ein bißchen infantil. Die Kleinen läßt er leben, da sie für IHN vollkommen harmlose Würstchen sind. Er hat durch seine Art Erfolg bei Frauen und Kollegen, die er aufs gelungenste zu unterhalten versteht. Wie könnte man sagen? – Ein netter Kerl!
Delbeque, Gehilfe – Charles Regnier.
Prototyp eines zwielichtigen Intellektuellen. Spielt häufig Verbrecher und würde gern den Hamlet spielen. Er hat eine Riesenskala von Tönen mit einer ganz ausgezeichneten Atemtechnik. Manchmal gickst er allerdings, was die tragische Stimmung auf der Bühne bei seinen Partnern sehr zum Positiven beeinflußt. Er ist unwahrscheinlich belesen und hat ein Herz für den Nachwuchs. Allerdings sucht er sich den Nachwuchs sehr sorgfältig aus, was ihm kein Mensch verdenken kann.
Boucard, Schreiber – Gig Malzacher.
Das bin ich – für eine Biographie ist es noch zu früh.
Francine – Eva Crüwell.
Blond, von sich durchaus überzeugt. Begeisterungsfähig für das Schöne, möchte sich daher gerne im Mittelpunkt der Gesellschaft sehen.
Brissac, Milchkutscher – Josef Sieber.
Ein Volksschauspieler – um korrekt zu sein: ein Staatsschauspieler.
Ein Fremder – O. E. Hasse.
Vom Publikum wird er Canaris, von den Freunden O. E. genannt. Was mir bei ihm besonders auffiel, war, neben seinen vielseitigen Interessen, sein feiner Humor.
Das war das Ensemble. Dazu kamen noch die dienstbaren Geister.

Erste Runde mit vier Vorstellungen in der Provinz – auf der Heide: Flensburg, Schleswig und Husum. Wir wurden von Regie, Produktion und Dichter begleitet. Die ersten Kritiken erschienen – in fieberhafter Eile wurde umgeschrieben – Herr Rehfisch überraschte uns zwei Minuten vor Beginn der Vorstellung mit neuen Sätzen. Herr Schweikart fand den Anfang schlecht, obwohl Eva und ich die zehn Komparsen, für die das Geld nicht reichte, stimmlich zu ersetzen suchten – kurz: es wurde gefeilt, ausgebeult, gegenseitig versichert ...
Premiere in Hamburg. Bei der anschließenden rauschenden Premierenfeier eine Unzahl von Menschen. Dekolletierte Damen fielen bald dem, bald jenem um den Hals, Herren im Smoking klopften bald dem, bald jenem auf die Schulter. Man hörte Worte wie: großartig, einzigartig, phantastisch ...
Die Städte, die wir besuchten, waren in Richtung Süden: Hannover, Goslar, Hildesheim und Braunschweig. Wir gingen uns noch nicht auf die Nerven.
Zwischenstation Bielefeld, dann Essen. Es wurde eifrig gewürfelt und mancher Kater zu Bett getragen. Wir spielten in Orten, deren Namen wir nie vorher gehört hatten.
Eva Crüwell lag mit irgend etwas im Bett – ich glaube, es war die Niere – und der Karneval im ersten Akt glich langsam einem Strindberg-Trauerspiel. Frau Krahl wurde es im zweiten Akt schlecht, und O. E. konnte an passender Stelle ein von Herzen kommendes »Sch---« nicht unterdrücken.
Nun war es schon die fünfzigste Vorstellung, und wir fieberten den vier freien Tagen nach Düsseldorf entgegen.
In der Pause belauschte ich ein Gespräch im Foyer:

»Ach, schau mal! Frau Müller is auch da – na, die hat's nötig – ihren Mann hat se wohl zu Hause gelassen!«
»Guck mal, der kleene Fritzchen von nebenan. – Na, für so junge Bengels is das Stück nix – wenn da die Hilde Krahl sagt: Soll ich Mittwoch und Freitag bei meinem Mann schlafen und die anderen Tage mit dem Oberst! – Toll, nich?«
Nach den vier freien Tagen ging's weiter nach Süden, den Rhein entlang.
Zürich – Basel – Ravensburg – und schließlich die hundertste Vorstellung in Wien im Theater in der Josefstadt. Alle Kritiker mochten uns, außer Hans Weigel. Wir mußten in Wien noch zwei Vorstellungen anhängen.
Dann Münchner Kammerspiele, Nürnberg, Frankfurt und schließlich Berlin! Dort wurden wir zum Abschluß noch von den Kritikern verrissen – damit uns der Abschied leichter wurde. – Und wenn ich jetzt an einem Kino vorbeigehe und ihre Namen lese – die der großen Kollegen –, dann grinse ich ihre Bilder an: Weißt du noch – damals – mit dem Grünen Wagen ...«

Soweit unser Malzi. – Mit dem Grünen Wagen sollten noch mehrere Tourneen für mich folgen.
Zu Ostern gastierte ich in Wien, und Wolfgang kam mit einer erfreulichen Nachricht von einem Prozeß aus Berlin, den er gewonnen hatte. Der Filmproduzent Gaik wollte nämlich Wolfgang die Restgage von 30 000 Mark für den Film *Urlaub auf Ehrenwort* nicht auszahlen, weil die Vertragsbedingung »unbedingt unpolitisch« gelautet hatte und Wolfgang den Badenweilermarsch kabarettistisch eingestreut hatte. Die Sequenz mußte vor dem Kinoeinsatz herausgeschnitten werden, und dafür sollte Wolfgang büßen. Aber

»Kurier«-Karikatur von Schenker Langer zu »Die Kameliendame«, Theater in der Josefstadt, 1956

das Gericht hatte für ihn entschieden. Produzent Gaik soll in Cannes einmal erklärt haben: »Wat heeßt hier künstlerische Filme! Hauptsache, die Kohlen stimmen!«

Im Spätherbst 1956 spielte ich in der Josefstadt den Dauerbrenner von Alexandre Dumas in Oper (*La Traviata*), Film und am Theater: *Die Kameliendame*. Die schönsten Kostüme, die ich je am Theater anhatte, trug ich hier als Marguerite Gautier. Mein Armand war der junge Helmuth Lohner, mit dem ich dann Jahre später im Fernsehen unter der Regie von Otto Schenk Molnárs *Liliom* gespielt habe – die Frau Muskat, ihres Zeichens Ringelspielbesitzerin.
In einer der *Kameliendame*-Vorstellungen schob mir beim großen Festbankett ein junger Mann den Sessel nicht weit

genug unter das Kostüm, so daß ich plötzlich auf dem Boden saß. Zuerst lachten die Kollegen, dann lachte ich, dann lachte das Publikum. Der einzige, der nicht lachte, war der junge Mann, der noch in der Pause getröstet werden mußte. Friedrich Torberg lobte und urteilte:

> Es war wieder einmal ein Theaterabend von deutlich Josefstädtischer Patina, und wem diese Patina behagt, der durfte sich wieder einmal sagen, daß sie nur hier zu finden sei. Wem sie nicht behagt, dem geschieht ganz recht. Aber keiner konnte sich der Einsicht verschließen, daß er eine großartige theatralische Leistung zu sehen bekommen hat, die nur dort zu finden ist, wo Hilde Krahl auftritt. Die dramatischen Schauspielerinnen nämlich, bei denen sich so fulminantes und so ernsthaft verwaltetes Können mit so attraktiver Erscheinung paart, sind auf der heutigen deutschen Bühne derart selten geworden, daß sie sich geradezu am Daumen einer Hand abzählen lassen, und Hilde Krahl gehört zweifellos zu ihnen. Sie überzeugte vom ersten Augenblick an, da sie die Bühne betrat. Man glaubte ihr das schwere und das leichte Blut, die hektische Lebensgier und das sanfte Einsamkeitsbedürfnis, man glaubte ihr das Mißtrauen gegen die Liebe und den sehnlichen Versuch, sich dennoch von ihr düpieren zu lassen, man glaubte ihr (obwohl sie nun wahrlich kein transparentes Hascherl ist) das Schwanken und Dahinsiechen, man glaubte ihr überhaupt alles. Mit ihren wichtigsten Gegenspielern, Sohn und Vater Duval, hatte sie noch größeres Pech, als Dumas es vorschreibt. Doch mag dem jungen Helmuth Lohner die Art, wie er mit seinem Armand nicht fertig wurde, sehr wohl zu fruchtbarer Erfahrung gedeihen. Er gab Wedekind, nicht Dumas …

Anläßlich des 175jährigen Jubiläums des Theaters in der Josefstadt schrieb Friedrich Torberg für das Haus und seine berühmten Sträusselsäle, für die Schauspieler und für den Josefstädter Stil:

> ... Man darf diese zauberhaft stilisierten Sträusselsäle als den schönsten Pausenaufenthalt bezeichnen, mit dem ein Wiener Theater aufzuwarten hat. Und sie befinden sich durchaus folgerichtig in jenem Wiener Theater, das seit seiner 1924 erfolgten Umgestaltung als das schönste Wiens gelten darf. Pausen- und Zuschauerraum ergänzen einander in der Josefstadt perfekt, verschmelzen zu einer Einheit, die schon an sich ein künstlerisches Erlebnis bedeutet. Und wenn man gar noch an den wunderschönen Kristalluster denkt, der vor dem Aufgehen des Vorhangs im langsam sich verdunkelnden Haus zur Decke emporschwebt ...

Alfred Polgar hat das französische Lustspiel einmal als »Nichts, aber in Seidenpapier« definiert. Josefstädter Seidenpapier ist das beste. Da gab es unvergeßliche Abende. Und es waren ihrer so viele, daß man besser tut, eine Aufzählung erst gar nicht zu versuchen.

Wobei ausdrücklich darauf hingewiesen werden muß, daß sich auch sogenannte schwere Klassiker darunter befanden. Und daß, anderseits, in der Josefstadt nicht wenigen Modernen die Bahn gebrochen wurde.

Ihr Ureigenes und Einmaliges gab die Josefstadt seit eh und je im Unschweren, nämlich in dem, was sie dank ihrem spezifischen Stil als unschwer erscheinen ließ. Und das reichte dann eben von Molnár, Schnitzler und Hofmannsthal bis Anouilh und Giraudoux. Denn wir wollen doch nicht vergessen, daß die Wessely und die Gessner, die

Thimigs, Attila Hörbiger, Hilde Krahl und Aglaja Schmid im Grunde Josefstädter Schauspieler sind.

Es ist eine richtige Kostbarkeit, das Theater in der Josefstadt. Es ist der Demel unter den Wiener Theatern.

Der Kritiker Ernst Wurm schrieb zu dieser Zeit in der »Presse« so schöne Sachen über mich, daß ich selbst erstaunt war, was da alles in mir steckte:

Der Schauspieler kann uns durch Masken Persönlichkeit vortäuschen. Was aber unterscheidet den bloßen Könner des Schauspielerischen von der schauspielerischen Persönlichkeit? Eine so packende und immer unverwechselbare Schauspielerin wie Hilde Krahl gibt uns die Antwort darauf. Schon ihre Sprache ist ein erstaunliches Instrument: bald leicht, glitzernd, nuancenreich, dann wieder hart skandierend, auf einen Ton gestimmt, gebunden.

In ihrer Entwicklung auf der Bühne hat uns Hilde Krahl früher als im Film etwas von ihren inneren Kräften, von ihrer ganz persönlichen Note spüren lassen. Als Klara in Hebbels *Maria Magdalene* wirkten die Linien ihrer Erscheinung kantig, fast monumental, eine puritanische Haltung kam zum Ausdruck, ein ausgebranntes, trockenes, nüchternes Klima der Seele – man konnte über die erstarrte Trauer dieses jungen Mädchens, über diesen grünlich-grauen Medusenblick, der ins Leere ging, fast erschrecken. Aber bald danach spielte sie sehr schillernd die schwedische Königin Christine als Launenbündel und Weibchengestalt voll erotischer Kaprizen – und in Goldonis *Kaffeehaus* konnte man gar eine südlich geschmeidige, schwerelose, lockend amouröse Hilde Krahl bewundern. Immer dieser weite schauspielerische Radius: als

Eboli in Schillers *Don Carlos* ein heftiges, stolzes Naturell mit den Dissonanzen eines emanzipierten Frauenherzens – als Johnny Belinda das primitive, rückständige Landkind mit der Demut einfältiger Liebe, die kleine verprügelte Taubstumme. Und jetzt ihre hinreißend überzeugende Johanna aus Lothringen, die den Zwiespalt zwischen Ideal und Kompromiß so bitter auskämpft und nach des modernen Dichters Konzept schon als Schauspielerin, die die Johanna spielen soll, auskämpfen muß – und dann wieder Christopher Frys Dame, die nicht fürs Feuer ist – eine Paradeleistung der Virtuosin, der Komödiantin, der exzellenten Stilistin Hilde Krahl.

Und sie war als Bertha von Suttner in dem Film *Herz der Welt* eine Persönlichkeit, ja die personifizierte Idee des Friedens, so wie sie im Zeitalter der Listen und Lügen, der Kriege und Diplomaten einzig noch ernstgenommen werden kann: als ein Mensch ohne Eitelkeit, ohne Selbstsucht, ohne Parteilichkeit, lediglich von Mut erfüllt, von Glauben erfüllt.

Also abgesehen davon, daß ich mich begreiflicherweise von einer solch überschwenglichen Charakterisierung als Schauspielerin geschmeichelt fühlen darf, suche ich bei den heutigen Rezensenten vergebens nach einem ähnlichen Wortschatz – die müßten ja zu so einem Text das Wörterbuch zu Hilfe nehmen!

Federico García Lorca: MARIANA PINEDA – Premiere 1. Februar 1955 – Theater in der Josefstadt
Regie: Wolfgang Liebeneiner
Bei diesem Stück hatte ich zum ersten Mal das Gefühl, daß jeder Satz, den ich spreche, ein Juwel für sich ist. Lorca ist

großartig, aber dieses Stück! Ich habe leider nur das eine gespielt. – Es ist vielleicht ein blöder Vergleich: Man zieht ein Kleid an, und es gefällt einem so gut, daß man es am liebsten nicht mehr ausziehen möchte. Ein anderer sagt vielleicht nur: Das paßt dir. Aber bei *Mariana Pineda* hatte ich das Gefühl, ich darf Dinge sagen, darf eintauchen, darf Dinge formen. Ich weiß nicht mehr viel über das Stück – Vilma Degischer kniete vor mir –, es sind Erinnerungsbilder von großer Intensität. Das große Glück über den Lorca war mein bleibender Eindruck.

Wenn man so in seinen Erinnerungen kramt, dann kramt man natürlich auch in den Fotos, Dokumenten und Kritiken – die papierenen Bescheinigungen für das vergangene Leben und die amtlichen Beweise, daß man es wirklich gelebt hat. Das ist ja nicht nur bei Schauspielern so, aber bei diesen besonders umfangreich. Und so fielen mir auch Kritiken meines verehrten Friedrich Torberg in die Hände, bei denen ich wieder einmal feststellen mußte, daß es sich um kleine essayistische Kostbarkeiten handelt, in denen ich noch dazu häufig das Glück hatte, auch aufzuscheinen – als Bühnenrolle.

Ich kenne eine ganze Menge Schauspielerkollegen, die sich nur die guten Kritiken aufheben, und da wieder nur jene Zeilen, in denen ihr Name möglichst enthusiastisch erwähnt wird. Ich habe diese Einstellung nicht, aber selbst wenn ich sie hätte, wäre es mir unmöglich, Friedrich Torbergs von funkelndem Humor und fundierter Literaturkenntnis getragene Rezensionen nur fragmentarisch zu zitieren.

Überdies erscheint es mir besonders reizvoll, wenn ich mich als Mitwirkende an die Proben erinnere, an die Mühsal und die Heiterkeiten, die sich täglich bei der Erarbeitung einer

Inszenierung zwangsläufig ergeben. Und dann die Spannung, zu erfahren, welchen Eindruck das fertiggestellte Werk auf einen gebildeten und dem Theater liebevoll zugetanen Schriftsteller und Rezensenten macht.
Diese Sicht von hinter den Kulissen und von vorn – oder auch von außen nach innen und von innen nach außen – hat mich veranlaßt, vier Rezensionen Friedrich Torbergs ungekürzt in dieses Buch aufzunehmen, vier Rezensionen von Stücken und deren Inszenierungen, die mir aus ganz unterschiedlichen Gründen sehr am Herzen lagen. Deshalb finden sich diese Torberg-Kritiken auch an der jeweils »dramaturgisch richtigen Stelle«: *Mariana Pineda, Ein Monat auf dem Lande, Der Weibsteufel* und *Macbeth.* Man erfährt in diesen kritischen Essays etwas über Theaterstücke in einer Form, wie man sie heute auf den Kulturseiten meist vergeblich sucht.
Zunächst *Mariana Pineda:*

> García Lorca schrieb dieses Stück als Achtundzwanzigjähriger, also in einem Alter, in welchem österreichische Autoren, wenn sie im Dialog ein paar brave Zeitbezüglichkeiten unterbringen oder sonstwie in der Provinz leben, sogleich mit Preisen gekrönt werden. Diese jungen österreichischen Autoren, auch die älteren unter ihnen, sind inständig zum Besuch von *Mariana Pineda* gebeten. Nur damit sie sehen, was man als Achtundzwanzigjähriger können kann. Nicht etwa, damit sie etwas lernen. Was von García Lorca des Erlernens wert wäre, kann nämlich nicht erlernt werden. Er ist nämlich ein Dichter.
>
> Mariana Pineda, jung verwitwet, wird durch ihre Liebe zu einem Freiheitsrebellen im Spanien des beginnenden 19. Jahrhunderts Mitwisserin und Mittätige einer Verschwörung, wird verhaftet, zum Tode verurteilt, und stirbt.

Das ist alles. Und es ist so aufregend, daß es einem die Kehle zuschnürt, es ist so einfach, daß es fast an Naivität grenzt – an eine begnadete Naivität allerdings, an die Naivität aller großen Gefühle und aller heißen Herzen. Sie zu besitzen und nichts mehr von ihr sagen zu können, ist die Tragik einer langsam erstummenden und erstarrenden Menschheit. Sie zu besitzen und alles von ihr sagen zu müssen, ist seit je die Tragik der Dichter gewesen.
Wenige unter ihnen haben es so zu sagen vermocht wie García Lorca. Er sagt es in einer Sprache, die sich in stürmisch wechselndem Rhythmus immer wieder aus sich selbst voranzutreiben scheint, die sich zu kühnsten Bildern steigert und zu zärtlichsten Lyrismen abdämpft – und in jeder Zeile, jedem Wort wahrhaftig bleibt. Wenn García Lorca »Freiheit« sagt, vermeint man sie in altem Glanz vor sich erstehen zu sehen wie ein restauriertes Gemälde, und wenn er von einer Fahne spricht, dann weht sie. Auch von der Liebe darf er sprechen, und sie ist mit der heute üblichen Film-, Buch- und Bühnenpackung weder identisch noch verwandt. Sondern sie wird, in Marianas grandioser Schlußvision, eins mit der Freiheit, um derentwillen ihr Geliebter entflohen ist. Das ist es, worin die einsam Todgeweihte, von allen Ängsten durchschüttert und in allen Hoffnungen getäuscht, Tröstung und Stärke findet. Und selten noch hat ein Tod auf dem Theater an so viel Geheimnis gerührt.
Dieses Geheimnis wird von Hilde Krahl getragen, die hörbar und spürbar von jedem Wort überzeugt war, das sie zu sprechen hatte, und darum mit jedem Wort, das sie sprach, überzeugte. Daneben gab es eigentlich nur Episodenrollen, von denen die weiblichen (Vilma Degischer,

Helly Servi, Nicole Heesters) kräftiger hervortreten durften als die männlichen (Erik Frey, Franz Messner, Guido Wieland). Meisterhaft in der atmosphärischen Verdichtung und im Crescendo jeder einzelnen Szene: die Regie Wolfgang Liebeneiners.

IwanTurgenjew: EIN MONAT AUF DEM LANDE – Premiere 29. Januar 1957 – Theater in der Josefstadt
Regie: Peter Scharoff
Ein zauberhafter russischer Regisseur, dieser Peter Scharoff. Einen Meter fünfzig groß, über achtzig Jahre alt.
Scharoff und Guido Wieland – das war eine Nummer. Guido hatte immer seine Aktentasche bei sich mit dem minutiösen Terminplan: 10 Uhr – Argentinierstraße, Funk; 10.45 Uhr – Theater in der Josefstadt, Probe; 13.30 Uhr – Funk; 16 Uhr – Werbespot etc.
»Machst du das jeden Tag?« fragte ich einmal bestürzt.
»Jeden Tag. Man braucht mich und ich mache das – bringt alles Geld.«
Scharoff sagte: »Täglich zehn Uhr Probenbeginn. *Jeder* muß da sein!«
Guido wurde unruhig.
Am nächsten Tag faßte er sich ein Herz und sagte zu Scharoff: »Das können Sie mit mir nicht machen. Ich habe sehr viel Rundfunk und ich bin sehr pünktlich, aber Sie müssen mir Lufträume lassen!«
»Ja, aber morgen …«
»Komme ich ja gar nicht dran. Erst auf Seite 30. Bis Seite 30 sitze ich nur und höre euch zu.«
»Ja! Das müssen Sie! Sitzen und zuhören! Denn dann lernen Sie!«

Wir wurden immer stiller. Jeder wartete auf die Explosion. Als Guido schließlich weg war, sagte Scharoff: »Was ist das für ein Mensch? Erklären Sie mir! Was ist Wieland für ein Mensch??«
»Nun, er arbeitet halt auch gern im Rundfunk ...«
»Aber man kann nicht beides zusammen machen!«
»Doch!« sagte ich. »Er kann! Er macht das schon sein ganzes Leben lang.«
Es war ein Erlebnis für Scharoff und für das alte Theaterpferd Guido. Er jagte hin und her, dauernd auf die Uhr schauend. Ich wäre wahnsinnig geworden. Er schaffte es – aus Liebe zur Gage. Franz Stoß kannte Guido von Jugend an. Er war es, der mir gesagt hatte: »Der war immer so – das ist nichts Neues.«
Guido arbeitete nach dem Motto: »Umsonst ist der Tod – und der kostet 's Leben!«
Umsonst, aber nicht gratis.
Maria Emo spielte auch im Turgenjew und Helmuth Lohner. In den war ich verliebt – im Stück! Ein sehr interessanter Schauspieler. Als Mann zwar nicht mein Typ – zu jungenhaft, aber ein interessanter Partner. Deshalb war ich nie in einer Tanzschule oder auf Bällen. Ich habe immer reife Männer bevorzugt. Schon mit zwanzig.
Friedrich Torberg schrieb:

> Zu den neueren Errungenschaften der Nahrungsmittelindustrie gehört die sogenannte »Tiefkühlung«. Ihre Produkte unterscheiden sich von den sogenannten »Konserven« dadurch, daß sie – sei's Fleisch, sei's Fisch, sei's Gemüse – nicht nur den Vitamingehalt, sondern auch den unverfälschten Geschmack ihres Originalzustands beibehalten, und was man tiefgekühlt besitzt, kann man getrost

nach Hause tragen. Wenn man's auftauen läßt, schmeckt es wieder ganz frisch.

Der Regisseur Peter Scharoff macht tiefgekühltes Theater. Während des Auftauens könnte man es vielleicht noch für altmodisch halten. Aber dann kommt man sehr rasch auf den Geschmack – und siehe, er ist unverfälscht und frisch wie am ersten Tag. Scharoff stellt auf der Bühne einen Originalzustand wieder her, neben dem sich die Produkte der marktgängigen Modernität wie Konserven ausnehmen. Der theatralische Vitamingehalt seiner Inszenierungen ist enorm, und ihre Würze, in Fachkreisen auch »Atmosphäre« geheißen, ist schlechthin berauschend.

Müßige Frage, ob er das alles auch mit einem Shakespeare könnte oder mit einem Anouilh. Mit seinen Russen aus dem 19. Jahrhundert kann er's, und kann's wie heute kein zweiter mehr. Dabei wählt er von ihnen mit arger List immer solche Stücke, die schon von sich aus seinem Inszenierungsstil entsprechen. Auch gestern in der Josefstadt war es ein Stück, das von Handlung nicht eben birst, dessen Spannungen unter der Oberfläche liegen, und dessen Konflikte scheinbar vom sozialen Kostüm ihrer Zeit bedingt und bestimmt werden. Die späte Liebe, in der diese Natalja Petrowna zu dem um Jahre jüngeren Hauslehrer ihrer Ziehtochter entbrennt, das verhaltene Feuer, das zwischen ihr und Rakitin, dem Freund des Hauses, hin- und widerzüngelt und von dem zum Schluß auch ihr Gatte angesengt wird (wodurch er den wirklichen und gefährlichen Brandwunden entgeht): dies alles mag sich ohnehin als Problematik einer verlöschenden Gesellschaft darstellen. In Wahrheit können diese Probleme jederzeit

und überall aufbrechen und auflodern. Man würde sie heute nur anders zu bewältigen wissen als damals. Aber ihre Substanz hat sich unverändert erhalten. Es ist eine tiefgekühlte Flamme, von der Turgenjews Werk durchflakkert und durchwärmt wird.
Mit der vielfach bewährten russischen Seele hat das alles weit weniger zu tun, als man anzunehmen liebt. Turgenjew war ein dem Westen tief verwandter und geradezu planmäßig assimilierter Autor, und daß er aus seiner russischen Haut dennoch nicht heraus konnte (und aus seinem russischen Kostüm nicht heraus wollte), bewirkt den sonderbar zwiespältigen Reiz auch dieser Komödie. Scharoff verschob ihr Schwergewicht sozusagen naturgemäß zum Russischen hin, womit er die eigentlich komödienhaften Elemente nicht eben förderte. Aber was ein Turgenjew an Lustigkeit hergibt, reicht ja keinesfalls für Lachsalven aus und läßt sich leicht verschmerzen – besonders wenn man dafür eine so vollkommene, so atembeklemmend geschlossene und durchgefeilte Aufführung zu sehen bekommt. Sie erreichte ihren Höhepunkt im letzten Akt, in jener Szene, da Natalja Petrownas Gatte späten Verdacht schöpft, späten und falschen Verdacht, nämlich nicht gegen den jungen Hauslehrer, sondern gegen Rakitin, den guten Freund – der sich nur und endlich jetzt, im tragikomischen Mißverständnis, als Nataljas Liebhaber fühlen darf. Was Scharoff aus dieser Szene macht, mit welcher gemmenschneiderischen Sorgfalt er aus den Darstellern die diffizilsten Regungen herausziseliert und gegeneinander abgrenzt, wie sich da die Doppelbodigkeiten ineinander verschachteln, wie Ahnungslosigkeit und Ritterlichkeit, Verheißung und Verzicht, fraulicher Aufbruch und männ-

licher Rückzug da aufeinander hin- und aneinander vorbeigespielt werden: das war höchste, delikateste Theaterkunst, und das sieht man auf heutigen Bühnen nicht oft. Die Schauspieler, die an dieser Szene mit- oder in sie hineinwirkten, zeigten sich der erregenden Aufgabe voll gewachsen: Hilde Krahl, in Stimme und Stimmung immer hart an der Explosion, das Glimmen der Zündschnur mit bloßen Händen erstickend; Maria Emo, in der Rolle des erwachenden Mündels so überzeugend wie nie bisher; und das großartig abgestimmte Terzett der Männer: Helmuth Lohners Hauslehrer, Karl Schönböcks Rakitin, Carl Bosses Ehemann. Die Josefstadt rechne sich diesen Abend zur Ehre an. Viel andres wird's da ohnehin nicht zu rechnen geben. Denn was die Kassa betrifft, war's natürlich ein Mißerfolg. Wir sind ja so verwöhnt.

Karl Schönherr: DER WEIBSTEUFEL, Premiere 20. März 1957 – Theater in der Josefstadt mit Walther Reyer und Leopold Rudolf
Regie: Leonard Steckel.
Verfilmung 1951 mit Kurt Heintel und Bruno Hübner
Regie: Wolfgang Liebeneiner
Poldo Rudolf – eine Kostbarkeit. Ein schüchterner Einzelgänger, labil, große Alkoholprobleme. Aber Marion Degler, seine Frau, hat ihn nüchtern gemacht. Das war eine wirklich gute Ehe. War er vorher unzuverlässig und fahrig – Marion war immer bei ihm und stand ihm zur Seite. Franz Stoß liebte ihn von Herzen wie wohl kaum einen anderen Mann. Als Leopold Rudolf gestorben war, liebte Franz Stoß Marion Degler …
Natürlich war Leopold Rudolf großartig im *Weibsteufel* als

So sah mich der »Kurier«-Karikaturist Schenker Langer als Weibsteufel in der Aufführung des Theaters in der Josefstadt, 1957.

der schwächliche Ehemann. Und Walther Reyer schön, jung und stark: der Jäger.
Das ist ein sehr gut gebautes Stück, aber ich glaube, daß man es heute, wo die sexuelle Freiheit schon der Impotenz von Sechzehnjährigen sehr förderlich ist, nicht mehr spielen kann. Denn die Leidenschaft wurde abgelöst vom Cool-Sein.
Bei den Dreharbeiten für die *Weibsteufel*-Verfilmung 1951 hatten wir eine Berghütte von einem Bauern gemietet, der uns sagte, daß er noch nie im Leben ein Radio gehabt hätte. Jeden Tag stiegen wir zur Hütte hinauf zur Arbeit, und mittags habe ich Sterz gegessen und Milch dazu getrunken.

Ich spielte mit Leopold Rudolf schon in Christopher Frys *Die Dame ist nicht fürs Feuer*. Damals sagte Poldo verzweifelt zu Wolfgang, der die Regie führte: »Wie macht das Ihre Frau? Nach drei Probentagen kann sie schon ihren Text. Ich kämpfe so damit!« – Das war aber sicherlich nicht der Grund für seine wohlgesetzten Pausen, für die er berühmt war. Er war einer der Repräsentanten des sogenannten Josefstädter Stils.

Und da hat mir Gertraud Jesserer eine hübsche Geschichte erzählt: Sie, als blutjunge Schauspielerin, spielte mit Leopold Rudolf als Partner an der Josefstadt. In der Loge saß der greise Bundespräsident Dr. Theodor Körner, der nicht mehr besonders gut hörte und daher ein Hörgerät benutzte. Während einer sehr lyrischen Szene pfiff das Hörgerät. Der Bundespräsident drehte daran herum, Leopold Rudolf machte eine seiner gekonnten Pausen – da erscholl es aus der Präsidentenloge: »Jetzt hör ich gar nix mehr!« Gertraud Jesserer ist eine berüchtigte »Lachwurzen«, und es mußte fast der Vorhang fallen.

Friedrich Torberg lobte mich als Weibsteufel ohne Einschränkung:

> Ein persönliches Geständnis: ich muß bei den Theaterstücken García Lorcas sehr oft an Schönherr denken, bei Schönherr aber nie an García Lorca. Und ich glaube auch zu wissen, woran das liegt: weil Schönherr keine bläßlichen Nebengedanken aufkommen läßt, weil er auf dem Theater zu Hause ist. García Lorca ist unzweifelhaft der größere Poet von den beiden, Schönherr, ebenso unzweifelhaft, der bessere Dramatiker (und wenn ich damit ein fortschrittliches Tabu verletzt haben sollte, so wäre mir das vollkommen gleichgültig, oder, wie der andalusische

Dialektausdruck lautet, blunzen). Blut-und-Boden-Dramatik betreiben sie beide. Aber an *Glaube und Heimat* kommt auch *Doña Rosita* nicht heran, neben der *Kindertragödie* nimmt sich die *Bluthochzeit* eher blutleer aus, und im Vergleich zu einem Dreipersonenstück wie dem *Weibsteufel* steht *Bernarda Albas Haus* trotz seiner Überbevölkerung geradezu gähnend leer.

Dabei hat Schönherr nicht bloß gegen unsere Milieuvertrautheit anzukämpfen, sondern mehr noch gegen unser latentes Bedürfnis, an ihr – wie an allem allzu Vertrauten – Defekte aufzuspüren und zu übersteigern, bis ins Parodistische hinein. Die Äußerlichkeiten des »Bauerndramas« sind uns mit der Zeit so heftig wider den literarischen Strich gegangen, und seine zweitrangigen Nachgestalter haben unsre Abwehrhaltung so sehr verstärkt, daß wir heute die Parodie beinahe von selbst mithören. Wenn einer auf der Bühne »Weib, was willscht von mir?« sagt, können wir die Lust zum Lachen nur mühsam unterdrücken.

Daß solche Lust uns gestern kein einziges Mal angewandelt hat, ist in erster Linie das Verdienst Leonard Steckels, seiner Regie sowohl wie seiner Straffungen und Einrichtungen im Text. Welch ein Bühneninstinkt muß sich hier erprobt haben, daß nicht die leiseste Peinlichkeit aufkam. Und welch dramatische Substanz muß diesem Schönherr eignen, daß sie einem Regisseur, der zum Tiroler Bauerndrama nun wahrlich keine organische Beziehung mitbringt, daß sie einem aus der Emigration nach Berlin zurückgekehrten und erstmals in Österreich gastierenden Regisseur die Möglichkeit solcher Erprobung gab. Hier war konzentrierte Theateressenz, hier wurde mit tirolischer Akzentfärbung (auch sie, im übrigen, vorbildlich dosiert) jene

Sprache gesprochen, in deren Wörterbuch auf beiden Seiten immer der gleiche Ausdruck steht, links der menschliche und rechts die Übersetzung ins Künstlerische.
Hilde Krahl, für die filmische Darstellung der Titelrolle mit Recht preisgekrönt, ließ auf der Bühne eine Gestalt von gewaltiger Vielfalt und Spannkraft emporwachsen, setzte gewissermaßen vor unseren Augen immer neue Schichten an, erlag dem jäh geweckten Trieb niemals aus böser Lust, aber auch willenlos nicht, sondern ratlos und wahrhaftig »getrieben«, so daß sie noch im mörderischen Triumph des Schlusses nicht zu wissen schien, was sie da eigentlich angerichtet hatte.
Leopold Rudolf gab den Ehemann, dessen ahnungslos frivoles Spiel sie erst zum Weib und dann zum Teufel werden läßt. Da kam kein falscher Ton und keine falsche Geste, da mischte sich genau im richtigen Maß und im richtigen Augenblick die Klebrigkeit mit der Brutalität, die Müdigkeit mit der Tücke – ein Schmuggler, zu dessen Konterbande auch das Gefühl gehört, eine auf Wärmflaschen abgezogene Gebirgsmauerassel, eine großartige schauspielerische Leistung.
Allen drei Aufträgen seiner Rolle wird Walther Reyers junger Grenzjäger gerecht. Er ist wirklich jung, er kommt wirklich aus dem Tiroler Grenzgebiet, und wie er zugleich hinter seiner Beförderung, hinter dem Schmugglergut und hinter der Erfüllung einer ihm selbst noch rätselhaften, ihn selbst schon abstoßenden Leidenschaft herjagt, ist er wirklich ein gejagter Jäger.

Duett im Zwielicht bei Virginia Woolf

Geschichten über Theater
und andere Medien
1957 bis 1967

Ich möchte diesen Abschnitt meines Lebens – ich war vierzig Jahre alt geworden – dazu benützen, um über einige Kollegen der besonderen Art Erinnerungs-Kurzbiographien abzugeben.

Was Guido Wieland betrifft:
Furchtbar nett, sehr gescheit. Er war Halbjude und dadurch während der Herrschaft der Nationalsozialisten gefährdet. Franz Stoß, nachmals Direktor des Theaters in der Josefstadt, schützte ihn.
Natürlich hatte ich mit Guido einen guten Kontakt, aber da war immer eine gewisse Eigenbrötelei, ein gewisser Abstand, auf den er Wert legte. Bei jungen Schauspielern war er sehr streng. Wenn die nicht präzise waren in Wort und Auftritt, hat er ihnen »eine Goschen ang'hängt«, wie das in Wien heißt, er hat sie fertiggemacht: »Was glaubt's ihr, wo ihr seid's?!«
Er war kein Kollege, mit dem man in fröhlicher Runde abends zusammensitzt. Er hatte eine reizende Frau – auch Schauspielerin – und führte eine gute Ehe, obwohl Franz Stoß bemerkte, daß er früher auch seine Frau gelegentlich betrogen hätte.

Darauf sagte ich: »Kennst du einen Mann, der seine Frau nicht betrogen hat, außer dem Hans Holt?«
Ich konnte viel lachen mit dem Guido, aber intim konnte man nicht werden. Er sagte mir immer, wenn ihm was von mir gefallen hat, im Theater, im Film, aber er war – ja, er war ein Sonderling. Geld war ihm sehr wichtig, ähnlich wie dem Hans Moser. Ich bin da eher großzügig. Aber Guido sammelte die Taxirechnungen für den ORF. Wenn ich sagte: »Was kann denn das schon ausmachen?«, mochte er mich nicht sehr, glaube ich.
Meine intimen Freunde waren nie geizig. Heinz Hilpert sagte: »Wat heeßt hier sparen? Wenn ick 'n paar Mark in der Tasche habe, dann jeht's mir gut!«
»Aber man muß doch was weglegen!« wendete ich ein.
»Nee! So leb ich nich!« – Er war frei. Deshalb habe ich ihn so angebetet. Er war kein Pfennigfuchser.

Was Karl Schönböck betrifft:
Das ist ein schöner Mann, auch heute noch, ein bißchen eitel, kein Bauch. Und er ist kostbar: Er könnte keiner Menschenseele etwas antun. Er ist ehrlich, sauber, lügt nicht, spricht über niemand schlecht, schmunzelt höchstens, wenn er den üblichen Theaterklatsch hört.
Er ist ein Typ wie Axel von Ambesser. Aber dieser spielte immer die Guten.
Karl Schönböck die Zwielichtigen, Skrupellosen. Zumindest im Film.
Ich spielte mit Karl Schönböck in München viele angejahrte Liebespaare.
Er war gut verheiratet. Als seine Frau starb, heiratete er eine ganz andere. Er ist ein charakterliches Juwel. Fragt man

ihn nach seiner jetzigen Frau, sagt er: »Wir haben ja noch immer die gemeinsame Wohnung, aber sie ist viel auswärts.«

Ein ganz anderer Fall war Adolf Wohlbrück. Einer der schönsten und kultiviertesten Schauspieler deutscher Zunge, spielte er 1934 in Willi Forsts *Maskerade* als Partner von Paula Wessely in ihrem ersten Film nach einem großartigen Drehbuch von Walter Reisch.

Dann mußte er emigrieren und änderte begreiflicherweise in London seinen Namen in Anton Walbrook – man hieß damals nicht mehr gerne Adolf. Und er schaffte das Unglaubliche: In London auf der Bühne zu stehen in Hauptrollen in englischer Sprache!

Er war auch der russische Ballett-Impresario Lermontow in Alexander Kordas berühmtem Film *Die roten Schuhe* von Michael Powell und Emeric Pressburger. Und er spielte in Frankreich in Max Ophüls' *La Ronde* (nach Schnitzlers *Reigen*), der inzwischen ein Klassiker ist, in französischer Sprache. Nach dem Krieg drehte er, wieder unter Max Ophüls' Regie: In *Lola Montez* spielte er den alternden Bayernkönig Ludwig I., dessen Beziehung zu der Tänzerin Lola Montez fast eine Revolution auslöst.

Tony, wie man ihn jetzt nannte, hatte in London einen jungen Freund, mit dem er zusammenlebte. Er löste das Problem, das heute so heftig hochstilisiert wird, so, daß er seinem Freund ein Blumengeschäft kaufte – als eine Art Lebensversicherung und um den jungen Mann unabhängig zu machen.

Ich spielte mit Tony 1967 *Duett im Zwielicht* von Noel Coward. Es war eine Sternstunde des Theaters. Und es war der letzte Auftritt Adolf Wohlbrücks. Er kam von einem Tag auf den andern ins Krankenhaus. Ich besuchte ihn oft. Aber noch öfter besuchte ihn Hildegard Knef. Er zeigte mir den Stoß Platten, den sie ihm ans Krankenbett mitgebracht hatte. Es waren alle nur ihre eigenen. – Er starb noch während der Vorstellungsserie von *Duett im Zwielicht*.

Was Oliver Grimm und O.W. Fischer betrifft:
Es wurde schon viel über Filmkinder und ihre Probleme geschrieben und geredet: Michael Ande, Isa und Jutta Günther, die für Erich Kästners *Das doppelte Lottchen* entdeckt wurden. In Amerika Shirley Temple, Jackie Coogan, der bei Charlie Chaplin *The Kid* spielte. Cornelia Froboess und Peter Kraus.
Ich lernte Oliver Grimm 1956 bei dem Film *Mein Vater, der Schauspieler* kennen. Ein bezaubernder Bub – völlig unerzogen, voll Charme, ein Musterbeispiel der antiautoritären Erziehung. Jahre später hörte ich nichts Gutes mehr von ihm …
Ich will damit nicht sagen, daß alle Filmkinder in ein schreckliches Leben schlitterten – es gab auch durchaus positive Beispiele. Ich habe nur festgestellt, daß es Filmkinder viel schwerer haben, als es der frühe Ruhm eigentlich vermuten läßt.
Michael Ande ist bekanntlich seit Jahrzehnten Kriminalassistent beim *Alten*, Cornelia Froboess wurde eine erstklassige Schauspielerin (sie ist mit dem Regisseur Hellmuth Matiasek glücklich verheiratet), Peter Kraus wurde ein Entertainer, wie man das heute nennt, wenn einer singt und tanzt. Jackie Coogan wurde einer der *Munsters*, Shirley Temple US-Botschafterin in Südamerika.
O. W. Fischer spielte in *Mein Vater, der Schauspieler* meinen Mann. Am Morgen bei Drehbeginn stiegen wir in den Studiobus und fuhren zum Set. Dann rauschte eine über-

lange amerikanische Limousine heran und brachte uns O. W. Fischer. Etwa bei der Hälfte des Films bin ich gestorben – am Unfall mit einer Limousine.

Was Aglaja Schmid betrifft:
Ich habe sie in der Josefstadt kennengelernt, noch bevor sie Rudolf Steinboeck geheiratet hat. Sie ist eine zauberhafte Schauspielerin und Kollegin. Steinboeck liebte diesen Typ. Mich hätte er sicher nicht haben wollen, ich hätte ihn nervlich fertiggemacht. Er war ein feiner Herr mit Humor, sich nie vordrängend, ich verbinde mit ihm nur die nettesten Erinnerungen. Er ist einer der Repräsentanten des Josefstädter Stils auf dem Regiestuhl gewesen. Als Aglaja Schmid lange nach seinem Tod wieder Theater spielte *(Arsen und alte Spitzen)*, war ich natürlich in der Premiere – und sie ist noch immer so zauberhaft wie früher.
Traditionellerweise lädt Aglaja immer zum Silvesterabend ein, wo wir dann mit Gusti Wolf, Rolf Kutschera, dem ehemaligen Direktor des Theaters an der Wien, seiner Frau Susanne von Almassy und anderen Kollegen den Jahreswechsel feiern – mit einem lachenden und einem weinenden Auge …

Was Dorothea Neff betrifft:
Sie war einmalig, klug, später, als sie völlig erblindete, weise. Sie war eine der Säulen des Volkstheaters in Wien, Eva Zilcher spielte am Burgtheater.
Eva Zilcher und Dorothea Neff verband eine große Liebe. Ich werde nie den Rostropowitsch-Soloabend vergessen, als ich neben Dorothea Neff und Eva Zilcher saß. Als sich Rostropowitsch nach dem Konzert verbeugte, sagte Eva Zilcher: »Meine Freundin möchte Ihnen Blumen überreichen.«

Rostropowitsch sah sofort, daß Dorothea Neff blind war, und er nahm mit großer Rührung und Dankbarkeit ihre Blumen entgegen.

Im Mai 1958 betätigte ich mich sogar als Zeitungskommentatorin. Ich hatte die Kolumne *Unter uns* in der Zeitschrift »Heute«.

Ich berichtete aus Rom von der Organisation für Ernährung und Landwirtschaft. Sie war untergebracht im großspurigen ehemaligen Kolonialministerium Mussolinis. Und dort herrschten jetzt jene Menschen, die zu des Duce Zeiten als Kolonialvölker behandelt wurden. Die zahlreichen Frauen, die dort arbeiteten, waren auf der ganzen Welt daheim und opferten dafür ihr eigenes Daheim. Ich habe diese Frauen bedauert und doch beneidet. Eine bessere Welt zu bauen, wirklich zu bauen, was gäbe man nicht alles drum!

Bei meinem Beitrag über die Mode hatte ich offenbar satirisch ein bißchen von Friedrich Torberg gelernt. Ich schrieb:

> Beim Blättern in Modejournalen frage ich mich angesichts der von Mal zu Mal verkorksteren Haltung der bedauernswerten Mannequins, was denn die Modeschöpfer noch von unseren Frauen verlangen. Uns Kleider vorzusetzen, die wohl nur in der Haltung steckengebliebener Hampelmänner zur Geltung kommen (sonst müßten ja die Mannequins nicht ihre Körper derart verrenken) – danke, nein! Man überlege nur einmal, was passieren würde, ginge man in der von den Modejournalen angeregten Haltung durch die Wiener Kärntnerstraße oder die Münchner Kaufingerstraße – wen würde es wundern, wenn schon in der nächsten Minute die Ambulanz angerast käme, das fashionable Modellkleid durch eine Zwangsjacke ersetzen

und den lebenden Inhalt auf schnellstem Wege in die Nervenklinik einliefern würde. Vergeßt doch nicht, ihr Majestäten von Modediktatoren, daß wir Frauen sind und keine Fragezeichen – wenigstens nicht in diesem Sinne …

Soweit mein Ausflug ins Zeitungsmilieu.

Im Juni 1958 spielten wir in der Stiftsruine von Bad Hersfeld Schillers *Verschwörung des Fiesko zu Genua* und *Medea* nach Euripides von Robinson Jeffers. Ich hatte als Partner Paul Hartmann, Karl John, Albin Skoda und Hilde Weissner. Eine der Kritiken, über die ich mich freute, über die ich aber auch ein Lachen nicht verbeißen konnte, lautete:

> Welch eine Tragödin aber erlebte man in Hilde Krahl! Vor solcher bezwingenden Kunst, stockenden Atems erlebt, verstummt die Aussage. Diese auf- und abschwellenden Töne, das irre Lächeln, wilde Schreiten: durchlebt, durchzittert – glimmende Glut, die vulkanisch aufflammt … wie allein formt sie den Schrei »Ai!«.

Ein nicht unkomisches Intermezzo bildeten 1958 gleich anschließend im August die VII. Europäischen Wochen in Passau, bei denen auch Hofmannsthals *Jedermann* aufgeführt wurde. Ich war die Buhlschaft von Gustav Fröhlich, der den Jedermann gab.

Die Buhlschaft ist eine sehr überschätzte Rolle, weil ihre hauptsächliche schauspielerische Anforderung aus dem endlos gezogenen Schrei besteht, mit dem sie abläuft und Jedermann verläßt. Paul Hartmann sprang als Mammon aus der Geldkiste, und Lil Dagover sprach würdig und mild die Guten Werke.

Einige kleine Streiflichter von den letzten Proben sollen

illustrieren, daß des Regie führenden Intendanten Kragen mehrmals kurz vor dem Platzen war.
Als erstes verdunkeln ihm Jedermanns Beinkleider das Dasein. »Entweder Ihre Beinkleider sind eng oder weit. Aber das sind ja Korkenzieher! Sie sehen aus wie ein Kanalräumer.«
Gustav Fröhlich selbst hat auch den Eindruck, daß er von den Hüften abwärts nicht hinreißend wirkt. »Man muß sich wirklich um alles selber kümmern!« zieht er gestenreich die uralte Schlußfolgerung aller großen Männer.
Ich, die Buhlschaft, führe Klage über meinen Kranz.
Der Intendant stimmt zu: »Der ist ja viel zu dick! Wie eine Wurst!«
Der Bühnenbildner – nur bedingt zuständig – wird bemüht und zupft hilflos an dem Grünzeug herum.
Etwas abseits nimmt der Tod den Armen Nachbarn ins Gebet: »Man berichtet von Angriffen, die Sie gemacht hätten!«
»Ich?«
»Doch, doch! Sie sollen sich abfällig über den Stausee geäußert haben!«
Der Arme Nachbar will Ärger aus dem Weg gehen und gerät spontan ins Schwärmen über den Stausee: »Er ist landschaftlich einmalig – traumhaft schön – also wunderbar schön!«
Das freut die einheimischen Statisten, und zwei Passauer Knaben, die als Fackelträger engagiert sind, kommen angesichts des Todes, den Reinhold Siegert spielt, zu folgendem Dialog: »Du, is des der Tod?« – »Freili, des is der Tod!« – »Auweh!«
Einer von den beiden wird vom Tod gefragt, welcher Bus nach Hals fährt. Er weiß es nicht.
»Schäm dich!« donnert Reinhold Siegert. »Ich werd's deinem Lehrer sagen!«

»Mir ham koan Lehrer«, freut sich der Knabe, »mir ham nur Professoren!«
»Buben hinter die Bühne!« dröhnt der Lautsprecher. »Ruhe bitte! Wir beginnen!«
Der Dünne Vetter droht den Buben mit dem dünnen Finger: »Reißt's euch ja z'samm!«
Grölend poltert Jedermann auf die Bühne und läßt sich von verängstigten Lakaien bedienen. »›Der Tisch muß prächtig sein bestellt./Schick her den Koch – geh du um's Geld‹ – Nein! So geht das nicht, mein Schatz – tut mir leid!«
Der Diener, rot bis über die Ohren, hat Jedermanns Fuß nicht in den Stiefel gebracht.
»Nehmen Sie doch Schuhpuder!« dröhnt der Lautsprecher.
Ich stehe mit Jedermanns Mutter und Schuldknechts Weib im Hintergrund, und wir krümmen uns vor Lachen.
Später tanzt die Tischgesellschaft singend auf der Bühne. Eine Pause tritt ein, als Fröhlich mit dem Umkleiden nicht fertig wird. Aus dem Lautsprecher ätzt es: »Ich kann ja verstehen, daß man untertags vom Baden und Schwimmen müde ist, aber das ist ein Leichenzug und keine Hochzeitsgesellschaft! Todtraurig ist das!«
Am Tisch greift Jedermann/Fröhlich in die Requisiten: »›Ich trink jetzt einen Becher Wein‹ – wo is er denn, zum Teufel noch mal! – ›der macht das Hirn von Dämpfen rein.‹«
Anschließend Kritik des Intendanten: »Des Schuldknechts Weib ist schon arm – ja –, aber vielleicht nehmen Sie doch ein Halstuch dazu. Das wird ja nicht gleich in luxuriöse Protzerei ausarten. Und der Zopf müßte dicker sein!«
Fröhlich unterweist er in unartikulierten Angstschreien, der Schuldknecht ist ihm zu wenig geschminkt, und dem Tod zeigt er, wie mehr Leben in die Sterbeszene gebracht wer-

den kann. Dann läßt er die Tischgesellschaft noch einmal fliehen. Jedermann ist mit dem Tod allein.
Der Tod: »›Und nütze sie klüglich als ein Christ‹ – o Gott im Himmel, das ist ja alles so furchtbar hier – das ist ja alles anders – da ist man früher doch einfach durchgelaufen …«
Ein unartikulierter Schmerzensschrei hallt über den Platz.
»Haben Sie sich weh getan, Herr Fröhlich?« dröhnt der Lautsprecher.
»Und ob! Diese eichenen Hocker müssen ja aus Eisen sein – ich habe mir das Schienbein angeschlagen!«
»Der Tod! Wo ist denn jetzt wieder der Tod?« fragt der Lautsprecher.
»Hier bin ich!« tönt es dumpf von hinten.
»Na, dann kommen Sie doch!«
»Ja, bis ich drankomme! Ich habe mir schon zweimal den Kopf an diesem blöden Querbalken angerannt!«
Die Mitwirkenden stoßen durch unterdrücktes Lachen seltsame Qietschlaute aus.
»Danke für das Lachen!« sagt der Sensenmann schneidend. »Das ist sehr lieb und kollegial …«
Die Kritik bescheinigte uns, daß wir durchaus mit Salzburg mithalten konnten …

Nach einer ersten Erfahrung im Jahr 1954 war 1958 auch das Jahr, in dem ich mit dem neuen Medium bekannt wurde, das heute aus unserem Leben nur noch schwer wegzudenken ist: dem Fernsehen. Ich drehte den Fernsehfilm *Schwester Bonaventura*. Horst Tappert spielte hier eine – zwielichtige – Rolle. Er ist der einzige Kollege, der nach vielen Jahren, als ich ihm bei einer *Derrick*-Folge wiederbegegnete, mehr Haare hatte als vorher.

Am Hamburger Deutschen Schauspielhaus spielte ich im Herbst zwei Rollen.
Die beiden Produktionen der Bad Hersfelder Festspiele 1958, *Fiesko* und *Medea*, hatte Ulrich Erfurth inszeniert. Er holte mich für den darauffolgenden Herbst als Gast ans Hamburger Schauspielhaus, wo das berühmte Gründgens-Ensemble wirkte. Erfurth inszenierte Gerhart Hauptmanns *Iphigenie in Delphi* und Eugene O'Neills *Fast ein Poet*. Ich war als Elektra und Deborah Harford engagiert. Die Proben mit der großartigen Elisabeth Flickenschildt waren nicht ganz einfach, weil sie ihren Text so verinnerlicht brachte, daß man ihn von den Lippen ablesen mußte.
Trotz freundlicher Aufnahme blieb ich ein Fremdkörper in diesem geschlossenen Ensemble. Aber meine beiden Rollen führten dazu, daß ich im darauffolgenden Jahr in der Gründgens-Inszenierung von Schillers *Maria Stuart* die Titelrolle von Antje Weingerber übernahm mit »Flicki« als Elisabeth. Diesmal hatte ich keine Probenprobleme, weil sie ja schon mehrere Vorstellungen gespielt hatte und ich nur dazustieß.

William Shakespeare: MACBETH – Premiere 10. März 1959 – Volkstheater Wien
Regie: Leon Epp
Das Volkstheater bot mir die Lady Macbeth an.
»Bist du wahnsinnig? Du willst am Volkstheater Klassiker spielen?« sagte Franz Stoß, mein Direktor.
»Glaubst du, ich kann es nicht?«
»Doch, aber mit der Macbeth hat noch nie eine Erfolg gehabt. – Du weißt schon, Hila, wenn du das machst, bist du verloren für die Josefstadt!«
Und ich machte es.

Die Lady Macbeth ist so teuflisch schwer. Da müßte man weg von diesem Klassiker-Gefüge. Als ich sie spielte, merkte ich, daß ich auf der ganz falschen Seite bin. Das merkt man ja sofort. Es ist mir nicht oft passiert in meinem Bühnenleben, aber hier schon.

Unvergeßlich nur Dorothea Neff, mit der ich die Garderobe teilte. Sie war zuckerkrank, und ich sah zum erstenmal, wie sich jemand selbst Spritzen gibt.

»Sie machen das selber?«

»Ja, Kind, seit Jahrzehnten …«

Diesmal bestätigte Torberg dem gesamten Unternehmen »Macbeth am Volkstheater« und auch mir den totalen Mißerfolg:

»Etwas Böses naht sich hier!« sagte die Hexe, aber da war es schon zu spät, und die *Macbeth*-Inszenierung des Volkstheaters war schon in vollem Gange. Soweit es zu den Aufgaben der Tragödie gehört, Furcht und Mitleid zu erregen, ist ihnen Direktor Leon Epp bestens gerecht geworden. Warum er seinen unbedingt respektgebietenden Ehrgeiz gerade auf *Macbeth* richtete, läßt sich nur ahnen. Vielleicht dachte er an seine schon vor Jahren am Volkstheater stattgehabte Inszenierung des *König Lear*, sagte sich, daß sie immer noch besser gewesen sei als die vorjährige des Burgtheaters – und ließ über diesem durchaus zulässigen Auftrieb gänzlich außer acht, daß es, um einen Shakespeare wirklich überzeugend zu verpatzen, noch keinesweg genügt, ihn nicht inszenieren zu können, sondern daß man auch die nötigen Schauspieler haben muß, mit denen man ihn inszenieren *könnte*. Die hatte er aber nicht, und damit erübrigt sich eigentlich alles weitere. Es läßt sich nicht einmal beurteilen, ob eine Regiekonzeption vorlag, und welche. Dann und wann schien sich etwas dergleichen anzudeuten, so in den scharf umrissenen Hexenszenen oder in der lediglich imaginierten Erscheinung von Banquos Geist (der freilich ein paar plump leibhaftige Erscheinungen folgten). Und aus der abstrakten, von symbolstacheligen Wänden gebildeten Einheitsdekoration C. W. Vogels sowie aus dem Verzicht auf jegliches Mobiliar ließe sich allenfalls schließen, daß diese Inszenierung zuvörderst aufs Wort gestellt war, dessen magische Leuchtkraft das permanent über die Bühne gelagerte Dunkel aufhellen sollte. Dafür spricht auch die Tatsache, daß Epp die auf klassischen Vorlagen basierende Textbearbeitung von Karl Kraus heranzog – ein dankenswerter Versuch, den schnöder Undank lohnte: waren doch fast durchwegs Schauspieler am Werk, die schon einen sozusagen normalen Shakespearetext nicht sprechen können, geschweige denn einen von Karl Kraus bearbeiteten. Daß es unter solchen Umständen zu Spiel und Gestaltung erst gar nicht kam, verstand sich – als das nahezu einzig Verständliche – von selbst. Otto Woegerers Macbeth war kein König und kein königlicher Mörder, sondern höchstens ein als Hoflieferant zugelassener Metzger, und die ihn umgebenden schottischen Lords waren desto besser, je früher ein blutrünstiges Geschick sie letal abgehen ließ. Hilde Krahls Lady Macbeth – neben der erlauchten Hekate Dorotha Neffs und den Herren Kunrad (Malcolm) und Sowinetz (Pförtner) als einzige auch sprachlich auf dem Posten – hatte mit dem allen nichts zu tun, wusch ihre Hände in Schuld und ging jeweils nach Erledigung ihrer Auftritte mißmutig ab.

Nach langer Zeit trat ich ab 5. Mai 1959 wieder einmal in Berlin auf, und zwar innerhalb eines festen, ausgewogenen Ensembles. Das Schiller-Theater hatte mich für die Uraufführung von Ezra Pounds *Die Frauen von Trachis* nach der antiken Tragödie des Sophokles engagiert. Ich spielte, unter der Regie von Hans Lietzau, die Deianeira und freute mich über den Erfolg, den ich neben Wilhelm Borchert, Friedrich Siemers und der herrlichen Elsa Wagner an Boleslaw Barlogs Haus hatte.

Friedrich Schiller: WALLENSTEIN: WALLENSTEINS LAGER/DIE PICCOLOMINI und WALLENSTEINS TOD – Premieren 3. und 31. Oktober 1959 – Burgtheater
Regie: Leopold Lindtberg
Ernst Haeusserman, mit dem ich ja in meiner Gymnasialzeit den Schulweg teilte, bot mir ein Burgtheater-Engagement an – mit mehreren Hauptrollen. Die erste war die Gräfin Terzky. Ich fand, daß diese Rolle der Teufel erfunden hat. Dabei ist sie nachweislich von Schiller.
Ich glaube auch heute noch, daß Judith Holzmeister als Terzky viel besser gewesen wäre als ich. Bei meiner Anfrage an Haeusserman, was denn meine nächsten Hauptrollen seien, meinte er, daß er noch auf der Suche sei. Als sich dann wochenlang nichts rührte, teilte ich ihm mit, daß ich ein Angebot von Helmut Käutner für seine Verfilmung von Eugène Scribes *Das Glas Wasser* hätte, mit Gustaf Gründgens als Partner. Als der Burgtheaterdirektor noch immer keine konkreten Rollen anbieten konnte – die einzige war die Jokaste in *König Ödipus* –, sagte ich ihm, daß ich den Film annehmen würde. Das war natürlich de facto Vertragsbruch. Haeusserman ersparte mir die hohe Konventionalstrafe, indem er mich

hinauswarf. Aber ich, die ich von Hilpert Ensemble-Arbeit gewohnt war, hatte keine Lust, mir meine Rollen zu ersitzen.
Eigentlich war da etwas viel Schlimmeres. Leopold Lindtberg, der bei der *Wallenstein*-Trilogie die Regie hatte, erklärte mir eines Tages: »Ich muß Ihnen sagen: Für das Burgtheater sprechen Sie noch nicht gut genug.«
Ich schrieb ihm später: »Das Weggehen vom Burgtheater wurde mir leichtgemacht durch Ihre Bemerkung über meine Sprache.«
Als ich Kammerschauspielerin wurde, bekam ich auch von Lindtberg ein Glückwunschtelegramm, aber wir haben nie wieder miteinander gearbeitet.

Gustaf Gründgens spielte 1960 seine erste Filmrolle nach dem Krieg in *Das Glas Wasser*. Ich war seine Wider-Partnerin und erhielt für die Rolle den Kritikerpreis – darauf bin ich besonders stolz. Auch wurde ich Bundesfilmpreisträgerin, worauf mich die Berliner scherzhaft als »Bundeswasserträgerin« bezeichneten.
Mit Gründgens hatte ich persönlich ein etwas stachliges Verhältnis. Aber wir respektierten einander als Profis.
Helmut Käutner nahm mich am ersten Drehtag beiseite und sagte: »Hör zu, du weißt, daß Gründgens ein virtuoser und sehr schneller Sprecher ist. Also vergiß dein österreichisches Langsamsprechen.«
Am Ende des Drehtages grinste Käutner: »Ist dir aufgefallen, wie ungewöhnlich oft sich Gründgens heute versprochen hat? Du hast mit der Schnelligkeit deines Textes sogar ihn übertroffen.«
Was wieder einmal zeigte, daß ich eine folgsame Schauspie-

lerin bin, wenn ich einen guten Regisseur habe und seine Anweisungen nicht nur befolge, sondern sogar übererfülle.

Mit Helmut Käutner arbeitete ich öfters. Er war ein sehr guter Regisseur. Als er einmal glaubte, genug Geld zu haben, kaufte er sich mit seiner Frau Erika Balqué eine wunderschöne Villa in der Toskana. Käutners Frau hatte eine entnervend manierierte Sprechweise. Sie war aber sehr intelligent, und so wunderte mich ihre Art zu sprechen immer. Bis mir ein Kollege das Geheimnis lüftete: Frau Käutner stammte aus Sachsen und sächselte eigentlich fürchterlich. Und wenn Helmut Käutner etwas nicht ausstehen konnte, dann war das Sächseln. Daher war sie bei jedem Wort auf reines Hochdeutsch bedacht.
Mit dem Haus in der Toskana hatten sie sich finanziell übernommen und mußten es bald wieder verkaufen.

Franz Grillparzer: LIBUSSA – Premiere 28. Mai 1961 – Festwochen-Produktion des Volkstheaters
Regie: Wolfgang Liebeneiner
Während ich für *Libussa* probte, spielte ich noch in der Josefstadt Strindbergs *Totentanz*. Zum Unterschied von dieser harten Rolle ist Libussa fraulich, weich, klug, mit einem heißen Herzen. Man könnte bei diesem Stück das Motto erstellen: Wer seine Schranken erkennt, ist der Freie.
Was meinen aus Berlin engagierten Partner Wilhelm Borchert betrifft, so kann ich sagen, daß ich kaum je einen Heldenspieler von dieser selbstverständlichen männlichen Kraft gesehen habe. Ein Heldenspieler übrigens, der keinen Augenblick in Versuchung geriet, zu deklamieren, obwohl Grillparzer manchmal dazu verführt.

Dieses Stück aus seinem Spätwerk ist eine seltsame Mischung von Mythos und Utopia. Im romantischen Kleid der altslawischen Sage wird hier der Fortschrittsgedanke des neunzehnten Jahrhunderts verkündet. Wobei zuletzt doch wieder das Göttlich-Mythische unversehens in die Brust des Menschen zurückkehrt. Das Reich der Götter, symbolisiert durch Herzog Krok und seine zauberisch begabten Töchter, soll einer Herrschaft der Vernunft, dem Prinzip des tätigen, allem Diesseitigen zugewandten und dienenden Lebens weichen, verkörpert durch Kroks jüngste Tochter Libussa und den Landmann Primislaus, der, vom Pfluge weggeholt, an ihrer Seite Böhmen regiert und die Stadt Prag gründet.
Was in einem sozialistischen Theater, wie es das Wiener Volkstheater ist, fast ketzerisch klang, war Grillparzers hartes Wort über die neue Zeit der Volksherrschaft: »Bis alles gleich, ei ja, weil alles niedrig!«
Bei *Libussa* stimmte alles: Das Stück ist großartig, die Rolle ist großartig, mein Mann machte die Regie, meine Partner waren ausgezeichnet.
Ich spielte es sehr gern, und es gab bei keiner Vorstellung irgendwelche Unannehmlichkeiten. Es war einfach schön. Und Friedrich Torberg lobte mich:

> Für die legendäre Gründerin Prags war mit Hilde Krahl eine Schauspielerin aufgeboten, deren Sprechkultur sich zu etwas kostbar Eigenständigem zu entwickeln beginnt. Sie schien die ganze Vielschichtigkeit der Libussa durchaus von der Diktion her aufzufächern, sie machte mit einem kleinen Zurücknehmen ihrer Stimme, mit einer kleinen Verschiebung des Rhythmus, einer kleinen Nuance des Tonfalles alles glaubhaft, was es da an Vorder- und Hintergründigem glaubhaft zu machen gab: die vehemen-

te Weichheit der Liebenden, die vergebliche Härte der Herrscherin, die Last ihrer Auserwähltheit und die hilflose Dämonie ihres Sehertums.

Torberg hatte die Angewohnheit, bei jeder Vorstellung einzunicken, egal ob sie ihm gefiel oder nicht. Deshalb nahm er immer jemand mit, der ihn gegebenenfalls weckte.
An einem Abend, an dem ich spielte, besuchten Wolfgang und Torberg die Vorstellung gemeinsam. Und Torberg sagte zu meinem Mann: »Wolfgang, ich muß Ihnen etwas gestehen: Ich liebe das Theater, ich liebe die Schauspieler, oft liebe ich sogar die Stücke, aber ich kann es nicht verhindern, daß ich nach einiger Zeit einnicke. Weiß der Teufel, warum das so ist. Sind Sie doch so lieb: Wenn Sie merken, daß ich schlafe, stupsen Sie mich – dann bin ich wieder wach.«
Wolfgang wunderte sich zwar ein wenig, war aber stolz, an diesem Abend Torbergs Stupser zu sein.

Heute haben ja Journalisten weder die Zeit noch das Vokabular, um interessante Interviews zu machen. Deshalb hat man eine Standardliste von Fragen, die man dem jeweiligen Opfer vorlegt und die zur Beantwortung nicht allzuviel Gehirnschmalz verlangen.
Aber auch das ist keine moderne Erfindung. Ich habe mit Amüsement eine solche Fragenliste gelesen, der ich mich vor vierzig Jahren unterzogen habe.
Da hieß es:
Welcher Ehepartner ist für Sie ideal?
Antwort: Ein richtiger Mann, der nach einem herzhaften Lachen sich auch einer Träne nicht schämt.
Welchen anderen Beruf hätten Sie gern ergriffen?

Antwort: Ärztin.
Was würden Sie tun, wenn Sie über Nacht Millionärin würden?
Antwort: Möglichst schnell viel Geld ausgeben, damit die anderen auch eine Freude haben.
Ärgern Sie sich über schlechte Kritiken?
Antwort: Ja. Ich zerwuzle mich fast vor Ärger.
Haben Sie Angst vor dem Alter?
Antwort: Überhaupt nicht. Weil ich glaube, daß ich dann meine schönsten Rollen spielen werde.
Was essen und was trinken Sie am liebsten?
Antwort: Ganz scharf gewürzte Sachen und herben Mosel.
Welche Tiere lieben Sie und welche besitzen Sie?
Antwort: Ich liebe Hunde und besitze einen braunen Königspudel.
Was tun Sie gern an freien Abenden?
Antwort: Schlafen, schlafen, schlafen.
Sind Sie gern in Gesellschaft?
Antwort: Ja. Besonders gern mit Leuten, bei denen man Essen und Trinken vergißt.
Wo möchten Sie Ihre Ferien verbringen?
Antwort: Immer dort, wo man nicht hinkommen kann.
Haben Sie ein Hobby?
Antwort: Ich sammle Talismane, die ich immer dann, wenn ich traurig bin, wegwerfe, weil ich glaube, sie haben mir Pech gebracht.
Kochen Sie gern?
Antwort: Nein. Weil ich es nicht kann.
Welche Art Hotels bevorzugen Sie?
Antwort: Die kleinen stillen.
Haben Sie Mut?

Antwort: Für eine schwere Aufgabe ja, aber wenn ich allein zu Hause bin und es knarrt, erstarre ich zur Salzsäule.
Haben Sie drei Wünsche an eine Glücksfee?
Antwort: Daß ich spielen kann bis zum letzten Japser, daß meine Tochter eine gute Schauspielerin wird und daß es keinen Krieg mehr gibt.
Naturgemäß würde ich heute einige der Fragen etwas anders beantworten, vor allem die das Alter betreffenden.

Wir hatten 1954 ein genügend großes Haus in Wien-Dornbach gefunden, groß genug für meine Eltern, meinen Mann, unsere Tochter und zwei Hunde. Es wurden wunderschöne Jahre. Mein Mann und meine Eltern verstanden einander prächtig, und Oma war Mückes Liebling.
Als wir das schöne alte Haus – praktisch im Wienerwald gelegen, mit großem Garten – bezogen, freuten wir uns zuerst sehr wie alle, die einen neuen Wohnsitz haben, der ihnen besonders gefällt. Aber so wie alle sollten auch wir bald dahinterkommen, daß die Renovierung, das Wohnlichmachen nach den eigenen Vorstellungen, eine wahre Schinderei bedeutete. Von einem Ausruhen im stillen Heim war anfangs keine Rede. Die Plafonds mußten repariert, die Türen frisch gestrichen werden. Auch ein neuer Zaun war notwendig. Trotzdem ließ ich mir darüber keine grauen Haare wachsen, was von einer Interviewerin kommentiert wurde:
»Wäre ja auch schade um die schöne neue Farbe!«
Sie spielte damit auf meine ständig wechselnden Haarfarben an. Ich machte das aber nicht aus persönlicher Eitelkeit, sondern auf Wunsch meiner Regisseure. Damals hatte ich gerade wieder einmal braune Haare, nachdem Walter Reisch bei dem Spionagefilm *Die Mücke* brandrote Haare verlangt

hatte. Bei *Kinder, Mütter und ein General* bestand der Produzent Eric Pommer persönlich darauf, daß sie platinblond gebleicht würden. Ich kam mir oft wie ein Chamäleon vor. Ich weiß nicht mehr, wie oft ich mir nach Aufforderung meiner Regisseure die Haare färben ließ – ich glaube, es gibt kaum eine Haarfarbe, die ich nicht irgendwann gehabt habe. Wahrscheinlich habe ich durch das dauernde Färben mein Haar ruiniert. Aber ich war stets bereit, es wunschgemäß färben zu lassen. Bis mich eines Tages mein verehrter Partner Mathias Wieman auf der Straße traf und voll Bedauern sagte: »Och nein! Wie siehst du denn aus – mit blonden Haaren!«
Bei meinem Mann war das kein Problem. Er sagte: »Du gefällst mir immer!« Er steht auch in einem besonderen Kästchen, wo kein anderer herankann. Über seinen Film *Versprich mir nichts* sagte einmal ein Produzent empört: »Das ist ja kein Film – das ist ja Kunst!«

Die Männer taten sich immer schwer mit meinen Ecken und Kanten. Und mich haben immer Männer interessiert, die sich wenig um mich kümmerten. Daß das nie meinem Beruf geschadet hat und fast nicht meiner Ehe, lag auch an treuen Freundinnen wie der großen Schauspielerin Ida Ehre und an meiner Mutter.
Wolfgang sagte immer, daß er Eifersucht nicht kenne. Ich fand, daß Eifersucht sehr wichtig ist, weil sie zeigt, wieviel einem an jemandem liegt. Besitz ergreifen ist wunderbar, wenn man wen liebt. Und Eifersucht ist etwas Positives, finde ich. Als ich Wolfgang einmal vorwarf, daß er ja behauptet habe, nicht eifersüchtig zu sein, meinte er: »Natürlich habe ich das *gesagt* …«

In Kleinigkeiten war ich meist widerspruchslos. Aber bei wichtigen Dingen habe ich immer meinen Standpunkt sehr vehement vertreten. Wie jeder denkende Schauspieler. Denn schließlich trägt man vor dem Publikum ganz allein die Verantwortung für seine Rolle.
Mit Walter Reisch ließ es sich herrlich streiten. Er war so objektiv, daß man sich mit voller Hingabe mit ihm raufen konnte, und es war nie schade um die Zeit. Durch unsere Meinungsverschiedenheiten entdeckten wir oft Mängel des Drehbuches oder wir hatten Einfälle, die dies und das stärker und lebendiger machten. Da er sein eigener Autor war, wurden Änderungen gleich an Ort und Stelle durchgeführt. Ich glaube heute sagen zu dürfen, daß der große Erfolg des Films *Die Mücke* in Deutschland auf die fanatische Diskussion zwischen ihm, Gustav Knuth, Margot Hielscher, Bernhard Wicki und mir zurückzuführen war.

Wir vom Theater haben eine besondere Beziehung zur Szene. Ob man nun jemandem eine solche macht oder ob man eine Szene spielt – man kann sich auch in Szene setzen –, man tritt auf die Szene. Nur mit dem modernen Begriff der »Szene« tue ich mich schwer: Man kennt die Szene – die Drogenszene – die Modeszene …
Wolfgang war eine Seele von einem Menschen. Aber wenn sich wieder einer den Goldenen Schuß gesetzt hatte, sagte er, allerdings traurig: »Gott sei Dank, daß er weg ist. Sie richten zuviel Unheil an!«
Ich bekomme eine Gänsehaut, wenn ich höre, daß in Amerika die Todesstrafe mit einer Spritze gegeben wird – vor einem Haufen von Leuten, die von Berufs wegen zusehen!
Die Pharmaindustrie ist die bestverdienende Industrie der

Welt. Die Drogenhändler sind die bestverdienenden Verbrecher der Welt. Sie kassieren das Budgetdefizit von ganz Österreich in ein paar Monaten.
Schuld ist unteilbar. Aber die Psychologie entschuldigt alles …

Wolfgang liebte Marilyn Monroe. Sie war für ihn der Inbegriff von Erotik im Film. Und er schäumte über Arthur Miller: »Dieser blöde Kerl! Ein solches Geschöpf! Und er ist unfähig, sie zu formen!«
Er hätte Miller am liebsten enteignet – was Marilyn Monroe betraf. Und ich las keinen Arthur Miller mehr.
Wolfgang verehrte Charlie Chaplin. Er war für ihn der Größte. Wenn er über ihn sprach, bekam er eine Stimme, als ob er beten würde. Chaplin erfüllte ihn mit Glück und Bewunderung. Das lag aber auch sicherlich daran, daß Wolfgang nie die Stoffe verfilmen konnte, die er wirklich machen wollte. Charlie Chaplin machte nur die Stoffe, die er wollte.

1958 spielte ich in der Josefstadt Terence Rattigans Episodenstück *Einzeltische*. Das Reizvolle war hier, daß ich vor der Pause in »Tisch am Fenster« eine halb schon gestrandete Frau zu spielen hatte und nach der Pause in »Tisch Nummer sieben« eine noch gar nicht erwachte Frau. Die Rollen waren nicht nur von der Maske und vom Kostüm her völlig unterschiedlich anzulegen, sondern auch von der Gestaltung her. Die erste Frau holt sich mit »gebändigt vibrierender Bewußtheit« ihren Mann zurück, die zweite, eine bejammernswerte, unbewußt komische Wilhelm-Busch-Figur, erlöst sich in einem zaghaften Ausbruch aus ihrer kläglichen Geducktheit. Oder wie Friedrich Torberg schrieb:

Karikatur von Schenker Langer zu »Einzeltische« im »Kurier«, Premiere am 23. Februar 1958 im Theater in der Josefstadt

Unsicher bleibt, in welcher der beiden Rollen Hilde Krahl besser ist: als die von leiser Torschlußpanik gejagte Frau, die sich ihren geschiedenen Gatten zurückholt, oder als die verkümmerte, von einer herrischen Mutter (Helene Thimig) zu freudlosem Dahinwelken niedergehaltene Jungfer, die sich aus Krampf und Hysterie in die beginnende Liebe zu einem gleichfalls gründlich verkorksten Pseudomajor erlöst, der damit gleichfalls der Erlösung teilhaftig wird.

Besonders gern erinnere ich mich an die Bad Hersfelder Festspiele, wo ich mehrere Sommer mit Begeisterung freilichtspielte. Wir gaben *Die Jungfrau von Orleans, Die Verschwörung des Fiesko zu Genua, Jedermann, Medea* oder die *Orestie*. Das alte Gemäuer bildete eine grandiose Kulisse, und Kollegen wie Albin Skoda, Gustav Fröhlich, Lil Dagover, Sonja Sutter, Paul Hartmann, Lola Müthel, Hilde Weissner taten ein übriges.

Das ganze Hersfelder Ensemble bildete eine Familie. Max Strassberg, ein alter jüdischer Schauspieler, war unser besonderer Liebling. Er spielte nie große Rollen, aber er war auch niemals ohne Engagement. Jeder kannte ihn und er kannte jeden. Den jungen Burschen, die Komparserie machten und manchmal auch andere Aufgaben übernommen hatten, brachte Strassberg das Skatspielen bei. Paul Hartmann war der König des Skat. Ich lernte das nie, aber die Burschen spielten, nachdem es ihnen Mäxchen beigebracht hatte, dauernd Skat.

Eines Tages, während der Sommerspiele, starb Max Strassberg innerhalb weniger Stunden. Er hatte ein zu großes Herz – die Mediziner nennen das Ochsenherz. Max wurde nach jüdischem Ritus beim Sterben begleitet. Und in Hersfeld wurde er begraben.

Dann saßen die Buben wieder beim Skat, und als einer falsch ausspielte, blickte er hinauf, dorthin, wo der alte Schauspieler jetzt wohl war, und sagte: »Oh, Max! Bitte verzeih!«

Die Vorstellungen in Bad Hersfeld waren immer ausverkauft. Ich handelte mir durch das nicht immer wetterbegünstigte Freilichtspielen Rheuma ein und mußte nach Bad Pistyan, das einzige Bad, das mir je geholfen hat. Dort besuchte ich das Museum, das Zeugnisse vieler Berühmtheiten, wie zum Beispiel Richard Tauber, aufbewahrt, die dort auch erfolgreich zur Kur waren.

In Bad Hersfeld ist mir Thornton Wilders Beschreibung des Theaterpublikums besonders augenfällig geworden:

Die Zuhörerschaft in einem Theater ist die denkbar sittenstrengste Gemeinde. Der Umstand, daß sie da alle Seite an Seite sitzen, scheint ihnen ein erhöhtes Urteilsvermögen zu verleihen, von dem man nicht feststellen kann, daß sie es sonstwo betätigen. Sie kennen kein Zögern, wenn es zu entscheiden gilt, ob das Verhalten der Personen in einem Stück gut oder schlecht ist, und sie messen sie nach einem ethischen Maßstab, den sie bei weitem nicht bei sich selbst anlegen. Pandarus im Zuschauerraum bebt vor tugendhafter Entrüstung angesichts des Kupplers auf der Bühne. Wenn sie im Theater sitzen, sind zwölf Huren prüder als eine vestalische Jungfrau. Ich habe oft die Wahrnehmung gemacht, daß die moralische Auffassung einer Theaterzuhörerschaft einige dreißig Jahre hinter der Zeit zurück ist; als Masse spiegeln die Menschen die Ansichten wider, die sie als Kinder von ihren Eltern und Betreuern erfahren haben.

In diesen Jahren ging ich mit Wolfgang einer meiner großen Leidenschaften nach: dem Reisen. Wir waren in Ägypten, Mexiko und Sizilien. Wir haben Ausgrabungsstätten und Kirchen gesehen, die über alle Maßen schön sind und einen zutiefst bewegen.

Den Dom von Monreale bei Palermo mit seinen Mosaiken auf Goldgrund empfand ich als so überwältigend schön, daß ich es einfach nicht ertragen konnte. Ich mußte gleich wieder rausgehen und einen Espresso trinken. Dann bin ich ganz vorsichtig wieder hineingegangen. Es gibt Augenblicke im Leben, da möchte man die Uhren anhalten, weil man weiß, diese Stunden sind unwiederholbar.

In Ägypten habe ich etwas im wortwörtlichen Sinn umwerfend Komisches beobachtet: Ich sah aus dem Fenster des fahrenden Zuges und ließ die faszinierende Wüstenlandschaft mit ab und zu ein paar Palmen auf mich wirken. Entlang der Eisenbahnlinie verlief eine Straße, die ziemlich menschenleer war. Bis auf zwei Radfahrer, die aufeinander zu fuhren. Es gab kein Hindernis, keinen Verkehr, nichts. Aber die beiden Radfahrer stießen schließlich zusammen und fielen mit ihren Rädern um.

Ich war immer eine Kämpferin für die Humanität. Zweimal durfte ich, als kühle UNO-Präsidentin in dem Film *1. April 2000* und als Bertha von Suttner in *Herz der Welt* Botschaften an die Menschheit richten, ohne daß ein fatal tendenziöser Unterton die künstlerische Leistung zu Fall gebracht hätte. Für die Gerechtigkeit, für die Harmonisierung der zerrissenen Menschheit zu sprechen, zu agieren, das war für mich nie Mache oder Masche, sondern Ausdruck meines innersten Wesens. Aber ich brauche Widerstand, um meine Kräfte wirksam werden zu lassen. Das ist jetzt einiges an Eigenlob – Futter für die, die mich nicht mögen. Und das sind viele.
Einmal sagte ein Psychologe, den ich bei einer Gesellschaft kennengelernt hatte, zu mir: »Wenn Sie ins Wasser gehen, dann muß man die Leiche stromaufwärts suchen!«

Ich liebte immer die Geselligkeit, aber bevor ich mich entschloß, zu einer Einladung oder einer offiziellen Veranstaltung zu gehen, blieb ich lieber wochenlang bei meinen Büchern zu Hause. Ich hatte geradezu einen Horror vor dem Telefon. Manchmal konnte ich es eine Viertelstunde läuten lassen, ohne den Hörer abzunehmen. Das war nicht Dünkel einer Primadonna, sondern Scheu vor dem Dunkel, das viel-

leicht auf mich zukommen könnte. Dabei lese ich gerade aufregende politische Bücher besonders gern. Ich fand die Russen immer großartig und ihre Politik entsetzlich.
Ich wollte die ganze Erde kennenlernen und am liebsten Mitglied des Parlaments werden.
Ich weiß aber auch, was Depressionen sind. Manchmal empfand ich einen Minderwertigkeitskomplex, der daher rührte, daß es ein Mißverhältnis gab zwischen dem, was ich mir zumute und dem, was ich erreichte. Erreichen aber kann ich das Höchste nur im Bunde mit großen schöpferischen Begabungen, denn Schauspieler sind nun einmal Reproduzierende, manchmal im besten Sinne des Wortes. Aber wer sich selber geben, ganz hingeben möchte, muß zuerst einmal die Gabe eines wirklichen Dichters empfangen. Nur der Überwältigte kann überwältigen.
Die Dichter sind müde geworden, ihre Substanz mürb, ihr Glaube ist nur noch ein unrein blakendes Flämmchen. Man singt oder stammelt den Untergang, man erstellt einen Katalog all der scheußlichen Krankheiten dieser Zeit. Wo ist etwas, was die Menschen mitreißt, sie hinaufführt, sie nach all der Qual und der zerstörenden Angst, nach all der Entseelung bei lebendigem Leib in ein Gelobtes Land blicken läßt?
In der alten Zeit, von der ich hier erzähle, galt noch – für die, die es nicht mehr wissen –: Sprechkultur ist die professionell erlernte Beherrschung der eigenen Stimmittel, die Fähigkeit, dem Zuhörer Texte und damit Inhalte verständlich zu vermitteln. Das war zu meiner Zeit Voraussetzung für die Ausübung des Schauspielerberufs.
Die heute immer mehr grassierende Sprachverschlampung hängt nicht nur damit zusammen, daß der Slang zur Kunstform erhoben wurde – wohlgemerkt der Slang, nicht der Dia-

lekt. Denn Dialektstücke gab es zu allen Zeiten auf höchstem Niveau: Nestroy und Raimund, Gerhart Hauptmann und Ludwig Anzengruber – die Fäkalsprache auf die Bühne zu bringen, blieb einer späteren Generation von Autoren vorbehalten. Das allein jedoch ist nicht verantwortlich für die mangelnde Sprechkultur an den Theatern. Bei der Ausbildung wird heute jungen Talenten von manchen Schauspiellehrern eingetrichtert, daß sie sich auf der Bühne »selbstzuverwirklichen« hätten, ohne Rücksicht auf ein zahlendes Publikum. Ich halte das für eine Art öffentliche Selbstbefriedigung. Durch den technischen Fortschritt kann man heute bei Freilichtaufführungen und in großen Theatern durch ein dekorativ an die Wange geklebtes Mikrofon über Verstärkeranlagen den Leuten den Text vermitteln, ohne sich sonderlich anstrengen zu müssen. Wir mußten noch den dritten Rang erreichen, ausschließlich mit der eigenen Stimme! Ich wurde vor einiger Zeit bei einer Lesung in einem Saal für hundertfünfzig Personen beflissen gefragt, ob ich ein Mikrofon möchte. Und dann war man überrascht, als ich ärgerlich reagierte!

Durch Subventionierung bestimmter Theater und daraus resultierende Billigkarten wird dann das in den Musikantenstadel flüchtende Publikum geködert. Eine Berechnung stellte kürzlich fest, daß an den österreichischen Bundestheatern jeder Platz, ob billig oder teuer, mit rund eintausend Schilling subventioniert wird.

Böse Zungen haben behauptet, daß man zur Zeit am Burgtheater gute Chancen für einen Eleven-Vertrag hätte, wenn man einen s-Fehler (im modernen Sprachgebrauch s-Irritation genannt) sein eigen nenne. Das ist natürlich nicht wahr! Ich weiß nicht, warum mir immer einfällt, daß der Stummfilmstar Gloria Swanson einst auf die Frage, was denn das Besondere an der Stummfilmzeit gewesen sei, sagte: »Wir hatten Gesichter damals!« Ich hoffe nur, daß ich in einigen Jahren auf die Frage, was das Theater zu meiner Zeit attraktiv machte, nicht sagen muß: »Wir hatten eine Sprache damals!«

1964 spielte ich in der Josefstadt das von mir besonders bevorzugte Stück *Wer hat Angst vor Virginia Woolf?* von Edward Albee mit Hans Holt, dessen Frau Renate ihm dringend von der Mitwirkung »in so einem schrecklichen Stück« abgeraten hatte. Es wurde ein Riesenerfolg sowohl beim Publikum als auch bei der Presse. Ich erhielt dafür eine von meinen zwei Kainz-Medaillen. Einschränkend muß ich bemerken, daß die einhellige Zustimmung die Schauspieler betraf, nicht aber das Stück.

Ich war neugierig, wie es in Wien ankommen würde. Ein Bekannter fragte mich, ob er hineingehen müsse, denn »es soll ja so unerfreulich sein«. Er wollte mich in dieser Rolle eigentlich nicht sehen, er würde mich lieber nach dem Theater treffen.

In Berlin war *Virginia Woolf* am Schloßpark-Theater mit Maria Becker und Erich Schellow ein Zugstück. Ich halte es nach wie vor für ein interessantes Werk mit herrlichen Rollen. Ein ganz versoffenes, hysterisches Weibsstück zu spielen, machte mir diebisches Vergnügen. In der Wiener »Kurier«-Kritik von Paul Blaha hieß es zu unserer Aufführung:

> … Zwei wütende Wracks, die voneinander nicht mehr lassen können: George und Martha. Etliche Wirkung ist dieser Exhibition zweier Masochisten nicht abzusprechen. Nicht spannunglos und passagenweise gut gebaut appelliert ein cleveres Erzeugnis an die Sensationslust.

»Kurier«-Karikatur von Schenker Langer zur Premiere »Wer hat Angst vor Virginia Woolf?« im Theater in der Josefstadt, 1964: »Alle fürchten sich vor Virginia Woolf.«

Hans Holt kämpft gegen seine Fehlbesetzung. Und macht es großartig. Hilde Krahl bringt mit imposantem Einsatz und erheblichen Mitteln alle weibliche Hysterie, alle vulgäre Wut, alle Selbstentäußerung dieser Welt zur Geltung. Der Kummer übertönt die Bosheit.
Das Publikum war alles in allem hart im Nehmen. Es wollte Virginia Woolf nicht fürchten. Großer Applaus für Schauspieler und Regisseur Imo Moszkowicz.

Friedrich Torberg hingegen meinte:

Diese Aufführung ist die beste der bisherigen Wiener Spielzeit und würde breiteste Wirkung verdienen. Sie öffnet nur gegen Schluß, mit Hilde Krahls monologischem Hinabtauchen in ein erschütterndes Selbstverständnis und mit Hans Holts beinahe physisch spürbarer Aushöhlung, eine Hoffnungsritze in die Hoffnungslosigkeit: man gewöhnt sich an alles, auch daran, daß man sich an alles gewöhnt.

Unter Hans Jarays Regie spielte ich unmittelbar nach *Virginia Woolf* Georg Kaisers *Kolportage* mit Gretl Schörg als Partnerin und Gegenspielerin. Die Aufführung war Jaray, wie er singt und lacht.

Wolfgang inszenierte zu dieser Zeit am Burgtheater Molières *Geizigen*, während ich in der Josefstadt probte. Im Sommer sollte er in Bregenz auf dem See inszenieren. Despektierlich meinte ich: »Er läßt auf dem See Schifferl fahren, statt Eisenbahn zu spielen. Das muß ich mir anschauen, was das Kind im Manne da zusammenbringt.«

Im Herbst gingen wir mit Giraudoux' *Sodom und Gomorrha* auf Tournee. Wolfgang führte Regie. Der Wiener Maler Hubert Aratym hatte das eindrucksvolle Bühnenbild und die Kostüme geschaffen. Und einer meiner Partner war wieder einmal Walther Reyer.

Was das Fernsehen betrifft, so habe ich seit *Schwester Bonaventura*, 1958, einige sehr attraktive Rollen, zum Teil in Adaptionen von Bühnenaufführungen, innerhalb eines Jahrzehnts für dieses mittlerweile absolut dominierende Medium gespielt: Dazu gehörten die Anna Kopecka in *Schweyk im Zweiten Weltkrieg* von Brecht, die Marquise von Pommeraye in *Die Marquise von Arcis* von Sternheim, die Sekretärin in *Belagerungszustand* von Camus, die Hekuba in den *Troerinnen des Euripides* in einer Fassung von Sartre, die Fanny Goldhörndl in *Vanillikipferln* von Lotte Ingrisch unter Wolfgangs Regie und die Gladys Putney in *Liebe gegen Paragraphen* in der Regie von Imo Moszkowicz.

Im Fernsehgeschäft kommt man gelegentlich zu durchaus

Sodom und Gomorrha

Schauspiel in zwei Akten von Jean Giraudoux
Deutsch von W. M. Treichlinger und Gerda von Uslar

Inszenierung: Wolfgang Liebeneiner
Regieassistenz: Dieter Giesing
Bühnenbild und Kostüme: Hubert Aratym

Der Gärtner	Hans Herrmann-Schaufuß
Der Erzengel	Frank Dietrich
Ruth	Eva Christian
Lia	Hilde Krahl
Der Engel	Heinz Ehrenfreund
Jean	Walther Reyer
Jacques	Franz Matter
Athalie	Edeltraud Ebner
Martha	Eva Marguerre
Dalila	Grete Heger
Samson	Wolfgang Danegger

Spieldauer etwa 2¼ Stunden
Pause nach dem ersten Akt

Technische Leitung: Ernst Käufeler

Die Kostüme wurden in der Boutique Edith Berger, Wien 21, Brünnerstrasse 121, angefertigt.

Die Bühnenbilder wurden in den Werkstätten Max Eberhard, Bühnenbau, Weesen (Schweiz), hergestellt.

Besetzungszettel der Tourneeproduktion der Bühne 64, Zürich, von »Sodom und Gomorrha«. Premiere am 1. September 1964 in der Freien Volksbühne Berlin

skurrilen Ehren. So hat eine TV-Illustrierte regelmäßig den »Star der Woche« vom Publikum bewerten lassen. Ich glaube, das war die Geburt der Quotenjäger. Denn man bekam Punkte zugesprochen, die das Jahr über zusammengezählt wurden, bis man schließlich den »Goldenen Bildschirm« erringen konnte.

So passierte es mir, daß ich dank der Ausstrahlung des Films *Herz der Welt* zum Star der Woche gekürt wurde – noch vor Heidi Kabel und Mireille Mathieu! Bei den Männern war der Star der Woche Freddy Quinn vor Dieter Borsche und Mathias Wieman!

Für das WDR-Fernsehen machte ich 1962 einen mir noch heute sehr wichtigen Film: *Der Schlaf der Gerechten*, ein Fernsehspiel von Oliver Storz nach einer Novelle von Albrecht Goes. Ausnahmsweise waren sich hier auch sämtliche Rezensenten, quer durch alle politischen Lager, einig, daß Rolf Hädrich einen hervorragenden und aufrüttelnden Film gestaltet hatte.

Ich hatte eine Metzgersfrau zu spielen, die im Jahr 1942 von der NS-Kreisleitung angewiesen wird, nach Ladenschluß den jüdischen Mitbürgern ihre Elendsrationen auszuteilen. Aus der lebenslustigen, zupackenden Geschäftsfrau wird in kurzer Zeit ein gehetztes Nervenbündel, zerrissen von Scham über das, was ihre eigenen Landsleute unschuldigen Menschen zufügen, erschüttert vom Grauen über das, was die Juden schließlich nach dem Transport in den Osten erwartet, getrieben vom Wunsch zu helfen und gepeinigt von der Angst um sich, um ihren Mann, den Fronturlauber und Parteigenossen, der nichts hören, nichts sehen und nichts sagen will zu dem, was seine Frau bewegt. Schließlich mißlingt der Versuch, einem Verfolgten zur Flucht zu verhelfen. Die

Bemühungen der um ihre Posten bangenden Parteibonzen, den Skandal zu vertuschen, mißlingen, und die Frau geht dem Schicksal entgegen, das im Dritten Reich Zehntausende erlebten. Die Deportationen nehmen ihren Lauf. Aber ein Stück Menschlichkeit ist sichtbar geworden.
Heinz Hilperts Ausspruch, daß ein Film nur so gut sein könne wie das Drehbuch, das ihm zugrunde liegt, wurde hier bestätigt. *Der Schlaf der Gerechten* war sicher die beste Arbeit, die ich für das Fernsehen gemacht habe.
Eine Traumrolle hatte ich in der Fernseh-Adaption von Tschechows *Möwe*: Ich spielte die egozentrische und ehrgeizige Schauspielerin Arkadina, die den Dichter Trigorin liebt. Willy Birgel spielte den kranken Ssorin und Christine Ostermayer die junge Nina, die so gerne Schauspielerin werden möchte. Nicole Heesters war die Mascha und Johannes Schaaf der Lehrer. Den Trigorin spielte Werner Dahms.
Tschechow ist für die Russen das, was für die Österreicher Arthur Schnitzler ist. Er schildert Melancholie und Langeweile der Gesellschaft in einer untergehenden Monarchie. Und er hat herrliche Rollen für Schauspieler geschrieben.

Zwischen Weitblick und Fernsehen

Geschichten zwischen Jupiterlampen
und Rampenlicht
1967 bis 1977

Ich war fünfzig geworden und spielte an der Kleinen Komödie in München in Noel Cowards *Duett im Zwielicht* eine verrückte Engländerin von sechzig, die ihren ganzen Ehrgeiz daransetzt wie dreißig auszusehen und die ihren siebzigjährigen, sehr distinguierten Jugendfreund damit schockiert, daß sie ihm beim Kaviar mitteilt, ihr Gebiß sei künstlich und ihr Gesicht bereits dreimal geliftet. Diesmal hatte ich eine weißblonde Ponyfrisur.

Wenn man Elektra, Lady Macbeth und Elisabeth von England verkörpert – ein Kritiker hatte geschrieben, ich sei »eine Charakterheldin für Triebkonflikte, Weibsteufeleien und sonstiges Verhängnis« –, macht es manchmal riesigen Spaß, zwischendurch eine komische Salondame zu spielen. Denn schon für die nächste Rolle mußte ich mich wieder in Lumpen hüllen – in die Lumpen der Brechtschen Mutter Courage, die ich von Juni bis August 1967 bei den Bad Hersfelder Festspielen verkörperte. Man fragte mich allen Ernstes, ob ich nicht zu jung für die Rolle sei, weil doch Therese Giehse und Brecht-Witwe Helene Weigel diese Rolle vor mir gespielt hatten. Nun bin ich der Meinung, man sollte lieber früh alte als zu spät junge Rollen spielen. Ich habe mich nie gescheut, auf der Bühne alt und häßlich zu sein.

Mein sogenanntes schauspielerisches Geheimnis besteht darin, daß ich immer meine Rollen sehr gründlich, geradezu pedantisch lerne. Ich bin während meiner zahlreichen Bühnenjahre nie im Text hängengeblieben. Und ich versuchte immer, nicht in Routine zu erstarren, nicht zu viele gleichartige Rollen hintereinander anzunehmen und mir keine »Masche« zu erlauben.
Die Schwierigkeit in diesem Beruf ist eigentlich nicht so sehr, nach oben zu kommen, sondern oben zu bleiben.
Als ich in München Komödie spielte, hatte ich mit dem Burgtheater-Direktor Gerhard Klingenberg einen Vertrag abgeschlossen, jährlich sechs Monate an diesem Haus zu arbeiten. Einer der Hauptgründe für diesen Vertrag war auch, daß ich in Wien zu Hause bin und zu dieser Zeit meine Eltern das Haus in Dornbach hüteten, ein wunderschönes altes Haus aus der Zeit der Jahrhundertwende. Ich war damals nie länger als zwei Monate pro Jahr dort, und das nicht einmal ununterbrochen. Ich wollte ein bißchen mehr Ruhe in mein Leben bringen, weil die menschlichen Beziehungen mindestens ebenso wichtig sind wie der Beruf. Es war die Zeit, als Karl Heinz Stroux meine Tochter Johanna, die sich schließlich doch entschlossen hatte, auch Schauspielerin zu werden, nach Düsseldorf an sein Schauspielhaus holte.

Im Dezember 1967 hatte ich als Elisabeth in *Maria Stuart* Premiere am Burgtheater in einer ausgezeichneten Besetzung: da war Aglaja Schmid als Maria, da war der junge Klausjürgen Wussow als Mortimer sowie Ewald Balser, Sebastian Fischer, Heinz Moog, Paul Hoffmann, Achim Benning, Erich Auer, Hilde Wagener. Regie führte Rudolf Steinboeck.
1969 war herausragend Shakespeares *Antonius und Cleo-*

BURGTHEATER

Freitag, den 17. Oktober 1969

Bei aufgehobenem Abonnement
Sehr beschränkter Kartenverkauf – Preise II

Neu einstudiert und in Szene gesetzt:

Antonius und Cleopatra

von Shakespeare
Deutsche Fassung: Gerhard Klingenberg
Musik: Peter Fischer

Antonius	Triumvirn	Walther Reyer
Octavius Cäsar	Triumvirn	Sebastian Fischer
Lepidus	Triumvirn	Manfred Inger
Enobarbus	Freunde des Antonius	Romuald Pekny
Eros	Freunde des Antonius	Willi Kowalj
Scarus	Freunde des Antonius	Karl Mittner
Silius, Offizier des Antonius		Helmut Janatsch
Maecenas	Freunde Cäsars	Otto Kerry
Agrippa	Freunde Cäsars	Rudolf Melichar
Proculejus	Freunde Cäsars	Wolfgang Gasser
Taurus	Freunde Cäsars	Peter Schratt
Sextus Pompejus		Heinrich Schweiger
Menecrates	Freunde des Pompejus	Tom Krinzinger
Menas	Freunde des Pompejus	Fritz Grieb
Alexas	Begleiter Cleopatras	Klaus Behrendt
Mardian	Begleiter Cleopatras	Johannes Schauer
Ein Wahrsager		Hanns Obonya
Ein Bote		Fritz Lehmann
Ein Bauer		Günther Haenel
Erster Diener		Peter Kreuziger
Zweiter Diener		Hans Brand
Erster Matrose		Viktor Braun
Zweiter Matrose		Curth A. Tichy
Erste Wache		Rudolf Paczak
Zweite Wache		Heinz Grohmann
Erster Soldat		Georg Filser
Zweiter Soldat		Walter Stumvoll
Dritter Soldat		Klaus Wilke
Cleopatra, Königin von Ägypten		Hilde Krahl
Octavia, Cäsars Schwester		Eva Zilcher
Charmian	Begleiterinnen Cleopatras	Paola Loew
Iras	Begleiterinnen Cleopatras	Sylvia Lukan

Bühne und Regie: Gerhard Klingenberg
Kostüme: Rudolf Heinrich
Technische Einrichtung: Sepp Nordegg

Bei dieser Vorstellung ist das Vorhangverbot für Hilde Krahl und Romuald Pekny aufgehoben

Eine Pause

Anfang 19.30 Uhr **Ende etwa 22.30 Uhr**

Preis des Programmheftes S 12,–

Besetzungszettel zur Premiere »Antonius und Cleopatra«, Burgtheater, 17. Oktober 1969

patra am Burgtheater in der Inszenzierung von Gerhard Klingenberg mit Walther Reyer als Antonius, Manfred Inger, Sebastian Fischer, Romuald Pekny, Eva Zilcher, Paola Loew und mit mir als berühmt-berüchtigte Königin vom Nil.

In Deutschland lief wieder der Film *Der Postmeister,* und auch das österreichische Fernsehen zeigte ihn. Da passierte es mir oft, daß jemand sagte: »Ich war einer Ihrer größten Verehrer!« Das ärgerte mich maßlos und ich fragte, warum man mich jetzt nicht verehrte. Ich arbeitete doch ununterbrochen. Dieses »Ich war« ist ein Perfektum, das keine Fortsetzung hat. Das ist, als ob man in den Papierkorb geschmissen würde. Journalisten riefen mich an und wollten mich über diese Zeit, als ich *Postmeister* machte, interviewen. Ob es schön war damals. Ich sagte dann immer, daß ich es vergessen habe. Es war eine schöne Arbeit, aber keine schöne Zeit. Außerdem lebe ich nicht in der Vergangenheit. Mich interessiert, was nächste Woche passiert. Man ging inzwischen auf dem Mond spazieren, und dann fragten die mich nach dem *Postmeister*!

Wenn man das ganze Jahr an ein Ensemble gebunden ist, wird man leicht ein Hausmöbel. Deshalb ging ich manchmal gern auf Tournee, machte immer neue Erfahrungen. Ausgelernt ist nie. Außer, daß ich mittlerweile wußte, was für einen schönen Beruf ich hatte. Und was für einen schweren. Es ist schon merkwürdig, daß man so lange dabei ist und noch immer nichts aus dem Handgelenk macht. Immer noch glaubt man, daß bei jeder Premiere die Welt neu erschaffen würde. Aber wahrscheinlich wäre es schrecklich, wenn es anders wäre. Für mich war der Idealzustand immer dann er-

reicht, wenn die Freude auf die Premiere ebenso groß war wie die Angst davor. Und man hat immer noch Lampenfieber. Das ist das Verflixte am Theater. Aber das Theater ist halt das A und O in unserem Beruf. Auch wenn man sich noch so sehr über eine gute Fernsehrolle freut.
Früher war ich nach vierzehn Tagen schon immer unruhig geworden, wenn ich nicht spielte. Aber nun konnte ich mir schon drei Monate ohne Arbeit vorstellen. Und so plante ich mit Wolfgang etwas, was wir uns schon lange vorgenommen hatten: eine Welt-Schiffsreise. Mexiko oder Indien. Anschließend hatte ich ohnehin schon wieder feste Verträge für die Josefstadt und fürs Burgtheater.

Im Frühherbst 1971 inszenierte Wolfgang am Akademietheater vier schwarzhumorige Einakter von Lotte Ingrisch unter dem zusammenfassenden Titel *Damenbekanntschaften* mit Josef Meinrad und mir in jeweils vier verschiedenen Rollen: »Vanillikipferl«, »Abend zu dritt«, »Donau so blau« und »Letzte Rose«. Nach dem Wiener Motto »Verheiratet ist noch nicht g'storben!« spielte ich eine mörderisch verschrobene alte Jungfrau, die kindisch-lebensgierige Gattin eines Gescheiterten, eine eiskalt-stahlharte Megäre in Krankenschwesterntracht und ein armes, unreifes Hascherl von heiratslüsterner Geschäftsfrau. Josef Meinrad setzte dem vier völlig verschiedene Typen aus dem Panoptikum unterjochter Männlichkeit entgegen, für den zweimal der Tod und zweimal die Heirat winkt. Als sich Lotte Ingrisch, die Ehefrau des Komponisten Gottfried von Einem, mit uns am Premierenabend verbeugte, sah sie aus wie eine Hausfrau aus dem Wiener Familienalbum, der man nicht böse sein darf, wenn ihr manchmal ein Löfferl Rattengift in den Häferlkaf-

fee rutscht. Caspar Einem, der Sohn des Komponisten und Stiefsohn Lotte Ingrischs, ist mittlerweile zum österreichischen Minister avanciert.
Ende 1971 inszenierte Achim Benning Wolfgang Hildesheimers *Mary Stuart* als »reiz«vollen Kontrast zur Schillerschen *Maria Stuart* mit Klausjürgen Wussow, Ida Krottendorf, Ulli Fessl und mir in der Titelrolle im Akademietheater. Der Reiz bestand im doppelten Sinn dieses Wortes, denn ebenso wie die Schauspieler allgemein gelobt wurden, hagelte es für das Stück und die Inszenierung einhellige Verrisse. Das Publikum war hingegen weniger gereizt – ebenfalls im Doppelsinn des Wortes. Die Vorstellungen waren zwar ausverkauft, aber es fanden nicht sehr viele statt.

Und dann ging ich mit Wolfgang endlich auf unsere dreimonatige Weltreise: von Mexiko durch die Südsee über Indonesien, Ceylon und Griechenland zurück nach Wien. Nur im Inneren Balis haben wir noch so etwas wie einen unberührten Fleck Erde gefunden, ansonsten wimmelte unser Globus von Touristen. Man hatte das Gefühl, daß die halbe Menschheit dauernd auf Reisen ist, um noch einen Zipfel dieser versinkenden alten Welt in die Erinnerung hineinzuretten. Und wo man hinkam: Jugend, die mit Schlafsäcken und ohne Geld durch die Welt streifte, keine Modesorgen kannte, keine Ansprüche stellte wie unsereins, nicht so verfressen war wie wir und kein teures Hotel brauchte – ich gebe jedem einzelnen dieser jungen Leute recht. Leider könnte ich das heute nicht mehr. Reisen war immer eine meiner Lieblingsbeschäftigungen – es rangiert gleich nach der Arbeit. Diese Weltreise waren drei der schönsten Monate meines Lebens!

Es berührte mich eigenartig, als ich 1997 in einem modernen Imax-Kino mit der vier Stockwerke hohen Leinwand ein Tanz-Zeremoniell aus Bali wiedersah, das ich mit Wolfgang auf Bali persönlich erlebt hatte.

Ich bin froh, daß ich meinen Beruf habe, denn das restlose, totale Eins-Sein mit einem anderen Menschen kann man zwar beschreiben, malen und noch in diese oder jene andere Kunstformn übersetzen – aber man kann es nicht leben oder erleben.
Immer wieder wurde mir die Frage gestellt, ob Künstlerehen gefährdeter seien als andere. Dabei unterliegt zum Beispiel ein Industriekaufmann mit drei reizenden Sekretärinnen im Vorzimmer mindestens ebenso vielen Versuchungen wie ein Regisseur. Wenn ich eine Liebesszene mit einem Bühnen- oder Filmpartner spiele, dann ist das für das Publikum. Zwei Stunden später bin ich wieder ich selbst.
Und was die häufigen berufsbedingten Trennungen angeht, die natürlich auch Wolfgang und mich betrafen, so halte ich es für schwieriger, eine gute Ehe zu führen, wenn man Tag für Tag den Alltag miteinander verbringen muß.
Für uns als Theaterfamilie gab es eine Art roten Faden: Das waren unsere Premieren, die wir gegenseitig stets besuchten.
Das Wichtigste ist immer wieder, miteinander lachen zu können. Auch über die eigenen Schwächen. Zu meinen typischen Schwächen gehört auch heute noch eine geradezu körperliche Abneigung gegen Telefone. Außerdem hasse ich es, Koffer zu packen. Aber gerade das und telefonieren mußte ich pausenlos.
Eine Schwäche von mir ist auch meine Vorliebe für Qualität – Qualität von Stoffen, Möbeln, Schmuck, Parfums ...

Ich habe eine panische Angst vor der Finsternis. Vor der völligen Finsternis. Wenn nur ein bißchen Licht da ist, macht es nichts. Aber als einmal im Atelier ein Stromausfall war, begann ich zu schreien. Dabei waren über fünfzig Leute da! Und man konnte mich erst beruhigen, als das Licht wieder aufflammte. Diese und meine zweite Phobie sind deshalb seltsam, weil ich sonst nicht zu irrealen Reaktionen neige und ein, wie sagt man so schön: vernünftiger Mensch bin. Aber als wir durch Ägypten fuhren, mein Mann und ich, sah ich vom Zugfenster aus die riesigen Nilkrokodile in der Sonne liegen, unbeweglich, wie aus Stein gemeißelt. Und da wurde mir plötzlich klar, daß ich mich vor dem Anblick dieser Krokodile viel weniger fürchtete als vor dem Anblick einer Maus. Das ist meine zweite Phobie. Wolfgang versuchte immer, mir völlig logisch klarzumachen, daß diese winzige Maus mir weder etwas anhaben könne noch wolle, weil sie sich vor mir mit viel mehr Grund viel mehr fürchtete. Nachdem ich mich mit dieser Mäuse-Phobie ja in zahlreicher guter – vor allem weiblicher – Gesellschaft weiß, muß es wohl einen rein irrealen Grund dafür geben. Das Wort »Ratte« darf man in meiner Anwesenheit gar nicht erwähnen – da bekomme ich Panikzustände, obwohl ich mit den Nagern nie ein negatives Erlebnis hatte. Allerdings auch kein positives.
In manchen Dingen bin ich sehr altmodisch: Ich kann nicht mit Paßverlängerungen, Visa, Terminkalendern, Steuererklärungen und ähnlichem umgehen. Und ich bringe es noch immer nicht fertig, ein Lokal kühl und gelassen ohne männliche Begleitung zu betreten. Über diese Ticks amüsiert sich meine Familie genauso wie ich.
Ich habe immer die Gleichberechtigungsbestrebungen der

Frauen merkwürdig gefunden. Gibt es etwas Schöneres, als sich gelegentlich ein bißchen verwöhnen oder stützen zu lassen? Ich weiß nicht, was Großartiges daran sein soll, wenn Frauen beweisen, daß sie ebensogut einen Traktor fahren können wie Männer.

1972 spielte ich in der Josefstadt von den Boulevard-Autoren Pierre Barillet und Jean-Pierre Grédy die Komödie *Vier Zimmer mit Garten*, in der ich – wie bei den Ingrisch-Einaktern im Akademietheater – vier verschiedene Frauen darstellte. Peter Loos inszenierte das Stück, das in Paris sechshundertmal gespielt worden war. Während der Proben fragte ich Peter Loos einmal, wie ich denn von der einen Spielposition aus in die andere gelangen sollte.
Mein Partner Karl Schönböck grinste von einem Ohr zum anderen und sagte sanft: »Ein Regisseur soll einmal bei derselben Frage zu Rudolf Forster gesagt haben: Zu Fuß, Herr Forster, zu Fuß!«
Das konnte ich so nicht im Raum stehenlassen, wie man auf neudeutsch sagt und erzählte sofort meine Anekdote mit Marianne Hoppe, die ich einmal während einer Vorstellung gefragt hatte, warum sie die Hand so merkwürdig über den Kopf hielte. Sie flüsterte mir zu: »Ich weiß nicht, wie ich sie herunterbekomme!«

Wenn man im Fernsehen eine *Liebe Familie* in Serie sieht, gibt es zwei Möglichkeiten: Entweder es ist eine Allerweltsfamilie, mit der man sich identifizieren kann oder möchte, oder es ist eine völlig abstruse anarchische Familie wie die Addams Family. Trotzdem kann man nicht umhin, Vergleiche mit der eigenen Familie zu ziehen.

Ich war mit meiner Familie sehr glücklich: Meine Mutter führte den Haushalt und meinen Vater – sie war ein wirkliches Familienoberhaupt. Wolfgang und ich kamen ihretwegen immer von unseren zahlreichen beruflichen Verpflichtungen gern zurück nach Hause, denn es war unser Zuhause. Die Mücke liebte ihre Großmutter heiß und empfand bei ihr die für ein Kind notwendige Nestwärme und Liebe. Insofern waren wir nicht unbedingt eine liebe Familie, aber eine Familie, die sich liebte.

Und hier möchte ich noch ein paar Worte über die Liebe verlieren – über die Liebe, wie sie mir in meinem Leben begegnet ist.

Die Liebe zu meiner Mutter bestand darin, daß wir ganz verschieden voneinander waren, aber daß jede von uns wußte, was die andere war. Wenn ich in der Klemme steckte, fragte ich mich immer, was meine Mutter wohl jetzt an meiner Stelle getan hätte. Sie kannte meine Stärken und meine Schwächen und war nicht bereit, über meine Fehler liebevoll hinwegzusehen. Sie machte mich unmißverständlich darauf aufmerksam. Aber sie legte mir nie etwas in den Weg – in den Lebensweg.

Meine Liebe zu Heinz Hilpert war ganz anderer Art: Er war mein künstlerischer Vater, er glaubte an mich, und ich tat bedingungslos, was er mir sagte – zumindest auf der Bühne. Heinz Hilpert war ein Theatermann, wie es ihn heute nicht mehr gibt: Er hatte nicht nur ein großes Herz, er war rauh und unsentimental und er war ein Profi. Individualist, der er war, schaffte es Hilpert sowohl in Wien in der Josefstadt als auch am Deutschen Theater in Berlin, während der Nazi-Zeit kein einziges Propagandastück aufzuführen. Heinz Hilpert war ein Freund!

5 Als Henriette Treffz mit Bernhard Wicki in
em Johann-Strauß-Film »Ewiger Walzer« ...

6 ... und als »Hochstaplerin der Liebe« in dem
eichnamigen Film, beide 1954

Dankbare Rollen bot das Stück »Anastasia«
n Marcelle Maurette, in dessen Titelrolle ich
54 mit Helene Thimig als Zarinmutter auf der
ihne des Theaters in der Josefstadt stand.

58/59 Meine erste Theater-Tournee machte ich 1955/56 mit »Oberst Chabert« nach Balzac von Hans José Rehfisch. Probenfoto mit Harald Juhnke und Charles Regnier. - Rechts: Mit O.W. Fischer in dem Robert-Siodmak-Film »Mein Vater, der Schauspieler«, 1956

60 Eine Traumrolle bot mir »Die Kameliendame« von Alexander Dumas fils im Theater in der Josefstadt, 1956. Mein Geliebter Armand war Helmuth Lohner.

61 Noch einmal »Der Weibsteufel«, diesmal auf der Bühne im Theater in der Josefstadt, 1957. Meine Partner: Leopold Rudolf und Walther Reyer

62 In der Titelrolle von Schillers »Jungfrau von Orleans«, Bad Hersfelder Festspiele, 1957

63 Hugo von Hofmannsthals »Jedermann« bei den Europäischen Wochen in Passau, 1958: Als Buhlschaft neben Gustav Fröhlich in der Titelrolle

66 Oben: Das Berliner Schil-
Theater verpflichtete mich 1959
Deinaneira für die Uraufführ-
g von Ezra Pounds »Die Frauen
Trachis« nach Sophokles. Die
me spielte Elsa Wagner. - Oben
hts: Mit Hans Rüdgers in »Der
nmer der 17. Puppe« des
traliers Ray Lawler ...

egenüberliegende Seite
Am Deutschen Schauspielhaus
amburg spielte ich 1958,
en Elisabeth Flickenschildt in
Titelrolle, die Elektra in
hart Hauptmanns Tragödie
igenie in Delphi«.

... und mit Otto Woegerer in
cbeth« von Shakespeare, beide
am Wiener Volkstheater

68 Meine Antrittsrolle am Wiener Burgtheater war am 3. Oktober 1959 die Gräfin Terzky in Schillers »Wallenstein«-Trilogie. Szene mit Walther Reyer als Max Piccolomini

69 Als Lady Churchill mit Gustaf Gründgens in der Rolle des Lord Bolingbroke in dem Helmut Käutner-Film »Das Glas Wasser«, 1960, nach der Komödie von Eugène Scribe

'0/71 Links: An die »Libussa« von Franz Grillparzer des Volkstheaters zu den Wiener Festwochen '961 habe ich nur gute Erinnerungen. Mein Partner war Wilhelm Borchert als Primislaus. - Rechts: ˌls Alice in meinem ersten »Totentanz« von August Strindberg, Theater in der Josefstadt, 1961
'2 Mit Michael Lenz als Marchbanks in der Titelrolle von George Bernard Shaws »Candida«, ˌleine Komödie im Bayerischen Hof, München 1962

73 Diesen Fernsehfilm von Oliver Storz und Rolf Hädrich mit einem Stoff aus dem Dritten Reich halte ich für meinen besten und aussagestärksten: In »Der Schlaf der Gerechten«, 1962

74/75 Links: Als Sekretärin in Fritz Umgelters Fernsehadaption von Albert Camus' »Belagerungszustand«, 1963 - Rechts: Für die Martha in Edward Albees »Wer hat Angst vor Virginia Woolf?« am Theater in der Josefstadt, 1964, wurde mir meine erste Kainz-Medaille verliehen.

Als fertige (fertige?) Schauspielerin war es Heinz Hilpert, von dem ich alles lernte, was man als Schauspielerin handwerklich braucht. Einer der größten Irrtümer von jungen Leuten, die zum Theater wollen, ist nämlich, daß Talent erlernbar ist. Das einzige Erlernbare ist das Handwerkliche des Berufes. Das Talent muß man schon selbst mitbringen. Oder wie es Max Reinhardt einmal ausdrückte: Was den guten Schauspieler ausmacht, sind zu zehn Prozent Talent und zu neunzig Prozent harte Arbeit.

Die Liebe zu meinem Mann währte dreiundvierzig Jahre lang. Und ich glaube, sie ist immer noch da.

Was die Politik betrifft, wurde ich erst durch meinen Mann Wolfgang wirklich damit vertraut gemacht.

Ich habe mir sagen lassen, daß man heute als Schauspielerin mit Baby das Kind mitnimmt zur Dreharbeit auf den Set. Das wäre für mich undenkbar gewesen. Vielleicht war ich deshalb keine besonders gute Mutter. Aber ich halte es für unmöglich, sich gleichzeitig auf ein Kind und eine so diffizile Arbeit wie das Schauspiel zu konzentrieren. Es war für mich eine Selbstverständlichkeit, in meinem Beruf meine volle Kraft einzusetzen. Eine Löwin, die während der Jagd an etwas anderes denkt, wird verhungern, weil ihr jede Beute entkommt. Eine Schauspielerin, die während der Probenarbeit ständig an ihre Familie denkt, wird bestenfalls als Nebendarstellerin eingesetzt werden. Denn der unsensibelste Zuschauer spürt es, wenn die Konzentration mangelhaft ist.

Meine Tochter Johanna ist auch Schauspielerin geworden, und unsere Beziehung war nicht immer reibungslos. Ein Kind hat kein Verständnis dafür, daß man am Abend zu einer Vorstellung wegmuß. Oder daß man wegen einer Filmdreharbeit mehrere Wochen abwesend ist. Als meine Toch-

ter selbst den Beruf ergriff – oder von ihm ergriffen wurde –, verstand sie mich besser, und wir waren Kolleginnen und Freundinnen. Aber sie empfand es immer als verletzend, wenn am Bühnentürl eine Autogrammjägerin zu ihr sagte: »Fräulein Liebeneiner, sagen Sie doch bitte Ihrer Mutter, daß ich eine begeisterte Verehrerin von ihr bin!«
Dann kam 1978 mein Enkel Friedemann zur Welt, der noch während seiner Schulzeit in einer Fernsehserie eine Kinderrolle spielte. Als er dann in einem »Tatort« mitwirkte, hörte ich mit nicht geringem Staunen, daß er schon mehrere Angebote von Filmfirmen erhalten hatte und seine Antwort diese war: »Ist es eine Hauptrolle? – Nein? – Dann tut es mir leid, ablehnen zu müssen. Ich gehe noch zur Schule, und mein Schulerfolg ist mir wichtiger als eine nebensächliche Rolle.«
Das hat mir sehr von meinem Enkel gefallen.

Das Jahr 1974 bescherte mir zwei Aufgaben, wie sie unterschiedlicher nicht sein könnten: im Burgtheater *Mutter Courage und ihre Kinder* und im Akademietheater *Seeskapade* von Edward Albee.
Erfreulicherweise sagte man mir bei der Mutter Courage, die ich ja schon in Bad Hersfeld gespielt hatte, nach, daß ich mich nicht von der Weigel oder von der Lenya oder von der Giehse hätte beeinflussen lassen. Weil ich mehr die fröhliche, lebensbejahende Kraft mitbringe: Ein Mensch voller Energie verbündet sich mit dem Krieg, will durch ihn sein Glück machen und muß dann alle drei Kinder und den Gewinn hergeben.
Weil ich kurz vorher in Otto Schenks Fernseh-Inszenierung von Molnárs *Liliom* die Frau Muskat gespielt hatte, fragte

man mich, ob es denn nicht möglich wäre, die *Mutter Courage* fürs Fernsehen aufzuzeichnen. Aber Helene Weigel hätte so etwas nie genehmigt.
In Albees *Seeskapade* spielte ich mit Peter Lühr, während Lotte Ledl und Sebastian Fischer zwei fröhliche Echsen darstellten, aus denen sich der Mensch angeblich entwickelt hat. Die Kritik reagierte darauf mit Überschriften wie »Evolution im Aquarium«, »Albees Mutation zu Bernard Shaw«, »Nur Gähnen mit Eidechsen« und ähnlichem.

Im Jahr darauf habe ich meine fröhliche, lebensbejahende Kraft fast verloren – als meine geliebte Mutter am 30. September 1975 plötzlich an Krebs starb. Sie stand in ihrem achtzigsten Lebensjahr.
Und kurz danach passierte es das erstemal, daß ich wirklich böse war auf meinen Vater. Wir sprachen beim Essen von der Mutter, und er sagte plötzlich: »An was ist sie denn eigentlich gestorben?«
Ich war über diese Frage schockiert, weil sie so klang, als würde er sich über einen fremden Menschen erkundigen. Und ich wußte in diesem Augenblick nicht, ob es altersbedingte Gedächtnisschwäche oder Gleichgültigkeit war. Ich habe das Besteck hingeworfen und ihn tagelang nicht angeschaut.
»Warum ist sie denn jetzt bös?« fragte er die Haushälterin verständnislos.
Der Schmerz ist für jeden Menschen begrenzt. Wäre ich mit meinem Vater so gestanden wie mit meiner Mutter – wie hätte ich das überleben können?

Das Burgtheater feierte 1976 sein Zweihundertjahr-Jubiläum, und in der *Orestie* des Aischylos waren die Damen des

Burgtheaters noch einmal fast vollzählig versammelt: Judith Holzmeister, Elisabeth Orth, Alma Seidler, Sigrid Marquardt, Annemarie Düringer, Inge Brücklmeier. Ich war die Chorführerin und Anführerin der Eumeniden.
In der Josefstadt spielte ich in diesem Jahr *Begegnung im Herbst* von und mit Axel von Ambesser und auch in seiner Regie. Er nannte das Stück eine »ernste Komödie«, und es war ein großer Publikumserfolg bei lauwarmen Kritiken.
Ich bezeichnete meine Einstellung zum progressiven Theater als »fröhliche Skepsis«. Mir erschien das Theater als Erziehungsstätte der Menschheit von jeher überfordert. Es gibt in zweitausend Jahren Weltliteratur so viele gute Dramatiker und doch immer noch hautschlechte Leut'.
Die Verzauberung des Theaters entfaltet sich um so größer innerhalb seiner Grenzen: Eine gute Brecht-Aufführung verwandelt einen Theaterabend lang die konservativsten Kapitalisten in überzeugte Sozialrevolutionäre, ein menschlich erschütternder Shylock macht einen Abend lang den unentwegtesten Altnazi zum Philosemiten. Nur hält das nach dem Schlußvorhang nicht lange an.
Theater muß aus schlichtem Selbsterhaltungstrieb progressiv sein, auch auf das Risiko hin, sich gelegentlich in Sackgassen zu verirren. Nur enthebt das die Autoren nicht der Verpflichtung, auch für gute Rollen zu sorgen – Fleisch und Blut aller künstlichen Bühnengeschöpfe.
Es ist ein nicht mehr unterdrückbares Recht der Jugend, mehr Toleranz zu fordern, solange sie sie nicht nur fordert, sondern bereit ist, sie zu üben. Man hat es auch auf dem Theater der Jugend schwerer gemacht, und zwar durch den Abbau jener Autorität, die Vertrauen einflößt, dem Werdenden einen Weg weist. Heute merkt der junge Mensch oft

genug den erzkonservativen Wolf im Toleranzpelz und reagiert aggressiv.
Was das Burgtheater betrifft, so dürfte wohl trotz aller berechtigten Kritik niemand den Mut aufbringen, die hier aufgehäufte künstlerische Substanz mutwillig zu verschleudern. Damals wußte ich noch nichts von Claus Peymann!
Und während ich dauernd auf der Bühne stand oder im Fernseh-Atelier, fand um mich herum – von mir fast unbemerkt – Weltbewegendes statt, und es ereigneten sich kleinere Geschichten nach dem Motto: Wie sich der kleine Moritz die Weltgeschichte vorstellt, genauso ist sie!
Kennedy und Chruschtschow trafen einander in Wien. Wiens letzte Gaslaterne erlosch, wobei mir wieder der seltsame Zufall durch den Kopf ging, daß gleichzeitig mit Erfindung der Glühbirne die Schlaftablette entwickelt wurde.
Die Achtundsechziger Aufläufe in allen europäischen Städten zeigten eine besonders eigenwillige Revolution: Die jungen Leute wußten zwar genau, was sie nicht wollten, aber das, was sie wollten, erschöpfte sich – zumindest in Deutschland – in dem schönen Spruch: »Wer zweimal mit derselben pennt, gehört schon zum Establishment.«
Und der Vietnam-Krieg tobte, während in der Tschechoslowakei der »Prager Frühling« von den »brüderlichen« Panzern niedergewalzt wurde. – Herbert von Karajan war Staatsoperndirektor. – *Der Herr Karl* von Carl Merz und Helmut Qualtinger wurde aufgeführt und erregte die Gemüter.
Damals erzählte mir Friedrich Torberg einen bitteren Witz: Ein Russe und ein Tscheche finden einen Sack voll Geld. Der Russe schlägt vor: »Teilen wir brüderlich.«
Darauf der Tscheche nach kurzem Nachdenken: »Nein! Lieber fifty-fifty!«

Der Boden der Tatsachen ist der Friedhof der Träume

Die Geschichte verschiedener Phänomene
1977 bis 1987

Ich war sechzig und spielte mit Hans Christian Blech und Wolfgang Gasser Strindbergs *Totentanz* im Akademietheater. Ein Stück, das ich schon 1961 im Theater in der Josefstadt gespielt hatte.

Das war nun über sechzehn Jahre her, und es fiel mir die kompakte Kritik Friedrich Torbergs von damals in die Hände, die sich fast ausschließlich mit dem Stück beschäftigt und dessen Kontext zum sogenannten modernen Theater. Die Qualität dieser Rezension zeigte sich allein schon darin, daß sie auf Punkt und Komma übertragbar war auf 1977 und nach wie vor dieselbe Gültigkeit besaß wie 1961:

> Ein rundes Turmgemach auf einer Insel, in das nur fernher und in hämischen Fetzen die Musik der Außenwelt dringt. Drinnen, im abgekapselten Raum, leben zwei Menschen, Mann und Frau, seit fünfundzwanzig Jahren trostlos aneinander gekettet. Was etwa an Drittem hier einzudringen versucht, wird ausgesondert und abgestoßen von der grauenhaft in sich verklammerten Lügenhaftigkeit dieses Scheindaseins, das mit dem Festland nur noch durch einen Telegraphenticker Kontakt hat. Es ist die äußerste, die kälteste Vereinsamung ... Merken Sie was, Herr Beckett? Es handelt sich hier nämlich nicht um das

Endspiel eines in Frage gestellten Theaters und nicht um *Wir sind, wie wir waren* oder um sonst ein avantgardistisch erobertes Neuland. Strindbergs *Totentanz* ist gesunde sechzig Jahre alt. Aber die hervorragende Aufführung am Theater in der Josefstadt – von Walter Henn inszeniert, mit Hilde Krahl und Walter Franck in den beiden Hauptrollen – bestätigte aufs neue unsern alten Verdacht, daß Großpapa in ein paar Nebensätzen fallen ließ, womit die Enkelkinder heute ein abendfüllendes Aufheben machen.

Die Rolle war wieder enorm anstrengend, so daß ich, wenn ich abends Vorstellung hatte, am Nachmittag schlief. Nach der Vorstellung war ich dann natürlich hellwach und konnte nur schwer einschlafen. Dann trödelte ich herum oder las etwas. So vergingen viele Stunden der Nacht mit Denken, mit Reflexionen. Am Tag bei der Gartenarbeit – Unkrautjäten, Rosenschneiden, Laub zusammenrechen – wälzte ich Probleme. Persönliche und berufliche. Oft war ich mit meinen Gedanken bei Wolfgang, der zu dieser Zeit in Deutschland fast ununterbrochen fürs Fernsehen arbeitete. Oder bei der Mücke, die mit einer Theatertruppe durch Westdeutschland tingelte.

Den vergangenen Sommer – 1976 – war ich mit Wolfgang in Brod an der Save gewesen. Ich wollte ihm zeigen, wo und wie ich meine Jugend verbracht habe. Aber auch dort hatte sich alles verändert. Wir fanden das Haus meiner Großeltern nicht mehr. Und das Banat-Schwäbisch hörte man nirgendwo. Dort, wo Gänse, Enten und Schweine auf der Straße herumgelaufen waren, sah man Soldaten der jugoslawischen Armee.

Dieses Jahrzehnt hatte für mich einiges in Vorbereitung, das

mich kräftig erschüttern sollte. Und es war manches dabei, das ich zum erstenmal in meinem Leben machen sollte.
Ein Geschenk für mich als Schauspielerin war zu meinem Sechzigsten die Geschichte von einem Mädchen, das erzählte: »Ich erinnere mich nicht mehr, wie der Film hieß. Die Krahl spielte eine kränkelnde Frau, der stets kalt war. Als ich nachher auf die Straße trat, fröstelte mich und ich wollte den Mantelkragen hochschlagen. Aber ich hatte keinen Mantel an. Es war heißer Sommer!«

Nicht zu gewinnen war ich für die ausbrechenden Frauenemanzipations-Bestrebungen. Nicht daß ich mich damit nicht zum Teil hätte identifizieren können, aber die Repräsentantinnen der Emanzipation hatten so etwas Humorloses, Fanatisches an sich, daß ich mich entweder ärgerte oder lachen mußte. Mir persönlich fehlen leider zum Aufklären die pädagogischen Fähigkeiten. Und für mich selbst war das nie ein Problem. Ich hätte mir nie etwas von einem Mann gefallen lassen.
Über Hausarbeit muß man doch gar nicht lange reden. Jeder macht halt, was er kann. Mein Mann konnte fabelhaft Knöpfe annähen – also nähte er die Knöpfe an. Ich konnte nie kochen – meine Mutter hat mich da viel zu sehr verwöhnt. Unter Fluchen und Schwitzen habe ich einmal einen Pudding gemacht – aus dem Sackerl, etwas, das jeder Idiot kann. Aber als der Pudding Wolfgang dann schmeckte, hatte ich ein Gefühl wie nach einer gelungenen Premiere.
Ich habe mich mein Leben lang fürchterlich aufgeregt wegen schlechter Kritiken. Mit Sechzig begann ich die Dinge anders zu sehen und zu werten. Eine Theateraufführung ist schließlich nicht der Nabel der Welt und hebt sie nicht aus

den Angeln, wenn einmal etwas schiefgeht. Da braucht es nur am nächsten Tag eine Meldung über eine der gewaltigen Naturkatastrophen, und schon verliert alles andere so an Bedeutung, daß man sich direkt geniert für seine kleinen Sorgen.
Man altert leider nicht kontinuierlich. Sie kommen plötzlich, diese erschreckenden Veränderungen. Hundertmal hat man das in Gedanken schon durchgespielt: Abschiednehmen. Doch wenn die Stunde näher rückt, ist man ohne Text ...
Mein inneres Gleichgewicht besteht dann, wenn Angst und Freude sich die Waage halten.

Im September 1979 erarbeitete ich mit meinen jungenKollegen Klaus Höring und Georg Schuchter eine Rolle, von der viele Burgtheater-Kollegen sagten, daß ich die nicht spielen werde: die Mutter in Peter Handkes *Wunschloses Unglück*. Es war Burgtheaterdirektor Achim Bennings erstes Experiment auf dem Lusterboden des Burgtheaters, dem neuen, dritten Spielort des Hauses. Ein Einpersonen-Stück. Und es war an die hundert Mal ausverkauft!

Franz Stoß, der langjährige Direktor des Theaters in der Josefstadt, sagte mit einem für ihn ungewöhnlichen Staunen in der Stimme: »Jahrzehntelang hat mich kein Mensch gekannt, obwohl ich auch als Schauspieler oft genug in Erscheinung trat. Seit ich Oberhaupt der *Lieben Familie* bin, kennt mich ganz Österreich und Umgebung!«
Dieser Ausspruch hatte 1980 seine Wurzel in einer Idee des damaligen Fernseh-Intendanten Ernst Wolfram Marboe, von dessen Vater Ernst Marboe 1949 ja die Idee zu dem Film *1. April 2000* stammte, bei dem Wolfgang die Regie hatte und ich die Hauptrolle.

Franz Stoß war einer der besten Theaterdirektoren, die ich je gekannt habe. Aber immer wieder gelüstete es ihn, seinen ursprünglich erlernten Beruf des Schauspielers auszuüben. Dabei half ihm ein phänomenales Gedächtnis, das ihn seine Rollen sehr schnell lernen ließ. Das führte unter anderem dazu, daß Fritz Kortner ihn als Würdenträger für den Film *Sarajewo* engagierte, der den Mord am österreichischen Thronfolgerpaar und den dadurch ausgelösten Beginn des Ersten Weltkriegs zum Inhalt hatte. Kortner sagte zu Franz Stoß: »Sie sind zwar kein besonders guter Schauspieler, aber einer der intelligentesten!«
Mit Ernst Wolfram Marboe hatte nun Franz Stoß die Idee zur *Lieben Familie* im Fernsehen entwickelt. Es gab in Wien einmal eine Radiofamilie mit Hans und Hermann Thimig, Vilma Degischer, Guido Wieland und vielen anderen. Dann kam in den Anfangszeiten des Österreichischen Fernsehens die *Familie Leitner* mit Erich Nikowitz, Alfred Böhm und Guido Wieland. Guido Wieland wurde zum Onkel Guido der Nation, andererseits war er einer der ersten Charakterdarsteller des Theaters in der Josefstadt.
So war zwar die Gründung einer neuen Fernsehfamilie naheliegend, aber das Besondere war, daß diese *Liebe Familie* erstens live jeden Samstag und zweitens im Stegreif dargeboten werden sollte. Als mich Franz Stoß fragte, ob ich als seine Frau in dieser Serie mitwirken möchte, dachte ich mir: Du hast schon so viel gemacht, aber Stegreif noch nicht. Und ich sagte zu. Selbst die größten Optimisten gaben der Sendung höchstens ein Jahr Laufzeit. Doch es sollte anders kommen.
Wir waren eine illustre Gesellschaft: Franz Stoß und ich als das männliche und das weibliche Oberhaupt der Familie

Lafite. Ernst Meister und Elfriede Ott als Sohn und Schwiegertochter. Kurt Heintel als mein leichtfertiger Bruder. Nicolin Kunz und Thomas Wachauer als unsere Enkelkinder und – natürlich! – Guido Wieland als Onkel Guido. Zum festen Gründungs-Ensemble gehörten auch Heinz Marecek und Erne Seder, die für die Komik zuständig waren.
Die erste Sendung kam heran, und wir waren genauso nervös wie bei einer Theaterpremiere. Die Regisseuse Sylvia Dönch begreiflicherweise noch mehr. Es war vorgesehen, daß ich, um die Wohnung der Lafites beim Publikum einzuführen, nach Hause komme, im Vorzimmer Licht mache, dann im Wohnzimmer und schließlich im Arbeitszimmer. Sodann läutet das Telefon.
Irgendwie schaffte ich es, daß ich die Räume durcheilte, ohne Licht zu machen. Dann läutete das Telefon, und ich ging zur Eingangstür und öffnete. Davor stand Franz Stoß und bereitete sich auf seinen Auftritt vor. Ich werde nie sein völlig entgeistertes Gesicht vergessen. Sylvia Dönch wurde fast ohnmächtig und dachte, daß die *Liebe Familie* schon zu Ende sei, ehe sie noch begonnen hatte. Doch Franz Stoß rettete die Situation, und wir spielten weiter.
Als ich an diesem Tag nach Hause kam, erwartete ich, daß Wolfgang, der sich diese Premiere angesehen hatte, mir einiges Unangenehme zu sagen haben würde. Aber er meinte: »Das ist eine sehr nette Serie. Es war ein guter Start.«
Und ich konnte mit größter Erleichterung zur Kenntnis nehmen, daß nicht einmal er meinen Lapsus bemerkt hatte. Die *Liebe Familie* wurde als Experiment gestartet. Natürlich war diese Serie nicht jedermanns Sache, und so mancher meiner Bekannten fragte mich, »ob ich so etwas notwendig« hätte. Das liegt wahrscheinlich daran, daß es in Wien-Ottakring

ein hundert Jahre altes Stegreiftheater gibt, den Tschauner. Nicht nur, daß ausschließlich Laien mitwirken, aber dort werden Stücke gespielt wie *Das Glöckerl unterm Himmelbett* und ähnliches. Die Pause beim Tschauner dauerte immer von 20.45 Uhr bis 21.15 Uhr, weil man allen Hausmeistern Gelegenheit geben mußte, kurz nach Hause zu eilen, um das Haustor zuzusperren, wegen der Sperrstunde um 21 Uhr. Der Tschauner war und ist, wie sich leicht ersehen läßt, nicht unbedingt etwas für Wiens Theaterpublikum, das in die Staatsoper, in die Volksoper, ins Burgtheater und in die Josefstadt zu gehen pflegt. Deshalb wahrscheinlich das Naserümpfen im Zusammenhang mit Stegreif.

Aber die *Liebe Familie* hatte Bestand, und zwar dreizehn Jahre! Manchmal habe ich es bereut, daß ich mich darauf eingelassen habe. Bei den ersten Folgen habe ich immer den Tom Krinzinger beneidet, der den Hausmeister spielte. Ich sagte damals: »Des is a Rolle! Ein Auftritt – immer halbert b'soffen, das kommt auf jeden Fall an. Eine Pointe – und schon is er wieder weg. Wir müssen eine ganze Stunde rakkern, und über ihn wird man reden!«

Als ich mich in der Pilotsendung sah, dachte ich mir: Nein, was bin ich denn für eine penetrante Person. Ich rede zuviel und zu laut – schrecklich, wie mich diese neue Aufgabe belastet, richtig schwanger gehe ich damit herum.

Für mich lag der Reiz der Mitwirkung darin, daß es etwas Neues war, daß man sich beweisen mußte. Denn dauernd in ausgefahrenen Bahnen ist ja langweilig!

Die liebe Familie wurde 1980 überraschend geboren und 1993 überraschend abgewürgt. Unerwartet für alle. Dreizehn Jahre lang war sie in ganz Europa etwas Besonderes, Einmaliges. Weil es nirgends etwas Ähnliches gab, das so

lange Bestand hatte. Dreihundertvierundachtzig Folgen! Eine folgenreiche Serie! Und es gab sehr prominente Schauspieler, die des öfteren herablassend anfragten, ob sie da nicht mitwirken könnten. Die Gästeliste war gewaltig. Nur um einige zu nennen: Maxi Böhm, Adrienne Gessner, Gusti Wolf, Fritz Eckhardt, Axel von Ambesser, Albert Rueprecht, Richard Eybner, Hilde Rom, Hans Holt, Dagmar Koller, Siegfried Lowitz, Freddy Quinn, Franz Antel, Kurt Nachmann, Christine Schubert, Guggi Löwinger, Waldemar Kmentt, Harald Serafin, Fritz Muliar, Hilde Sochor, Heinz Petters, Dany Sigel, Gretl Schörg, Edd Stavjanik, Stephan Paryla, Grete Zimmer, Birgit Machalissa, Senta Wengraf, Marion Degler, Alfons Haider und viele andere.
Während die *Liebe Familie* lief und lief, starben Ernst Meister, Max Böhm, Richard Eybner, Adrienne Gessner, Kurt Nachmann und schließlich Guido Wieland. Auch Franz Stoß starb kurz nach Ende der Serie.

Da saßen wir nun in unserem schönbrunnergelben Haus mit dem efeuumrankten Gittertor, der Gründerzeit-Villa mit all ihren architektonischen Vor- und Nachteilen. Zimmer wie Säle, Doppeltüren mit interessant gestalteten Füllungen, Fußböden mit Intarsien, aufeinander abgestimmtes antikes Mobiliar. Seit meine Mutter vor zwei Jahren gestorben war, merkte ich, daß ein solches Haus eher eine Belastung darstellt.
In der sonnendurchfluteten Glasveranda mit Blick auf den großen Garten hatte ich mir meine Ecke der Gemütlichkeit geschaffen in dem Haus, das einst für Repräsentation erbaut worden war. Ich ging auf keine Parties, und wenn man mich einlud, fragte ich: »Wie viele Leute kommen?« Wenn es mehr als fünf waren, sagte ich ab. So en gros kann man ja kein Ge-

spräch führen! – Ich war ein richtiges Mutter-Kind. Meine Mutter war alles für mich. Sie war so gut, so hilfreich, so verständnisvoll – eine prachtvolle Hausfrau. Bei ihr haben wir uns alle – mein Mann, meine Tochter, mein Vater und ich – geborgen gefühlt.

Zweimal bin ich vom Burgtheater weggegangen. Jetzt war ich also wieder da. Natürlich hätte ich mir zu meinem sechzigsten Geburtstag eine schöne große Rolle gewünscht: die Mutter in *Bluthochzeit* oder *Bernarda Albas Haus* von Lorca oder Bruckners *Elisabeth von England* vielleicht.
Aber dann redete ich mit Direktor Achim Benning und verstand, daß er mit diesem schwer beweglichen Apparat nicht gerade mir eine Freude machen konnte. Endlich hatte ich etwas von der Toleranz meines Mannes angenommen. Und Schauspieler ist ja auch der einzige Beruf, wo sich der Arbeitnehmer beschwert, wenn er zu wenig Arbeit bekommt!
Immerhin bekam ich am Burgtheater die Gelegenheit, mit einem Bären, einem Hund und einer Katze zu spielen sowie einer Hexe, zwei falschen Kindern und Mäusestimmen. Es handelte sich um das Märchen *Die verzauberten Brüder* von Jewgenij Schwarz. Benning hatte die Idee gehabt, im Burgtheater aufwendig Märchen zu spielen, mit erstklassigen Schauspielern des Ensembles, um den Kindern das Haus schmackhaft zu machen. Der Erfolg war so groß, daß diese Inszenierung drei Jahre lang immer wieder zu Weihnachten aufgenommen wurde. Die erste Großtat des Nachfolgedirektors Claus Peymann bestand darin, diese Märchenvorstellungen abzusetzen, die erstklassigen Schauspieler des Ensembles in Pension zu schicken und die Jugendlichen mit Fünfzig-Schilling-Karten zu beglücken, um es ihnen zu

erleichtern, mit dem Auto in die Parkgarage zu fahren und dort hundert Schilling Parkgebühr zu berappen.

Mein Berufsjahr war eingeteilt in acht Monate Burgtheater und vier Monate Tournee.
Als mich Paul Hoffmann während seiner kurzen Direktionszeit ans Burgtheater zurückholte, machte ich 1968 einen Teil der Welttournee des Burgtheaters mit. Ich kam bis New York. Und dort habe ich fünf meiner jüdischen Freundinnen wiedergetroffen, mit denen ich in der Mädchenrealschule in der Gymnasiumstraße in Wien maturiert hatte. Es war eine ungeheure Freude! Die eine war eine international anerkannte Biochemikerin geworden, eine hatte eine stark frequentierte Arztpraxis, und eine war Chefbibliothekarin in einem College.
Als ich mit Wolfgang einmal Israel besuchte, traf ich dort Ilse Daus, die Schwester von Friedrich Torberg. Wie das bei Geschwistern manchmal vorkommt, vertrug sie sich überhaupt nicht mit ihrem Bruder, während ich mit beiden ein ausgezeichnetes Verhältnis hatte und mit beiden befreundet war. Sie zeigte uns das Kibbuz-Leben. Israel hat damit als einziges Land der Welt praktizierten Kommunismus ohne Diktatur und ohne Ideologie der Zwangsbeglükkung. Wir begegneten einem alten Herr, der eben Wäsche aufhängte. Er war ein Kommerzialrat aus Graz.
Meine Freundin Ilse erzählte, wie sie mit siebzehn Jahren aus der Tschechoslowakei nach Israel gekommen war. Im Kibbuz fragte man sie: »Als was wollen Sie arbeiten?« Sie hatte aber nichts gelernt, nur als Hobby getischlert. Also kam sie in die Tischlerei. Ein Jahr später wurde sie zur Obsternte eingesetzt. Alles verdiente Geld kam in die Gemein-

schaftskasse des Kibbuz. Und man bekam, was man brauchte. Dazwischen war sie auch Handarbeitslehrerin in Haifa. Jetzt mit achtzig wohnte sie schön, half überall aus, wo man sie brauchte und hatte ein eigenes Zimmer, wie sie stolz erklärte. Und dort lebt sie auch heute noch.
Wir aßen ausgezeichnet in der Gemeinschaftskantine des Kibbuz. Israel ist ganze dreihundert Kilometer lang, hat zweieinhalb Millionen Einwohner und ist von Feinden umschlossen. Aber wir empfanden ganz stark, daß es eine Lebensfreude ausstrahlte, wie sie in den »zivilisierten Ländern« großteils abhanden gekommen ist, von den kommunistischen ganz zu schweigen. Es ist schon faszinierend, daß die Araber, denen Territorien gehören, die so groß sind wie halb Europa, ausgerechnet dieses kleine Fleckchen Erde haben wollen, das von den Israelis aus Wüste in ein blühendes Land verwandelt wurde.

1982 zogen Wolfgang und ich aus unserem schönen Haus in Dornbach-Neuwaldegg aus und übersiedelten in die Wiener Innenstadt, wo ich heute noch wohne. Das Haus war uns zu groß geworden: Meine Eltern waren nicht mehr da, Johanna war in Deutschland im Engagement – und wir beschlossen, ohne Auto auszukommen.
Hermann Brochs *Die Erzählung der Magd Zerline* im Akademietheater brachte mir 1983 die zweite Kainz-Medaille. Wie hieß es da so schön in der Rezension:

> *Die Erzählung der Magd Zerline* ist der erotische Wunschtraum eines Impotenten. Das zur Urmutter gealterte Urweib erzählt einem jungen Mann ihre Version des Don-Juan-Komplexes. – Die starke Frau für schwache Männer. Altweibergeschwätz als Schlüssel zum Weltverständnis.

Mittwoch, 22. Juni 1983 *Akademietheater*

VORAUFFÜHRUNG

Die Erzählung der Magd Zerline

von	Hermann Broch
Textfassung von	Fred Berndt
Zerline	Hilde Krahl
Der junge Mann	Georg Schuchter

Aus der Luft gegriffen
oder
Die Geschäfte des Baron Laborde

von	Hermann Broch
Seidler, Präsident eines Bankenkonzerns	Wolfgang Gasser
Agnes, seine Tochter	Brigitta Furgler
Baron André Laborde	Michael Heltau
Baronin Stasi	Maresa Hörbiger
Walther Ruthart, Direktor in der Seidlerschen Bank	Wolfgang Hübsch
Der Hoteldirektor	Hannes Siegl
Der Portier	Fritz Grieb
1. Kriminalbeamter	Otto Bolesch
2. Kriminalbeamter	Marcus Thill
Ein Kellner	Paul Rudolph
Eine Putzfrau	Hilde Krahl
Ein Hotelgast	Georg Schuchter
Musik aufgenommen mit dem	**Bühnenorchester der Österreichischen Bundestheater**

Besetzungszettel zu dem Hermann-Broch-Abend im Akademietheater 1983. Für meine Darstellung der Magd Zerline erhielt ich meine zweite Kainz-Medaille.

Manchmal glaubt man als Schauspielerin, die nur ihre Rolle spielt, gar nicht, was für intellektuelle Eruptionen man da verursacht …

1984, im Orwell-Jahr, spielte ich im Akademietheater eine verdammte Seele in Eduardo de Filippos Stück *Gespenster, Gespenster!* Maresa Hörbiger, Paula Wesselys jüngste Tochter, war eine verlorene Seele, Karlheinz Hackl eine ruhelose, Heinrich Schweiger eine schwarze Seele – kurz: in dem Stück gab es nur Seelen und keinen einzigen lebenden Menschen.
Auch passend zum Orwell-Jahr empfand ich Friedrich Dürrenmatts *Physiker.* Die Irrenhausärztin Mathilde von Zahnd war vom Autor ursprünglich für einen Mann konzipiert, aber Therese Giehse zuliebe hat er eine Frau daraus gemacht, und sie spielte 1962 die Uraufführung am Zürcher Schauspielhaus. Diese Rolle war auch für mich eine große Herausforderung, und ich spielte sie gerne, hatte aber insgeheim immer das Gefühl, im Schatten der Giehse zu agieren. Fritz Muliar war bei uns der Kommissar.

Die Zeit, in der ich jeder Rolle nachjagte, monatelang keinen Tag frei hatte und am liebsten noch aktiver gewesen wäre, war vorbei. Früher waren mir sechs Premieren pro Saison zu wenig, jetzt fühlte ich mich mit zwei Stücken durchaus ausgelastet. Außerdem entdeckte ich nun zu Fuß meine Heimatstadt. Ich fühlte mich als Fußgänger wie ein König, wenn ich mit einer gewissen Schadenfreude beobachten konnte, wie Autofahrer beim Parkplatzsuchen ins Schwitzen kamen.
Fast ein Jahr lang war ich 1985/86 mit *Mutter Courage und*

ihre Kinder in Deutschland, Österreich und der Schweiz auf Tournee. Neunzig Vorstellungen pro Saison! Und diese Strapaze wurde verschärft durch stundenlange Fahrten mit dem Autobus. Danach war es herrlich, einmal ausspannen zu können und Urlaub in Wien zu machen.
In diesem Beruf kann man nur dann zufriedenstellende Leistungen erbringen, wenn man seine Tätigkeit als Vergnügen und nicht als Arbeit auffaßt. An dem Tag, an dem ich meinen Beruf als unangenehm empfinde, ist der Zeitpunkt zum Aufhören gekommen.

1987 bekam ich von Gerhard Klingenberg, meinem ehemaligen Burgtheaterdirektor, das Angebot, am Berliner Renaissance-Theater, dessen Chef er mittlerweile geworden war, in dem Stück *Harold und Maude* von Colin Higgins die Maude zu spielen. Ich sagte begeistert zu.
Mit Wolfgang hatte ich das Stück in Paris mit Madeleine Renaud in der Hauptrolle und unter der Regie von Jean-Louis Barrault gesehen. Das war ein ganz großes Erlebnis, auch für meinen Mann. Und ich habe immer gesagt: Diese Rolle würde ich gern einmal spielen. Denn als wir in Paris waren, war ich noch nicht im Alter der Maude. Also jetzt hatte ich es erreicht – nicht ganz: Aber ob man nun siebzig ist oder achtzig, macht keinen großen Unterschied. Der blutjunge Alexander Wussow war mein Partner. Regie führte eine junge Frau, Barbara Baszel.
Zweiundzwanzig Jahre zuvor hatte ich im Berliner Renaissance-Theater Tournee-Endstation gemacht mit Giraudoux' *Sodom und Gomorrha* in der Inszenierung meines Mannes. Die Kritiker hatten mich so vehement abgelehnt, daß ich richtig erschrocken war. Eine Zeitung schrieb ganz groß ge-

druckt: »Hilde Krahl spielt falsch!« Nun, wenn man Schauspieler ist, muß einem stets bewußt sein, daß jeder, aber auch wirklich jeder das Recht hat, einen zu kritisieren. Der Schauspieler kann sich aufregen, darf gekränkt, nicht aber beleidigt sein.

Und jetzt saß ich da und war aufgeregt. Das Aufgeregtsein verlernt man ja nicht. Kühl kann man da nicht bleiben, weil es ja um etwas geht. Und je älter man wird, desto mehr weiß man, worum es geht.

Als mich ein Journalist fragte, wie ich mit dem Alter zurechtkäme, sagte ich: »Das Leben hat mir Falten gemacht. Schminken und schön anziehen tu ich mich nur für Geld.«

Wolfgang arbeitete nicht mehr. Er war zu Hause in Wien, und ich machte mir Sorgen um ihn. Ich hatte vor, ihn zur Premiere nach Berlin abzuholen, aber es ging ihm gesundheitlich immer schlechter. Aus seinen Briefen konnte ich genau erkennen, wie es um ihn stand, und aus meiner Besorgnis wurde Angst um ihn.

Es passierte mir zum erstenmal in meiner Schauspielerlaufbahn, daß ich auf Proben unkonzentriert war und meinen Text nicht konnte. Nach einer Woche besuchte mich Gerhard Klingenberg in meinem Hotel und fragte, was mit mir los sei. Ich sagte ihm, daß es Wolfgang sehr schlechtginge. Klingenberg sagte darauf: »Du mußt dich entscheiden: Entweder bist du Schauspielerin oder Krankenschwester!«

Am nächsten Tag ging ich ins Direktionsbüro, löste meinen Vertrag und verzichtete auf die Rolle der Maude. Man ließ mich ohne Erstaunen zu zeigen anstandslos gehen. Ich fuhr zurück nach Wien zu meinem Mann.

Wolfgang starb kurz darauf an Herzversagen.

Ende und Anfang

Die Geschichte einer Vereinsamung 1987 bis 1997

Ich besitze heute eine Wohnung mit einem kleinen Dachgarten. Hoch über den Dächern von Wien, am Donaukanal. Fünf Minuten von mir in die eine Richtung stand das berüchtigte Gestapo-Hauptquartier am Morzinplatz Nr. 1. Zwei Minuten von mir in die andere Richtung steht der sogenannte Ringturm, eines der ersten Hochhäuser der Stadt, in dem neuerdings Helmut Zilk, der Altbürgermeister von Wien, der Opfer eines Briefbombenattentats wurde, für das Fernsehen »Lebenskünstler« interviewt, die da beispielsweise sind: der deutsche Kanzler Kohl, der Schauspieler und Quizmaster Kulenkampff, der Quotenjäger Gottschalk, die Serienheldin Uschi Glas, der Schauspieler und Landwirt Tobias Moretti, der Monologist Peymann und andere.

Früher bezeichnete man als Lebenskünstler solche Menschen, die ohne Geld und Familie, manche auch trotz Verfolgung überlebten und jeder Stunde etwas abgewinnen konnten. Heute versteht man offenbar unter Lebenskünstler einen Menschen, der Karriere gemacht und damit viel Geld verdient hat.

Ich habe nie gerne über mich gesprochen, zumindest nicht so ausführlich, wie es die berufsbedingte Eitelkeit manchmal erfordert. »Klappern gehört zum Handwerk!« – dieser grundsätzlich richtige Satz wird ja zunehmend im Zeitalter

der elektronischen Medien und der Quotenjäger für hemmungslose Selbstdarstellung benützt oder mißbraucht. »Outen« nennt man das auf neudeutsch, was – wenn mich meine Englischkenntnisse nicht im Stich lassen – soviel heißt wie »äußerln«. Wozu ich meinen Hund führte, als ich noch einen hatte.
Bei mir geht Soraya ein und aus. Nein, nicht die Exfrau des Schah von Persien. Soraya ist meine junge Wirtschafterin in Wien und sie ist Marokkanerin. Sie hat mich einmal zu sich nach Hause eingeladen – nach Marokko! Und ich habe die Einladung angenommen und bin hingefahren. Als sie mir in Marokko stolz ihre Familie vorstellte, wurde ich doch etwas schwindelig. Nach dem siebzehnten Cousin kapitulierte ich, läßt mein Namensgedächtnis es doch nicht einmal zu, mir alle wichtigen Namen zu Hause zu merken.

Für Franz Molnárs Lustspiel *Der Schwan* holte mich 1991 der Josefstadt-Direktor Otto Schenk für die Rolle der Fürstin Dominika an die Kammerspiele. Hellmuth Matiasek bearbeitete und inszenierte, und Franz Stoß spielte den Bruder Karl-Hyazinth im Priestergewand. Als sozusagen »Heimkehrerin« an die Josefstadt erhielt ich von dem sehr treuen Wiener Publikum Auftrittsapplaus.
In diesem Jahr kam noch ein Experiment der besonderen Art auf mich zu. Ich fühlte mich – was den Raum mit 99 Plätzen betraf – zurückversetzt in meine Anfangszeit in der Literatur am Naschmarkt. In dem frauendominierten kleinen »Theater in der Drachengasse« bot man mir Marguerite Duras' *Savannah Bay* an. Es ist die Liebesgeschichte zwischen einer alten Frau und einem jungen Mädchen – als gelebte Gegenwart und als Geschichte der Erinnerun-

gen. Marguerite Duras hat dieses Stück für Madeleine Renaud – »für eine große Schauspielerin in der Pracht ihres Alters« – geschrieben. Das Stück war ein großer Erfolg für das kleine Theater, und es war eine wunderschöne Arbeit für mich, wozu auch die einfühlsame Regie von Götz Fritsch nicht unwesentlich beitrug.
Ein halbes Jahr vor dem plötzlichen Abbruch der *Lieben Familie* feierte man noch im Studio am Küniglberg groß meinen Geburtstag. Sowohl in der Serie als auch privat. Wenn die letzte Klappe fällt, wenn der letzte Vorhang gefallen ist, habe ich jedesmal ein bißchen geweint, weil ich sentimental bin.
Mit vielen Kollegen aus der *Lieben Familie* verbanden mich Erinnerungen und Begegnungen an gemeinsame Theater- und Filmproduktionen der Vergangenheit:
So war Hans Holt schon mein Partner in der mittlerweile geradezu klassischen Verfilmung von Puschkins Novelle *Der Postmeister* durch Gustav Ucicky im Jahr 1940. Und als reizvollen Kontrast spielten wir rund fünfundzwanzig Jahre später das Ehepaar in *Wer hat Angst vor Virginia Woolf?* im Theater in der Josefstadt, dessen Ensemble sowohl Hans Holt als auch ich jahrzehntelang angehörten.
Mit Kurt Heintel hatte ich 1957 am Düsseldorfer Schauspielhaus die deutsche Erstaufführung von Tennessee Williams' *Orpheus steigt herab* gespielt. Unsere Rollen verkörperten in der amerikanischen Verfilmung immerhin Anna Magnani und Marlon Brando. Kurt Heintel war auch mein Partner in der Verfilmung des Schönherr-Stückes *Der Weibsteufel* gewesen, die mein Mann Wolfgang Liebeneiner 1951 machte.
Und mit Guido Wieland spielte ich immer wieder in der Jo-

sefstadt zusammen. Auch Fritz Muliar war manchmal mein Partner, zuletzt in den *Physikern* am Burgtheater.

In einer Zeit, in der das Wort Liebe konsequent mit Sex interpretiert wird, möchte ich doch auch mich selbst wieder darauf zurückführen, welche Spielarten die Liebe hat. Ich glaube, es gab kein Theaterstück und keinen Film, in dem ich spielte, wo nicht die Liebe entweder das war, worum sich alles drehte oder zumindest eine Rolle spielte. Wie eben in der gesamten Weltliteratur. Insofern ist für eine Schauspielerin die Liebe sowohl privat als auch beruflich Lebenszentrum. Und die bedeutendsten Stücke und die wichtigsten Filme setzten sich mit dem Krieg und mit der Liebe auseinander, weil es offenbar menschlich ist, daß sich die Liebe ausgerechnet im Krieg am stärksten äußert. In Zeiten der bürgerlichen Saturiertheit und des allgemein grassierenden Wohlstands ist die Liebe so matte Limonade, daß zu allem möglichen Sinnenkitzel gegriffen werden muß, um zumindest noch das Minimum an Nachwuchs zu sichern, der später die Pensionen gewährleisten soll.
Mein Mann hat mir einmal eine Geschichte aus seiner Heimat Schlesien – Wolfgang stammte aus Liebau im Riesengebirge – erzählt. Er besaß einen ganz reizenden Foxterrier, der sich unsterblich in die Hündin eines Nachbarn verliebte. Als in einer klirrend kalten Winternacht der Hund im Haus nicht zu finden war, ging Wolfgang zum Nachbarn hinüber. Und da saß der Foxterrier vor der Tür. Wolfgang rief ihn. Er reagierte zwar, indem er ihm den Kopf zuwendete und jaulte, blieb aber sitzen und rührte sich nicht von der Stelle. Er war mit dem Po festgefroren, als er auf seine Hündin gewartet hatte. Ich glaube, das war auch Liebe.

Sicher nicht Liebe war es, als nach der Abberufung Ernst Wolfram Marboes der kommissarische Leiter des ORF nach dreizehn Jahren die *Liebe Familie* abrupt beendete. Von der ORF-Spitze kam niemand zur Verabschiedung ins Studio. Ein lieblos kopierter Schrieb ohne persönliche Anrede nebst einer Flasche Wein wurde den Schauspielern übermittelt, was Franz Stoß zu dem Kommentar veranlaßte: »Die Flasche Wein schicke ich zurück, damit ja nicht der Eindruck entsteht, daß ich mich von einer Flasche bestechen laß.«

Und Fritz Muliar sprach: »Wir sind alles Leute, die gar nicht mehr existieren. Wir sind aus dem *Jurassic Park*. Wir haben einmal bedingungslos an dieses Land geglaubt, und jetzt müssen wir erleben, daß alles, was wir gemeinsam aufgebaut haben, mutwillig zerstört wird. Diese *Liebe Familie* ist nur ein kleiner Aspekt. Da ist auch das Burgtheater. Alles wird zerstört. Aber vielleicht kommt die Zeit und man braucht uns noch einmal. Dann wird die Rache furchtbar sein ...«

Es scheint mir endlos lange her zu sein, daß ich über dreizehn Jahre fast jeden Samstag ins Fernsehstudio auf dem Küniglberg fuhr, um beim Stegreifspiel *Die liebe Familie* mitzuspielen. Während der außergewöhnlichen, aber schauspielerisch nicht sehr ergiebigen Serie arbeitete ich zum künstlerischen Ausgleich viel am Theater und fürs Fernsehen. Wobei betont werden muß, daß es nur bedingt das österreichische Theater war, nämlich bis 1991, und das Österreichische Fernsehen interessierte sich überhaupt nicht für mich.

Das Fernsehen war es allerdings, das mich eines Tages schockartig damit konfrontierte, daß in Jugoslawien ein Krieg

ausgebrochen war. Die täglichen Nachrichten und Filmberichte, diesen Krieg betreffend, riefen Erinnerungen in mir wach:
Da waren Männer mit Fez – Ungarn, Kroaten, Slowenen, Serben –, und sie tanzten und sangen miteinander, sie waren Freunde. Und sie tranken viel Schnaps. Selbst mein Großvater, der einen Weinberg hatte, brannte aus den Trauben lieber Trebernschnaps, als sie zu Wein reifen zu lassen. Ich habe in Kroatien eigentlich nie Wein getrunken. Aber ich habe von einem Ungarn den Csárdás gelernt.
In meiner Kindheit war mir der Begriff Moslem so fremd wie der Mond: Da gab es Bosnier, Türken, Ungarn, Mazedonier …
Ich brachte immer den hausgemachten Brotteig zum Bäkker und holte das frischgebackene Brot wieder ab. Mir läuft heute noch das Wasser im Mund zusammen, wenn ich an die frische Brotrinde denke, die ich mit Leidenschaft – nach Entfernung der Schmolle – verzehrt habe. Die Bauern gaben ja ihren Arbeitern nie frisches Brot, weil sonst zuviel gegessen worden wäre. Erst nach drei Tagen wurde das Brot aufgeschnitten. Das heutige Brot ist zu diesem Zeitpunkt meist schon ungenießbar oder hart wie Stein.
So kam ich aus dem kleinen kroatischen Nest, das den Vielvölkerstaat in seiner besten Form repräsentierte, mit fünf Jahren in die Großstadt Wien, um die Schule zu besuchen. Es war eine langweilige Volksschule, und die Lehrerin hieß Kuchinka. Dann war es ein ausgezeichnetes Mädchen-Gymnasium. Ich sehe noch meine Mutter stehen, wenn sie mich von der Schule abholte – klein, in ihrem abgetragenen Mantel …
Der Jugoslawien-Krieg wurde vom Zaun gebrochen. Ich glau-

be, es war ein jugoslawischer Kellner in Wien, der mir erzählte, daß Brod an der Save dem Erdboden gleichgemacht worden sei. Das stellte sich später Gott sei Dank als ein Gerücht heraus.

Nun ist es schon wieder zehn Jahre her, daß mein Mann Wolfgang Liebeneiner starb, und es ist noch nicht überwunden. Wie sollte es auch – ich war mit ihm dreiundvierzig Jahre verheiratet, und er teilte nicht nur sein privates Leben mit mir, sondern auch einen Großteil seiner Arbeit. Dabei war er gar nicht mein Typ – ich seiner wahrscheinlich auch nicht –, deshalb war es eine so gute Ehe. Man heiratet nicht seinen Typ. Ich glaube, das war Liebe.
Wenn ich so zurückblicke, überfällt mich oft der Gedanke: Haben sie mich bereichert oder aufgezehrt, die paar hundert Rollen, die ich gespielt habe? Wo ist meine eigene Rolle geblieben?
Wenn ich Fotos von früher ansehe, glaube ich zu verstehen, warum sich manche Strenggläubigen anderer Religionen nicht abbilden lassen. Weil sie sagen, daß man damit ihre Seele stiehlt. Ich finde mich in meinen Jugendfotos und in meinen Rollenfotos wieder – das alles war ich! Manches bin ich noch immer, manches nicht mehr. So ist es – ist es so?
Wer viel lacht, weint auch schmerzlicher. Und es ist ein großer Unterschied zwischen Lachen und Gelächter.
Ich suche mich und finde mich nicht mehr.
Ich finde mich und suche mich nicht mehr.
So viele Königinnen gespielt – Cleopatra, Libussa, Maria Stuart, Elisabeth – so viele erdichtete Frauen der Weltliteratur gestaltet – Nora, Helena, Mutter Courage – so viele Schicksale erlebt ...

»Man lebt nicht alle Leben, die man leben könnte«, sagt die große jüdische Schriftstellerin Nelly Sachs. Ich glaube, daß ich es unbewußt versucht habe, alle meine möglichen Leben auf der Bühne und vor der Kamera zu leben. Wenn ich mir die Frage stelle, ob das gelungen ist, komme ich zu dem melancholischen und vieldeutigen Satz von Jaspers: »Im Scheitern kommt der Mensch zu sich.«

Im Grunde waren es eine Handvoll Rollen, derentwegen es sich gelohnt hat, Schauspielerin zu werden.

Während ich Woche für Woche ins Fernsehstudio auf dem Küniglberg fuhr, um eine 45-Minuten-Live-Sendung ohne Pannen über den Schirm zu bringen, wurde mir schlagartig klar, daß *Die liebe Familie* das einzige war, was das Österreichische Fernsehen mir zu bieten hatte, und daß darüber hinaus keine Aufgaben für mich da waren. Aber daß mich der ORF nicht beschäftigte, verkraftete ich leichter als die Tatsache, daß mich die Wiener Bühnen vergessen zu haben schienen.

Claus Peymann, der Burgtheaterdirektor, weiß bis heute nicht einmal, daß es mich gibt. Ein Schicksal, daß ich allerdings mit zahlreichen österreichischen Schauspielern teile.

Allerdings bin ich nicht sicher, ob ich mich mit modernem Regietheater zurechtfinden könnte. Wenn ich höre, daß meine Kollegin Marianne Hoppe den König Lear spielt und drei junge Männer ihre Töchter, wäre ich gern noch einmal zwanzig. Wahrscheinlich können nur sehr junge Leute diese Art Theater zu machen verstehen.

Obwohl ich nie zu denen gehört habe, die über alles Neue schimpfen. Weil ich neugierig geblieben bin. Aber was heißt altmodisch? Was heißt modern? – Gut muß es sein, was man dem Publikum vorsetzt.

Ich hatte nie ein Image, wie man das heute nennt. Außer daß man mich für männerfressend hielt – was mich nicht immer amüsierte.

Am Theater gab es einmal Rollenfächer: Salondame, jugendliche Naive, Sentimentale, Charakterfach. Ich wurde nie in eines hineingeschoben. Und ich lernte blitzschnell meine Texte. Das machte mich für Produzenten brauchbar. Für mich brachte es den unendlichen Vorteil, daß ich weder auf »Seelchen« noch auf Vamp, weder auf »verzichtende Kurtisane« noch auf Heldenmädchen festgelegt wurde, wogegen man dann sein Lebtag lang kämpfen muß wie beispielsweise Maria Schell. Trotzdem spielte ich alle diese Rollen irgendwann: Luise Miller, Nora, Dunja, Weibsteufel, Maria Stuart, Elisabeth von England, Mutter Courage …

Schauspielerische Qualität ist nicht meßbar. Da gibt es Charisma – Ausstrahlung –, der Haken ist nur, daß man das eigene Charisma, sofern eines vorhanden ist, nicht selbst erkennen kann, außer über die Reaktion der Umwelt, des Publikums. Was bei Musikern und Sängern jedem, so er nicht völlig unmusikalisch ist, auffällt, beim Schauspieler ist das anders. Darum gibt es Stars, die nicht besonders talentiert sind, und ausgezeichnete Schauspieler, die ein Leben lang im verborgenen wirken – manchmal sogar im Souffleurkasten. Daß eine herrliche Sängerin wie Montserrat Caballé die lungenkranke Mimi in *La Bohème* singt, wäre am Sprechtheater bei hundert Kilo Lebendgewicht undenkbar – so gut könnte die Schauspielerin gar nicht sein.

Als junge Schauspielerin weiß man nur durch das Publikum, ob man gut oder schlecht ist. Später dann gibt es Erfahrungswerte und handwerkliches Können. Unterscheidet sich doch der Laiendarsteller vom Profi in erster Linie dadurch, daß er echte Tränen weint, während der Profi beim Publikum echte Tränen hervorruft. Und gar nicht selten bringen Schauspieler das Publikum zum Weinen – in jeder Beziehung.

Im Jahr 1918, als ich ein Jahr alt war, endete der Weltkrieg, von dem damals noch keiner wußte, daß es der Erste war, dem zwei Jahrzehnte später ein Zweiter folgen sollte. Seine Aussaat wurde bereits beim Friedensvertrag von St. Germain gelegt.
Es endete die Donaumonarchie, und ich war plötzlich im Ausland gebürtig.
In diesem Jahr starben: die Maler Gustav Klimt und Egon Schiele, der Architekt Otto Wagner, Koloman Moser, ein Mitbegründer der Secession, der Volksschauspieler Alexander Girardi, der sozialdemokratische Politiker Viktor Adler ...

In meinen runden Geburtsjahren – den sogenannten Jubiläumsjahren – spielte ich signifikante Rollen am Theater und im Film – diese »Jubiläumsrollen« sind fast wie ein Resümee meines schauspielerischen Lebens:
Als ich zwanzig wurde, drehte ich unter Willi Forsts Regie *Serenade* (ein Mädchen, das sehr jung heiratet), und am Theater in der Josefstadt spielte ich *Matura* von Ladislaus Fodor (eine Maturantin).
Als ich dreißig wurde, drehte ich den Film *Liebe 47* (eine Nachkriegsfrau, nahe am Selbstmord) nach dem Bühnenstück *Draußen vor der Tür* von Wolfgang Borchert. An den Hamburger Kammerspielen spielte ich die Helena (die schöne Ursache für den Trojanischen Krieg) in Jean Giraudoux' *Der Trojanische Krieg wird nicht stattfinden*.

Als ich vierzig wurde, spielte ich die Kameliendame von Alexandre Dumas (schwindsüchtige Kurtisane mit gutem Herzen) und den Weibsteufel von Karl Schönherr (schönes Weibsbild mit starkem Willen) im Theater in der Josefstadt. Und ich drehte den Fernsehfilm *Schwester Bonaventura* (katholische Ordensschwester).
Als ich fünfzig wurde, spielte ich die Elisabeth (große, aber häßliche Königin) in Schillers *Maria Stuart* am Burgtheater mit Aglaja Schmid als Maria und Noel Cowards *Duett im Zwielicht* (charmante Frau in den zweitbesten Jahren) mit Adolf Wohlbrück in seiner letzten Rolle.
Als ich sechzig wurde, spielte ich am Theater in der Josefstadt *Der Nerz* (elegante Dame) von Felicien Marceau und Strindbergs *Totentanz* (desillusionierte Ehefrau) im Akademietheater. Fürs Fernsehen wurde Axel von Ambessers *Begegnung im Herbst* (attraktive Jüdin) aufgezeichnet.
Als ich siebzig wurde, spielte ich die Amanda Wingfield (mütterliche Nervensäge) in Tennessee Williams' *Glasmenagerie* im Akademietheater.
Kurz nach meinem siebzigsten Geburtstag starb mein Mann Wolfgang Liebeneiner. Danach habe ich mich schwergetan, noch einen Sinn in meinem Leben zu sehen …
Als ich 1994 bei Cordula Trantows »Weilheimer Theatersommer« im dortigen Stadttheater die Titelrolle in Jean Giraudoux' *Die Irre von Chaillot* (eine Verrückte, die den Kampf gegen die mächtigen Bosse der Welt aufnimmt) spielte, sagte ich trotzdem: »Das Spielen ist mein Lebensinhalt.«
Aber ich glaube nicht, daß Dichter, Regisseure oder Schauspieler die Welt verändern können. Leider oder Gott sei Dank!
Als ich achtzig wurde, las ich »Das unsterbliche Wort« im Li-

teratursalon Dornbach und im Herbert von Karajan Centrum (Klytämnestra, Lady Bracknell, Marschallin aus dem *Rosenkavalier*, die alte schwedische Gräfin aus Ingmar Bergmans *Das Lächeln einer Sommernacht*).
Was mich dabei immer wieder erschreckt, ist, daß in diesen paar Jahrzehnten, die ich nun auf der Welt bin, derart rasend schnelle Entwicklungen stattgefunden haben, daß einem der Atem wegbleibt.
Statt verkaufter Eintrittskarten gibt es Quoten.
Aus dem Stummfilm wurde das Farbfernsehen mit ein paar hundert Satellitenprogrammen, die rund um die Uhr schlechte Nachrichten, Werbung, Talkshows und Filme bringen, für die man einst vor der Kinokasse Schlange gestanden ist.
Aus Telefon wurde Kommunikation weltweit.
Wenn man von diesem Fortschritt hört, müßte man meinen, der moderne Mensch sei der gesündeste, fröhlichste, schönste und klügste, den es je gab.
Dabei steigt die Selbstmordziffer Jahr für Jahr, und die Menschheit wächst jede Woche um die Einwohnerzahl der Stadt Wien!
Was der Mensch *auf* dieser Welt treibt, was der Mensch *mit* dieser Welt treibt, zwingt einen, pessimistisch zu sein. Und es scheint immer schlechter zu werden.
Wenn eine Million Menschen von der Natur vernichtet wird, ist das für uns mit dem Begriff Tragödie nicht mehr zu erfassen. Die Katharsis, die Läuterung, finden wir nur durch die Einzelschicksale wie in der griechischen Tragödie: Elektra, Klytämnestra, Medea, Iphigenie, Kassandra.

Wenn es einen Wirklichkeitssinn gibt, muß es auch einen Möglichkeitssinn geben, habe ich einmal gehört. Das ist das

6 Mit Hans
aray in Georg
Kaisers Komödie
Kolportage«,
heater in der
osefstadt, 1964

7 Als scharfzün-
ge Carlotta Gray
eben Adolf
Vohlbrück in sei-
er letzten Rolle
s Sir Hugo
atymer in Noel
owards »Duett
n Zwielicht«,
leine Komödie
n Max-II-
enkmal,
ünchen 1967

78/79 Links: Klausjürger Wussow war der Mortime in der Schillerschen »Maria Stuart« des Burgtheaters, 1967. Ich spielte die Elisabeth. - Rechts: A ägyptische Königin in Shakespeares »Antonius und Cleopatra« mit Paola Loew als Charmian am Burgtheater, 1969

80 Immer wieder zog es mich zur schweren Kunst des Leichten am Boulevardtheater: Mit Käthe Haack in Somerset Maughams »Finden Sie, daß Constance sich richti verhält?«, Kleine Komödi im Bayerischen Hof, München 1969

81/82 Mein Mann Wolfgang Liebeneiner gibt mir als Regisseur Probenratschläge für die Episode »Vanillikipferl« (oben) in Lotte Ingrischs »Damenbekanntschaften«, einem vierteiligen Stück, in dem Josef Meinrad - rechts in der Episode »Letzte Rose« - mein einziger Partner in vier Gestalten war, Theater in der Josefstadt, 1971.

83 In Wien und in München spielte ich wieder vier verschiedene Frauen in »Vier Fenster zum Garten« von Barillet/Grédy. An der Kleinen Komödie im Bayerischen Hof, München 1972, war Charles Regnier mein Partner.

84/85 Mehrere Lebensstationen der schottischen Königin hatte ich in 1971 in Wolfgang Hildesheimers »Mary Stuart« am Wiener Akademietheater darzustellen.

86 Mit Richard Münch stürzte ich mich 1973 im Wiener Akademietheater in die Hölle von Strindbergs Familiendrama »Der Vater«.

88 Die Titelrolle in Bertolt Brechts »Mutter Courage und ihre Kinder« spielte ich 1984 am
rgtheater. Der Koch war Heinz Reincke.
90 Links: »Der Tag, an dem der Papst entführt wurde« von Joao Bethencourt war das bisher
te Stück, das ich 1975 in der Münchner Kleinen Komödie am Max-II-Denkmal spielte. - Rechts:
ward Albees »Seeskapade« kam 1974 am Wiener Akademietheater heraus.

91 Nach langen Jahren war Axel von Ambesser wieder mein Partner in seiner ernsten Komödie »Begegnung im Herbst«, Theater in der Josefstadt, 1976.

92 Ein Experiment war 1979 die szenische Aufführung von Peter Handkes Text »Wunschloses U glück« auf dem Lusterboden des Burgtheater. Ich spielte die Rolle der Mutter - mit Georg Schuc als Partner - an die hundert Mal.

Meine zweite Kainz-Medaille wurde mir nach der szenischen Darstellung des Hermann-Broch-
tes »Die Erzählung der Magd Zerline« zugesprochen, Akademietheater 1983.

94 Eine meiner letzten großen Rollen als Burgschauspielerin war 1986 die Mutter Amanda Wingfield in der »Glasmenagerie« von Tennessee Williams im Akademietheater. Günther Einbrodt spielte den Tom.

95 »Savannah Bay« von Marguerite Duras spielte ich, mit Margot Vuga, 1991 zuerst im Wiener Theater in der Drachengasse und ging mit dieser Produktion 1994 auf Deutschland-Tournee.

einzige, was mir Hoffnung gibt. Um es mit Prospero zu sagen:
»Wir sind aus jenem Stoff gemacht, aus dem die Träume sind, und unser kleines Leben umgibt ein Schlaf…«

Die Kunst ist die Komprimierung des Lebens, dessen Überhöhung. Kultur hingegen ist alles, was wir tun, das nicht für die Grundbedürfnisse des täglichen Vegetierens notwendig ist: Eßkultur, Gesangskultur, Sprechkultur, Trinkkultur, Kleidungskultur, ja wir sprechen sogar von Obstkulturen, wenn wir natürliches Obst »veredeln«. Vielleicht stimmt der Satz wirklich, den ich einmal gehört habe:
»Kultur ist die einzige Lebensberechtigung des Menschen. Denn ansonsten ist die Behandlung, die er seinem schönen Heimatplaneten angedeihen läßt, eher die eines Schädlings.«

Im Theater und im Film werden Menschen geschaffen – von einem Autor. Idee.
Sie werden zum Leben erweckt von einem Regisseur. Puppenspieler.
Sie werden verkörpert von Schauspielern – von Schauspielern, die in liebevoller Weise auch »Kasperln« genannt werden.
Der Schauspieler ist zwar nur Reproduzierender, aber er hat sich das Privileg geschaffen, in seinem eigenen Leben viele Leben zu leben.
Im Garten Eden hat der Große Autor Adam und Eva geschaffen.
Luzifer, der Lichtgeber, hat sie auf die Bühne gestoßen. Der Regisseur.
Adam und Eva sind die Darsteller.
Der Boden der Tatsachen ist der Friedhof der Träume…

Da heißt es heute immer: Die Alten wollen nichts mit den Jungen zu tun haben!
Aber was soll ich denn mit den Jungen machen, wenn ich in ihren Augen schon dieses Nichtverständnis sehe und in ihrer Stimme die Präpotenz höre, die von einer Gesellschaft gelehrt wird, in der Jugend als das einzig Erstrebenswerte gehandelt wird – gehandelt im wahrsten Sinne des Wortes! Damit die Kosmetik-Industrie ihre Umsätze steigert.
Jeder weiß, daß Jugend ein Zustand ist, der mit jedem Tag ein Stückchen schwindet. Sieh nur lange genug in den Spiegel, und du kannst den Tod bei der Arbeit sehen! Jungsein ist kein Verdienst – in Würde alt werden können ist vielleicht eines.
Die jungen Menschen stellen alles in Frage und haben keine Antworten. Sie kritisieren alles, haben aber nichts zu bieten. Sie sagen dauernd, was sie nicht wollen – aber sie wissen nicht, was sie wollen.
Tugend ist das Richtigsein des Menschen – habe ich irgendwo gelesen.
Andererseits ertrage ich nur schwer die Argumentation von gewissen Altgewerkschaftern, wenn sie sagen: »Wir haben diesen Staat nach dem Krieg wieder aufgebaut!«
Und die Jungen sagen darauf folgerichtig: »Ja, was sonst hättet ihr denn tun sollen?«

Heute sieht das alles schon wieder ganz anders aus. Im Zeitalter der Nachrichtenüberflutung findet man sich plötzlich mit dem Intimleben von Talkshow-Gästen konfrontiert, mit denen man um Gottes willen nichts zu tun haben möchte. Oder man findet sich bei jemandem zu Hause, den man nicht einmal im Notfall besuchen würde.

Es ist offenbar schon eine Ewigkeit her, als es noch die Weisen, die Alten gab, deren Ratschläge für die Jungen auf Erfahrung und auf Abgeklärtheit beruhten – auf dem Reichtum eines *gelebten*, nicht eines *verbrachten* Lebens. Aber die Neunzigerjahre, das Ende der zweitausend Jahre nach Christi Geburt, führen in den Industriestaaten zu einer Umkehrung der Werte.

Wenn mein Video-Recorder nicht funktioniert und ich mit einer Fernsteuerung dasitze, die ich absolut nicht verstehe, blickt mich mein Enkel Friedemann mitleidig an, empfiehlt mir, mich zu meiner Tochter, seiner Mutter, in die Küche zu setzen und teilt mir nach wenigen Minuten im Vorbeigehen mit, daß der Video-Recorder wieder benützbar sei. Was aber sollte ich heute meinen Enkel lehren, das für ihn Wichtigkeit hat?

Liebe und Menschlichkeit, wie ich hoffe.

Durch akute Wortschatzreduzierung verstehen heutige Kinder die Hälfte der Wörter im *Erlkönig* nicht mehr. Aber vielleicht braucht man den *Erlkönig* wirklich nicht, wenn man im Internet surft …

Mit Staunen stelle ich immer wieder fest, daß man alles Schöne und alles Kritische, das heute Bedeutung hat oder Gesprächsstoff bildet in Kultur, Literatur und Politik, unweigerlich in Goethes *Faust* vorfinden kann. Der alte Geheimrat hatte halt noch eine fundamentale humanistische Bildung.

MEPHISTO:
Verachte nur Vernunft und Wissenschaft,
des Menschen allerhöchste Kraft,
laß nur in Blend- und Zauberwerken
dich von dem Lügengeist bestärken:
So hab ich dich schon unbedingt. –
Ihm hat das Schicksal einen Geist gegeben,
der ungebändigt immer vorwärts dringt
und dessen übereiltes Streben
der Erde Freuden überspringt.
Den schlepp' ich durch das wilde Leben,
durch flache Unbedeutendheit,
er soll mir zappeln, starren, kleben,
und seiner Unersättlichkeit
soll Speis' und Trank vor gier'gen Lippen schweben;
er wird Erquickung sich umsonst erflehn.
Und hätt' er sich auch nicht dem Teufel übergeben,
er müßte doch zugrunde gehn!

Nach zwei Weltkriegen in diesem Jahrhundert hatte an dessen Ende in Bosnien ein psychopathischer Psychiater wieder einmal die Parole ausgegeben: »Willst du nicht mein Bruder sein, so schlag ich dir den Schädel ein!«
In Sarajewo war einst der Startschuß für den Ersten Weltkrieg gefallen, weil man sich von der Habsburger Herrschaft befreien wollte. Jetzt stand Sarajewo Sommer und Winter unter Dauerbeschuß der eigenen Leute – Serben, die ein Blutbad nach dem anderen anrichteten und wieder unstillbaren Haß säten, wo so lange friedliche Koexistenz zwischen Moslems, Serben und Kroaten geherrscht hatte.
Die Europäische Gemeinschaft war unfähig einzugreifen,

aber während noch Städte in Trümmer geschossen wurden, gab es schon Spendenaufrufe zu deren Wiederaufbau. Es fiel mir auf, daß es zwar bald an Lebensmitteln, Medikamenten und Bekleidung mangelte, aber niemals wurde berichtet, daß ein Mangel an Waffen und Munition herrschte. Wenn man nun bedenkt, daß eine einzige Gewehrkugel ebensoviel kostet wie ein Kilo Brot, dann hatte ich plötzlich das gespenstische Bild vor Augen, daß ein Maschinengewehr pro Minute 200 Kilo Brot verschießt und eine einzige Granate dem Gegenwert von einer Burgtheaterkarte der besten Kategorie entspricht.
Das Verhalten der mächtigen Staaten der Welt im Jugoslawien-Krieg erschien mir so, als würde eine Familie in der Nachbarwohnung Kampfgeräusche hören, die nach Mord und Totschlag klingen, und statt einzugreifen, wirft man vom Balkon Verbandszeug und Lebensmittel hinüber, damit die Kämpfenden wenigstens bei Kräften bleiben.
Ich muß gestehen, daß ich während der dreijährigen Kriegshandlungen nie wußte, wer wen bekämpfte, wer fliehen mußte oder wer geflohen ist.

Zwei Bücher haben mich in der Vorkriegszeit sehr beeindruckt, das waren Hemingways *In einem andern Land* (Originaltitel *A Farewell to Arms* mit dem schönen Doppelsinn, da doch *Arms* sowohl Arme als auch Waffen bedeutet) und Erich Maria Remarques *Im Westen nichts Neues*. Beide Bücher waren leidenschaftliche Appelle gegen den Krieg. Und was haben sie bewirkt? Daß wir heute nicht weiter sind als im Jahr 1918. Reicher sind wir geworden, älter sind wir geworden – aber gescheiter?
Auch wenn man bei einem Resümee den Eindruck hat, es

sei alles negativ und es sehr verführerisch ist, wieder einmal von der »guten alten Zeit« zu schwärmen – auch wenn ich auf die Frage »Wie geht es Ihnen?« immer das Bedürfnis verspüre zu sagen: »Danke. Ich kann nicht genug klagen!« –, es passiert immer wieder Schönes, Erfreuliches, Aufbauendes. So wie im August 1997.

Ich hatte in Hamburg eine Fernseh-Benefizsendung gedreht und wartete im Haus einer Freundin darauf, daß mich das Produktions-Auto abholte, um mich zum Flughafen zu bringen. Am Abend würde ich wieder in meiner Wohnung in Wien sein.

Ich wollte noch ein bißchen frische Luft schnappen, ging früher hinaus vor das Haus und setzte mich schließlich auf die niedrige Umfassungsmauer des Gartens. Es waren nicht viele Passanten unterwegs. Ein älterer Mann ging vorbei und sagte: »Guten Tag, Frau Krahl!«

Ich grüßte etwas verblüfft zurück, denn ich hatte einen großen Hut auf und daher kaum angenommen, daß man mich so erkennen würde.

Plötzlich hatte ich das Gefühl, daß jemand auf mich zukam, und schon begann eine Männerstimme zu singen:

»Das Sprichwort sagt, wer wagt, gewinnt!
Wer ohne Mut ein Spiel beginnt,
der fällt gewöhnlich dabei rein: Pech!
Es steht zwar die Erfahrung fest,
daß alles sich erreichen läßt.
Man muß dazu nur eines sein: Frech!
Wer sagt schon, was dahintersteckt,
wer Glück hat, ist in Mode.
Man sieht nur auf den Nutzeffekt
und nicht auf die Methode.«

Das Lied der Herzogin aus dem Film *Das Glas Wasser* von 1960!
Das war siebenunddreißig Jahre her.
»Woher kennen Sie das?« fragte ich den Mann.
»Ich hab's ja oft genug gehört!« war die vergnügte Antwort.
Und so sangen wir beide gemeinsam die zweite Strophe – auf einem Gartenmäuerchen in Hamburg vor meiner Rückkehr nach Wien.

»Die Welt ist voller Schlechtigkeit.
Der Kurswert der Gerechtigkeit
ist in der Praxis relativ klein.
Doch manchmal, wenn man unbewacht
Bilanz in seiner Seele macht,
fragt man sich doch: War dein Benehmen fein?
Ein reinliches Gewissen ist
ein sanftes Ruhekissen.
Wie schön, wenn du moralisch bist,
doch keiner will es wissen.«

Gott schütze
meine Tochter
Johanna Liebeneiner
und ihren Sohn

Was ich noch sagen wollte …

Nachwort von
Dieter H. Bratsch

Am Abhang des Wienerwaldes, dort wo die Höhenstraße auf den Kahlenberg beginnt, liegt ein barockes Schloß, das einst dem Fürsten Schwarzenberg gehörte. Kurz nachdem sie ihren achtzigsten Geburtstag gefeiert hatte, habe ich die Kammerschauspielerin Hilde Krahl eingeladen, bei unseren literarisch-komödiantischen Lesungen im Schloß Neuwaldegg unter anderem den berühmten Monolog der Marschallin aus dem *Rosenkavalier* vorzutragen. Um es vorwegzunehmen, sie erhielt von ihrem Publikum Standing ovations. Das ständige Lesungs-Ensemble bestand aus Ulli Fessl, die mit Hilde Krahl am Burgtheater gespielt hatte, aus Dany Sigel, die in der *Lieben Familie* mitgewirkt hatte, und aus Julia Randl, der Jüngsten des Ensembles.

Für Hilde Krahl war es eine Art Heimkehr in zweifacher Hinsicht, hatte sie doch ihre Schulzeit in Gersthof verbracht, das im selben Wiener Bezirk wie Dornbach-Neuwaldegg liegt, hatte dort das Mädchen-Gymnasium besucht und später mit ihrem Mann Wolfgang Liebeneiner, ihren Eltern und ihrer Tochter Johanna in Neuwaldegg viele Jahre gewohnt.

Und dann hat Hilde Krahl mich eingeladen, mit ihr auf Spurensuche in ihre Vergangenheit zu gehen, ihre Erinnerungen und Begegnungen im Lauf von achtzig Jahren nieder-

zuschreiben. Ich habe mich gern auf dieses Abenteuer eingelassen, weil das eine Reise ist, die keiner anderen in der Geographie unseres Planeten gleicht.
Außerdem reizte es mich, dem Phänomen der Schauspielerin Hilde Krahl nachzugehen. Es gibt kaum eine deutschsprachige Schauspielerin, die eine derartige Vielfalt an gespielten Rollen aufzuweisen hat wie sie. Ihr Rollenrepertoire am Theater reicht von der Jungfrau von Orleans bis zur Martha in *Wer hat Angst vor Virginia Woolf?*. Sie hat aber auch zahlreiche Filme gedreht, die einen Bogen bilden von Willi Forsts *Serenade* bis zu Helmut Käutners *Das Glas Wasser*. Aber sie war auch sofort im Fernsehen präsent, als sie noch in Schwarzweiß *Schwester Bonaventura* drehte.
Hilde Krahl ließ sich nie auf ein Rollenfach festlegen und sie war auch nie in ein Schema zu pressen. Diesem Geheimnis wollte ich auch so weit wie möglich auf den Grund gehen.
Manchmal waren unsere intensiven Gespräche für sie »schlimmer als ein Besuch beim Zahnarzt«, aber dann haben wir immer wieder viel gelacht, denn: »Ein Schauspieler ohne Humor kann zwar ein ganz guter Schauspieler sein, aber nie ein großer …«
Und was die Wahrheit betrifft, so hat doch jeder Mensch seine eigene Wahrheit in einer einzigen Wirklichkeit. Ein Schauspieler aber hat viele Wahrheiten: die Wahrheiten seiner Rollen, seine private Wahrheit, die Wahrheit seines Publikums …
Und so sagte Hilde Krahl: »Es geht mir nicht um die Wahrheit des Schauspielers, sondern um die Wahrhaftigkeit!«
Als mir Hilde Krahl ihre ersten Notizen gab, war ich vollends fasziniert. Ich habe dann vorgeschlagen, unsere Lebens-Bohrungen in sieben Teile zu fassen, nicht zuletzt, weil

die Sieben eine magische Zahl ist: die Sieben Weltwunder, die sieben Todsünden, die Sieben gegen Theben …
»Die sieben Zwerge!« warf Hilde Krahl ein.
Und da sie ordentliche Erinnerungen, die mit der Geburt beginnen und am Krückstock enden, nicht mag, haben wir es in Jahrzehnte aufgeteilt, die für Hilde Krahl wesentlich waren – aber nicht nur für Hilde Krahl.
Jetzt wird der geneigte Leser feststellen, daß es doch acht Teile sind, aber der achte Teil ist mehr eine Zusammenfassung und eine Reflexion über acht Jahrzehnte des Lebens einer Frau, die in Hunderte Rollen geschlüpft ist, um das Leben zu suchen, zu finden und zu zeigen.
»Die Vergangenheit können wir nicht mehr ändern, die Zukunft können wir nicht voraussagen – die fließende Gegenwart ist unser Leben …«

Die Schauspielerin Hilde Krahl suchte nie nach Rollen, mit denen sie populär werden konnte. Sie hat die ihr angebotenen Rollen gelesen und entschieden: Das spiele ich!
Hilde Krahl identifiziert sich mit keiner Rolle, liebt keine äußerlichen Sensationen, sondern sie versinkt während der Vorstellung in die Rolle und steigt nach der Vorstellung wieder zurück in ihr Privatleben. Sie meditiert nicht über Rollenauffassungen, diskutiert nicht stundenlang und versucht nicht, »sich selbst zu verwirklichen«. Sie erarbeitet die Rolle professionell und stellt sie mit all ihrer Kraft und Persönlichkeit auf die Bühne. Sie versenkt sich in die Schicksale, die sie darstellt nur während der Vorstellung. Sie haßt die Attitüde und die Selbstgefälligkeit, will aber, daß eine geleistete Arbeit anerkannt wird und eine besonders gut geleistete Beifall findet und Erfolg hat.

Wenn sie etwas tut, dann tut sie es nie halb. Weder privat noch beruflich. Daher ihre Vielseitigkeit. Weder spielt sie immer nur sich selbst, noch paßt sie sich bis zur Charakterlosigkeit an. Würde man einen Vergleich aus dem Tierreich suchen, so ist sie kein Chamäleon, kein Elefant im Porzellanladen, aber vielleicht eine Eule, die man nicht nach Athen tragen soll. Weil wir sie hier brauchen.

Am Anfang sitzt der alte Faust in seiner Studierstube und überlegt das uralte Problem, was ganz am Anfang war: das Wort, die Kraft, der Sinn oder die Tat.
Bei Hilde Krahl kamen alle vier zur Wirkung:
Das Wort faszinierte sie schon mit vierzehn beim Katecheten in der Kirche.
Ihre Kraft wollte sie, wie sie selbst sagt, sowohl auf der Bühne wie auch privat anwenden und zeigen. Daß ihr das gelungen ist, läßt sich vielfach belegen.
Den Sinn zu suchen und zu finden, ist sie heute noch unterwegs, ob in der Religion oder in der persönlichen Sozialhilfe – sie unterstützt aktiv eine Obdachlosen-Hilfsorganisation in Wien – oder in der Verfolgung der Tagesereignisse auf dieser Erde.
Und was die Tat betrifft, so hat sie schon sehr jung »alles getan, was man mir sagte«, hat ihre Rollen gespielt, statt darüber zu diskutieren und hat ihr Leben gelebt, statt darüber zu jammern – oder es gar zu zergrübeln.

Was an Hilde Krahl immer wieder fasziniert, ist die Unbefangenheit – sie nennt es manchmal Hemmungslosigkeit –, mit der sie an die Dinge herangeht. Sie betrat in der »Literatur am Naschmarkt« genauso selbstverständlich und offen

die Bühne wie im Theater in der Josefstadt. Sie erstarrte nie in Ehrfurcht vor berühmten Kollegen, schon allein deshalb, weil sie diese vorher gar nicht kannte.
Als sie das erstemal in ihrem Leben in ein Filmatelier kam, stellte sie fest, daß dort ein Zimmer oder ein Salon oder ein Gasthaus aufgebaut war und daß man darin so agierte wie im Theater. Ich bin davon überzeugt, daß das einer der Gründe ist, warum man das blutjunge Mädchen sofort begeistert einsetzte, denn sie hatte zu ihrer Schönheit und Ausstrahlung den nicht zu unterschätzenden kommerziellen Vorteil, daß sie blitzschnell ihre Texte lernte und man sich beim Film ersparte, Einstellungen endlos wiederholen zu müssen. Ein Umstand, der vielen damaligen Theater-Stars die Filmkarriere nahezu unmöglich machte.

Die Fünfzigerjahre brachten in Deutschland das Wirtschaftswunder. Sie brachten den Staatsvertrag für Österreich und nach zehn Jahren den Abzug der Besatzungstruppen – der Vier im Jeep. Zum Glück hat sich die Prophezeiung des Films *1. April 2000* nicht bewahrheitet, der ironisch davon ausging, daß Österreich auch zur Jahrtausendwende noch von den Amerikanern, den Engländern, den Russen und den Franzosen besetzt sein würde, weil es ihnen in Österreich so gut gefiel.
1955 gab es in Wien eine festliche Wiedereröffnung von Burgtheater und Staatsoper. Und Werner Krauß vererbte den Iffland-Ring an Josef Meinrad.
Ein Jahr später brach der Ungarnaufstand los. Viele Österreicher fühlten sich wie der Reiter über dem Bodensee. Nur ein Jahr früher, und die Panzerkommunisten hätten sich auch Ostösterreich einverleibt. Friedrich Torberg – jahrzehnte-

lang mit Hilde Krahl befreundet – war ein erklärter Antikommunist und Brecht-Gegner. Eine Einstellung, die nicht alle seine Kollegen und auch nicht alle Theaterleute teilten. Aber der Ungarnaufstand bestätigte wieder einmal seine kritische Haltung gegen den Kommunismus.
Es gab in den kommunistisch regierten Ländern alle zwölf Jahre einen Aufstand des Volkes, der mit Panzern niedergewalzt wurde und dem der Westen staunend zusah, ohne einen Finger zu rühren: 1956 – Ungarnaufstand, 1968 – Prager Frühling, 1980 – Lech Walesa in Polen, 1992 – Zusammenbruch des Eisernen Vorhangs und Ende der Sowjetunion. Aber damit war keineswegs der Frieden eingekehrt. Der Jugoslawien-Krieg brach auf dem Balkan los.
Man könnte glauben, daß die Menschen, vor allem die Politiker, bis heute nicht unterscheiden können zwischen Recht und Anspruch: Natürlich hat jeder das Recht auf Glück, wie es in der amerikanischen Verfassung steht, aber doch keinen Anspruch darauf – denn bei wem sollte er einen solchen einfordern. Jeder Mensch hat das Recht, Hilde Krahl zu lieben. Aber es wäre für sie wohl etwas belastend, wenn jeder den Anspruch auf ihre Liebe hätte.
Die Industriestaaten und die armen Länder unterscheiden sich heute nach dem Motto: Not macht erfinderisch – Wohlstand macht blöd.
Es steht zu befürchten, daß uns die Sinnlichkeit verlorengeht und der Sinn für Nuancen, wenn die fünf Sinne (Gesichtssinn, Geschmackssinn, Tastsinn, Geruchssinn und Gehör) ersetzt werden durch den Starrsinn, den Schwachsinn, den Irrsinn, den Leichtsinn und den Eigensinn.
Und anstelle der Ethik haben wir die Statistik, die auf einer repräsentativen Umfrage beruht. Der Neger wird zum Far-

bigen, der Bettler zum Unterstandslosen, der Wahnsinnige zum psychisch Kranken, der Perverse zum Triebtäter und Bertha von Suttner (die Hilde Krahl in *Herz der Welt* verkörperte) zur Powerfrau.

Ich glaube, daß Hilde Krahl ein Naturwesen ist – manchmal Undine, manchmal Alraune. Wenn sie zornig ist – und meistens ist sie mit sich selbst zornig –, dann braucht sie ein Ventil. Dann erregt sie sich maßlos über ein Detail, das mit dem wirklichen Grund der Erregung gar nichts zu tun hat. Wenn ihre körperliche Beweglichkeit behindert ist, wenn Hände oder Augen nicht ganz so funktionieren, wie sie es ein Leben lang gewohnt war, treibt sie das zu Verzweiflungsausbrüchen, aber ohne jedes Selbstmitleid. Wenn sie von etwas betroffen ist, weint sie sehr leicht – auch über besonders Schönes, Ergreifendes.
Sie tauchte im wahrsten Sinne des Wortes in ihre Rollen ein, ohne aber diese Rollen zu sein – denn sie behält immer die Kontrolle: Hilde Krahl ist Maria Stuart oder Mutter Courage und sie erlebt während der Vorstellung das Schicksal der dargestellten Figur mit allem Kraftaufwand und aller Intensität, deren sie fähig ist.
Sie ist ein sinnliches Wesen im besten Sinn dieses Wortes, weil sie alle fünf Sinne anwendet, um zu gestalten …
Sie sagt: »Schönheit hat mich bei Marilyn Monroe immer mehr ergriffen als beispielsweise bei Rita Hayworth. Die Verbindung der Weichheit des Körpers mit diesem Gesicht. Ich sah sie zum erstenmal in *Das verflixte 7. Jahr* von Billy Wilder. Ein erotischer Film, ohne viel zu zeigen, ohne vulgär zu sein. So wie Marilyn am Klavier sitzt – da könnten sich heutige »Freizügige« was abschauen …«

Anhand der folgenden Auswahl aus den Theaterrollen, die Hilde Krahl zeitgleich gespielt hat, soll ihre Vielseitigkeit augenfällig werden:

1943	Ibsens Nora und Schillers Prinzessin Eboli
1947/48	Giraudoux' Alkmene in *Amphitryon 38* und Schillers Maria Stuart
1950	Wedekinds Lulu und Shaws Heilige Johanna
1952	Sudermanns Magda in *Heimat* und Brechts stumme Kattrin in *Mutter Courage*
1957	Dumas' Kameliendame und Schönherrs Weibsteufel
1958	Robinson Jeffers' Medea und Hofmannsthals Buhlschaft
1961	Strindbergs Alice im *Totentanz* und Grillparzers Libussa
1967	Maughams Carlotta in *Duett im Zwielicht* und Brechts Mutter Courage
1969	Maughams Constance und Shakespeares Cleopatra
1978/79	Grillparzers Sappho und Handkes Mutter in *Wunschloses Unglück*

»Setz dir Perücken auf von Millionen Locken,
stell deinen Fuß auf ellenhohe Socken:
du bleibst am Ende, was du bist.«
(Mephisto in Goethes *Faust*)

Besonderer Dank gebührt Frau Christine Grillenhofer aus Wien, die uns ihr Hilde-Krahl-Archiv zur Verfügung stellte, in dem sie jahrzehntelang nahezu lückenlos Berichte, Fotos, Programme, Zeitungsausschnitte über die Auftritte der Schauspielerin Hilde Krahl am Theater, im Film und im Fernsehen sammelte. Und Frau Elfriede Schreiber, ebenfalls aus Wien, ergänzte dankenswerterweise mit ihren Archiv-Fotos, was uns noch fehlte.

Wir danken für die Genehmigung des Abdrucks:

Stiftung Archiv der Akademie der Künste, Berlin,
für die Texte von Heinz Hilpert;
Bremer Nachrichten und Weser Kurier, Bremen,
für die Rezensionen zu »Herz der Welt«;
Deutsche Verlags-Anstalt, Stuttgart, für einen Textauszug aus:
Curt Goetz, »Die Memoiren des Peterhans von Binningen«;
Göttinger Tagblatt, Göttingen, für die Rezension von Heinz Koch;
Kurier, Wien, für die Karikaturen von Schenker Langer;
Thomas Sessler Verlag GmbH, Wien, für die Texte von Paul Blaha
und Rudolf Ernst Weys;
Die Welt, Hamburg, für die Rezension von Gerhard Sanden.
Die Texte von Friedrich Torberg wurden in Buchform veröffentlicht in:
Friedrich Torberg, »Das fünfte Rad am Thespiskarren«, Band 1 und 2,
erschienen im Langen Müller Verlag, München, Wien 1966 und 1967.

Rollenverzeichnis Theater

einschließlich Lesungen
(soweit feststellbar)
Abkürzungen: HK = Hilde Krahl (bis 1936: Hila Krahl), E = Erstaufführung, DE = Deutsch(sprachige) Erstaufführung, U = Uraufführung, ÖE = Österreichische Erstaufführung, R = Regie, Insz. = Inszenierung, M = Musik, Bb. = Bühnenbild, dt. = deutsche Übersetzung

Zusammengestellt von Angela Eder

1935
Theater der 49, Wien

Arthur Schnitzler
Liebelei
HK (Christine)

Literatur am Naschmarkt, Wien

Silvesterprogramm:

Hans Weigel, M: Otto Andreas
5000 Worte Kanadisch
HK (Annette), Elisabeth Neumann, Else Pircher, Gertrud Ramlo, Gertie Sitte, Oskar Wegrostek

Walter Drix, Hans Weigel
Tag der Musikpflege
HK (Mutter/Sekretärin), Walter Engel, Benno Feldmann, Harald Peter Gutherz, Elisabeth Neumann, Else Pircher, Gertrud Ramlo, Gertie Sitte, Oskar Wegrostek

Lothar Metzl, Hans Weigel
Wir sprechen über Film. Ein Rückblick aus dem Jahr 2000
HK (Valerie Gärtner), Benno Feldmann, Else Pircher, Gertrud Ramlo, Adolf Müller-Reitzner, Oskar Wegrostek

Jenö Heltai, Franz Molnár (deutsche Bearbeitung und Liedertexte von Rudolf Ernst Weys)
Die Engel von Hernals
HK (Sternsinger/Mizzi), Elisabeth Neumann, Else Pircher, Gertrud Ramlo, Adolf Müller-Reitzner, Oskar Wegrostek

Hans Weigel (nach einem alten Volksmärchenmotiv),
M: Otto Andreas
Prinzessin Publikum
HK (Kleine Kunst), Walter Engel, Benno Feldmann, Else Pircher, Adolf Müller-Reitzner, Oskar Wegrostek

1936 X. Programm:

Harald Peter Gutherz, M: Hans Horwitz
Zeitmontage
HK, August Rieger, Oskar Wegrostek

Lothar Metzl (nach Bordese), M: Charles Lecocq
Liebeslist
HK (Pierrot), Rosl Gerstberger, August Rieger

Zwei serbische Volkslieder
gesungen von Hila Krahl

Lothar Metzl, M: Ferdinand Pilsen
Die große Reise des Herrn Soundso und seines Hundes Strups
HK (Das Mädchen/Genie des Trottellandes), Walter Engel, Benno Feldmann, Rosl Gerstberger, Harald Peter Gutherz, Elisabeth Neumann, Else Pircher, Gertrud Ramlo, Adolf Müller-Reitzner, August Rieger, Oskar Wegrostek

Rudolf Ernst Weys, Adam Quid, M: Walter Drix
Das Märchen vom Schlaraffenland
Es wird weiter gebohrt
HK (Zweite Reporterin), Rosl Gerstberger

Parteienverkehr
HK (Frau Dostal), Walter Engel, Harald Peter Gutherz, Elisabeth Neumann, Oskar Wegrostek

Heimweh nach Wien
HK (Frl. Hold), Benno Feldmann, Adolf Müller-Reitzner, Oskar Wegrostek

XI. Programm:

Hans Weigel, M: Otto Andreas
5000 Worte Kanadisch
HK (Annette), Rosl Gerstberger, Elisabeth Neumann, Else Pircher, Gertrud Ramlo, Oskar Wegrostek

Hans Weigel, M: Otto Andreas
Bretonisches Lied
gesungen von Hila Krahl

Jenö Heltai, Franz Molnár (deutsche Bearbeitung und Liedertexte von Rudolf Ernst Weys), M: Otto Andreas
Die Engel von Hernals
HK (Sternsinger/Mizzi), Benno Feldmann, Elisabeth Neumann, Else Pircher, Gertrud Ramlo, Adolf Müller-Reitzner, Oskar Wegrostek

Thornton Wilder
The long Christmas Dinner
HK (Geneviève Bayard), Benno Feldmann, Rosl Gerstberger, Harald Peter Gutherz, Elisabeth Neumann, Else Pircher, Gertrud Ramlo, Adolf Müller-Reitzner, Oskar Wegrostek

Lothar Metzl, Hans Weigel
Wir sprechen über Film. Ein Rückblick aus dem Jahr 2000
HK (Valerie Gärtner), Benno Feldmann, Else Pircher, Adolf Müller-Reitzner, Oskar Wegrostek

Hans Weigel, M: Otto Andreas
Prinzessin Publikum
HK (Kleine Kunst), Walter Engel, Benno Feldmann, Harald Peter Gutherz, Elisabeth Neumann, Else Pircher, Adolf Müller-Reitzner, Oskar Wegrostek

XII. Programm:

Hans Weigel, M: Walter Drix
Ein Lied vom Krieg
Eine lyrische Reportage
HK (Frau/Mädchen), Herbert Berghof, Benno Feldmann, Harald Peter Gutherz, Adolf Müller-Reitzner, Elisabeth Neumann, Else Pircher, Gertie Sitte, Oskar Wegrostek

Harald Peter Gutherz, M: Otto Andreas
Lachen am Sonntag
mit Hila Krahl

Rudolf Ernst Weys
Für die reifere Jugend
HK (Winnemaid), Herbert Berghof, Walter Engel, Benno Feldmann, Adolf Müller-Reitzner, Elisabeth Neumann, Else Pircher, Oskar Wegrostek

Lothar Metzl, Rudolf Spitz, M: Otto Andreas
Gschnas bleibt Gschnas
HK (Zweite Dame), Herbert Berghof, Walter Engel, Benno Feldmann, Harald Peter Gutherz, Adolf Müller-Reitzner, Elisabeth Neumann, Else Pircher, Gertie Sitte, Oskar Wegrostek

1936
Theater in der Scala, Wien

28. 3. U Karl Farkas (nach einer Idee v. J. M. Crawford), M: Hans Lang
Hofloge
Insz.: Karl Farkas, R: Erich Wenter, Bb.: Felix Smetana
HK (Hortense), Irma Agoston, Felix Bressart, Claire Eiselmeyr, Lothar Hoßner, Oscar Karlweis, Arthur Rieck, Annie Rosar, Rosl Selhofer, Josef Stiegler, Otto Wallburg, Ernst Wieland, Mihail Xantho

20. 10.–5. 11. Georg Fraser
Neun Offiziere
Ensemble-Gastspiel des Theaters an der Wien im Theater in der Scala
Insz.: Arthur Hellmer, Bb.: Otto Niedermoser
HK (Jelisaweta Alexandrowna Rasumin), Herbert Alda, Herbert Berghof, Leopold Biberti, Johannes Braun, Gustav Breuer, Jakob Feldhammer, Hans Frank, Carl Günther, Josef Hübner, Manfred Inger, Paul Lindenberg, Arthur Mainzer, Franz Massareck, Erich Pohlmann, Ferdinand Polland, Hans Rainer, Gusti Tomek

6.–16. 11. Leo Lenz, Ralph Arthur Roberts
Struppi
Insz.: Rudolf Beer, Bb.: Max Frey
HK (Lore Meinhold), Felix Bressart, Clara Karry, Rudolf Pirk, Egon Sala, Josef Victora, Richard Waldemar, Josef Wichart, Ernst Wieland

Theater in der Josefstadt, Wien

22. 12. Ladislaus Fodor
Matura
Insz.: Albert Heine, Bb.: Willi Bahner
HK (Käthe Seidel), Sybille Binder, Fritz Delius, Anton Edthofer, Adrienne Gessner, Annie Maier, Alfred Neugebauer, Karl Paryla, Ludwig Stössel, Hans Thimig, Jane Tilden, Susi Witt

1937
12. 11. Maxim Gorki
Nachtasyl
Insz.: Ernst Lothar, Bb.: Georg Krista
HK (Natasa), Albert Bassermann, Fritz Delius, Tilla Durieux, Anton Edthofer, Erik Frey, Alfred Neugebauer, Karl Paryla, Kitty Stengel, Ludwig Stössel, Rudolf Teubler, Margarete Witzmann

1938
Sonderaufführung (3 Festvorstellungen)
Henrik Ibsen
Gespenster
HK, Albert Bassermann, Tilla Durieux

11.2. Paul Géraldy (dt. Berta Zuckerkandl)
Hochzeitstage
Insz.: Maximilian Schulz, Bb.: Ludwig Haas
HK (Suzanne), Max Brebeck, Fritz Delius, Sylvia Devez, Hans Joachim Frendt, Adrienne Gessner, Geraldine Katt, Dagny Servaes, Hans Thimig, Lisl Valetti, Susi Witt

25.10. Hermann Bahr
Wienerinnen
Insz.: Hans Thimig, Bb.: Otto Niedermoser
HK (Daisy), Herbert Aichinger, Franz Böheim, Elfriede Datzig, Anton Edthofer, Lisl Kinast, Elfriede Kuzmany, Alfred Neugebauer, Dagny Servaes, Jane Tilden, Camilla Weber, Gisa Wurm

22.11. ÖE Denys Amiel (dt. Wolfgang Drews)
Die Familie
Insz.: Ernst Karchow, Bb.: Otto Niedermoser
HK (Jeanine Tavernier), Franz Böheim, Vilma Degischer, Erland Erlandsen, Gusti Huber, Lotte Lang, Alfred Neugebauer, Dagny Servaes, Jakob Sulzer, Wilhelm Tauchen

Kammerspiele des Deutschen Theaters, Berlin

23.12. Hermann Bahr
Wienerinnen
1. Ensemblegastspiel des Theaters in der Josefstadt, Wien
Insz.: Hans Thimig, Bb.: Otto Niedermoser
HK (Daisy), Herbert Aichinger, Franz Böheim, Elfriede Datzig, Anton Edthofer, Elfriede Kuzmany, Alfred Neugebauer, Dagny Servaes, Jane Tilden, Camilla Weber, Gisa Wurm

1939
Theater in der Josefstadt, Wien

24.1. Ferdinand Raimund
Der Bauer als Millionär oder Das Mädchen aus der Feenwelt
Insz.: Heinz Hilpert, Bb.: Ernst Schütte
HK (Die Jugend), Franz Böheim, Karl Ehmann, Hermann Erhardt, Erik Frey, Lisl Kinast, Gerda Maurus, Hans Moser, Franz Pfaudler, Frida Richard, Helly Servi, Rudolf Steinboeck, Lorle Steindl, Rudolf Teubler

14.2. U Alexander Lernet-Holenia
Glastüren
Insz.: Hans Thimig, Bb.: Otto Niedermoser
HK (Maria del Pilar), Siegfried Breuer, Theodor Danegger, Erik Frey, Carl Günther, Karl John, Elfriede Kuzmany, Elisabeth Markus, Alfred Neugebauer, Wilhelm Tauchen

Kammerspiele des Deutschen Theaters, Berlin

17.3. Alexander Lernet-Holenia
Glastüren
Ensemblegastspiel des Theaters in der Josefstadt, Wien
Insz.: Hans Thimig, Bb.: Otto Niedermoser
HK (Maria del Pilar), Theodor Danegger, Erik Frey, Carl Günther, Elfriede Kuzmany, Elisabeth Markus, Alfred Neugebauer, Wilhelm Tauchen, Hans Unterkircher

15.4. W. Somerset Maugham (dt. Karl Lerbs)
Der Kreis
Insz.: Ernst Karchow, Bb.: Ernst Schütte
HK (Elizabeth), Axel von Ambesser, Katharina Berger, Trude Hesterberg, Karl John, Robert Taube

Theater in der Josefstadt, Wien

3.11. William Shakespeare (dt. Schlegel/Hilpert)
Was ihr wollt
Insz.: Heinz Hilpert, Bb.: Caspar Neher
HK (Viola), Anton Edthofer, Nikolaus Habel, Christl Mardayn, Alfred Neugebauer, Dagny Servaes, Hans Thimig

1941

1.4. Friedrich Hebbel
Maria Magdalene
Insz.: Heinz Hilpert, Bb.: Caspar Neher
HK (Klara), Siegfried Breuer, Hans Holt, Albin Skoda, Frida Richard, Helly Servi, Robert Taube, Rudolf Teubler

29.4. Carlo Goldoni (dt. Kurt Adalbert)
Das Kaffeehaus
Insz.: Bruno Hübner, Bb.: Ernst Schütte
HK (Vittoria), Franz Böheim, Siegfried Breuer, Karl Ehmann, Hans Holt, Lisl Kinast, Alfred Neugebauer, Dagny Servaes, Wilfried Seyferth

1942

15.1. August Strindberg
Königin Christine
Insz.: Günther Haenel, Bb.: Caspar Neher
HK (Königin Christine), Herbert Alda, Axel von Ambesser, Max Brebeck, Siegfried Breuer, Anton Edthofer, Hermann Erhardt, Karl Forest, Erik Frey, Paul Hubschmid, Olga Traeger-Matscheko

12.9. Friedrich Hebbel
Maria Magdalene
Insz.: Heinz Hilpert, Bb.: Caspar Neher
HK (Klara), Siegfried Breuer, Karl John, Frida Richard, Albin Skoda, Robert Taube, Heinrich Troxbömker

Theater in der Josefstadt, Wien

23. 12. Friedrich von Schiller
Kabale und Liebe
Insz.: Heinz Hilpert, Bb.: Ernst Schütte
HK (Luise Miller), Anton Edthofer, Paul Hubschmid, Erik Frey, Maria Nicklisch, Franz Pfaudler, Walter Richter, Dagny Servaes, Wilfried Seyferth, Gisa Wurm

1943
4. 5. Henrik Ibsen
Nora
Insz.: Heinz Hilpert, Bb.: Ernst Schütte
HK (Nora), Vilma Degischer, Anton Edthofer, Fritz Gamberti, Walter Richter, Helly Servi, Hans Thimig, Gisa Wurm

10. 9.
Deutsches Theater, Berlin

Henrik Ibsen
Nora
Insz.: Heinz Hilpert, Bb.: Ernst Schütte
HK (Nora), Hans Brausewetter, Albin Skoda

Theater in der Josefstadt, Wien

15. 12. Friedrich von Schiller
Don Carlos
Insz.: Heinz Hilpert, Bb.: Caspar Neher
HK (Prinzessin Eboli), Max Bachmann, Anton Edthofer, Karl Ehmann, Erik Frey, Paul Hubschmid, Elfriede Kuzmany, Franz Pfaudler, Katharina Strohbach

1944
11. 3. Hans Jüngst
Achill unter den Weibern
Insz.: Heinz Hilpert, Bb.: Ernst Schütte
HK (Deidameia), Max Brebeck, Fritz Gehlen, Hans Gaugler, Paul Hubschmid, Elfriede Kuzmany, Alfred Neugebauer, Erich Nikowitz, Walter Richter

1945
Deutsches Schauspielhaus, Hamburg, im Theater am Besenbinderhof

5. 11. William Shakespeare (bearb. v. Helmut Käutner)
Der Widerspenstigen Zähmung
Insz.: Helmut Käutner, Bb.: Heinz Hoffmann
HK (Katharina), Horst Beck, Wolf Beneckendorf, Eva Gotthardt, Heini Göbel, Gustav Knuth, Adalbert Kriwat, Hermann Lenschau

1946
Hamburger Kammerspiele

10. 1.	George Bernard Shaw **Frau Warrens Gewerbe** Insz.: Wolfgang Liebeneiner, Bb.: Fritz Brauer HK (Vivie), Ida Ehre, Hermann Lenschau, Erwin Linder, Gerhard Ritter, Hermann Schomberg
26. 4.	Ferdinand Bruckner **Die Marquise von O.** Insz.: Wolfgang Liebeneiner, Bb.: Helmut Koniarsky HK (Frau von O.), Ida Ehre, Helmut Kröger, Erwin Linder, Eduard Marks, Karl Schill
20. 9.	Jean Anouilh **Eurydike** Insz.: Ulrich Erfurth, Bb.: Helmut Koniarsky HK (Eurydike), Hans Anklam, Gerhard Bräuer, Ida Ehre, Erwin Geschonneck, Hermann Lenschau, Erwin Linder, Hans Mahnke, Eduard Marks, Käte Pontow, Karl Schill, Hermann Schomberg, Edda Seippel

1947

21. 3.	Thornton Wilder (dt. Gentiane Genser) **Wir sind noch einmal davongekommen** Insz.: Helmut Käutner, Bb.: Helmut Koniarsky HK (Sabina), Hans Anklam, Helga Aust, Ida Ehre, Hubert Fichte, Erwin Geschonneck, Horst Hächler, Tilla Hohmann, Ingeborg Ihnken, Hermann Lenschau, Eduard Marks, Käte Pontow, Else Quecke, Hans Quest, Hermann Schomberg
3. 5.	Jean Giraudoux **Der Trojanische Krieg wird nicht stattfinden** Insz.: Ulrich Erfurth, Bb.: Helmut Käutner HK (Helena), Dagmar Altrichter, Hans Anklam, Lilo Barth, Gerhard Bräuer, Ida Ehre, Hubert Fichte, Helmut Käutner, Erwin Linder, Eduard Marks, Hans Mahnke, Hans Quest, Hermann Schomberg
31. 12.	Jean Giraudoux **Amphitryon 38** Insz.: Wolfgang Liebeneiner, Bb.: Helmut Koniarsky HK (Alkmene), Gisela Borries, Luise Franke-Booch, Willi Hochapfel, Bruno Karl, Erwin Linder, Eduard Marks, Hermann Schomberg, Peter Schorn, Maria Secher

1948

1.3. Friedrich von Schiller
Maria Stuart
Insz.: Ulrich Erfurth, Bb.: Helmut Koniarsky
HK (Maria Stuart), Ida Ehre, Willi Hochapfel, Tilla Hohmann, Leopold von Ledebur, Hermann Lenschau, Erwin Linder, Eduard Marks, Gerd Möllenberg, Hans Quest, Hermann Schomberg, Peter Schorn

1949

Theater in der Josefstadt, Wien

4.1. DE Aldous Huxley (dt. Herberth E. Herlitschka)
Das Lächeln der Gioconda
Insz.: Rudolf Steinboeck, Bb.: Otto Niedermoser
HK (Janet Spence), Max Brebeck, Anton Edthofer, Carl Günther, Lisl Kinast, Robert Lindner, Elisabeth Markus, Eduard Sekler, Gisa Wurm

Hamburger Kammerspiele

16.4. DE Jean-Paul Sartre (dt. Boris von Borresholm)
Geschlossene Gesellschaft
Insz.: Wolfgang Liebeneiner, Bb.: Helmut Koniarsky
HK (Ines), Richard Lauffen, Helmut Peine, Edda Seippel

und
Jean-Paul Sartre (dt. H. Rienau)
Die respektvolle Dirne
Insz.: Wolfgang Liebeneiner, Bb.: Helmut Koniarsky
HK (Lizzie), Heino Cohrs, Walter Giller, Willi Hochapfel, Karl John, Bruno Karl, Peter Mionsen, Helmut Peine

1950

9.1. Franz Molnár (dt. Friedrich Torberg)
Panoptikum
Insz.: Fritz Rémond, Bb.: Helmut Koniarsky
HK (Prinzessin Anna), Katharina Brauren, Elly Burgmer, Walter Grüters, Hermann Lenschau, Alfred Mendler, Helmut Peine, Max Walter Sieg, Arnim Waldeck-Suessenguth

4.3. Frank Wedekind (bearb. v. Kadidja Wedekind)
Die Büchse der Pandora
Insz.: Wolfgang Liebeneiner, Bb.: Helmut Koniarsky
HK (Lulu), Gert Andreae, Heino Cohrs, Walter Giller, Kurt A. Jung, Fritz Kampers, Hermann Lenschau, Gerd Martienzen, Harald Paulsen, Helmut Peine, Franz Schafheitlin, Annemarie Schradiek, Erica Schramm, Arnim Waldeck-Suessenguth

Deutsches Theater in Göttingen

16. 9. George Bernard Shaw (dt. Siegfried Trebitsch)
Die heilige Johanna
Insz.: Heinz Hilpert, Bb.: Jan Schlubach
HK (Johanna), Peter Arens, Eugen Bergen, Fritz Brand, Eugen Dumont, Fritz Eberth, Michael Grahn, Siegfried Lowitz, Erich Ponto, Friedrich Schoenfelder

3. 11. U Carl Zuckmayer
Der Gesang im Feuerofen
Insz.: Heinz Hilpert, Bb.: Jan Schlubach
HK (Sylvaine Castonnier), Peter Arens, Eugen Bergen, Fritz Brand, Engelbert Dameris, Eugen Dumont, Fritz Eberth, Margrit Ensinger, Michael Grahn, Tatjana Iwanow, Mila Kopp, Siegfried Lowitz, Erich Ponto, Friedrich Schoenfelder

1952
Hamburger Kammerspiele

14. 1. Elmer Harris (dt. Walter Firner)
Johnny Belinda (Schweigende Lippen)
Insz.: Walter Firner, Bb.: Heinz Hoffmann
HK (Belinda McDonald), Horst Beck, Volker von Collande, Ellinor Eriksson, Eva Fiebig, Tilla Hohmann, Hans Irle, Walter Laugwitz, Wolfgang Liebeneiner, Richard Münch, Helmut Peine, Gudrun Thielemann, Jo Wegener

15. 2. Hermann Sudermann
Heimat
Insz.: Wolfgang Liebeneiner, Bb.: Heinz Hoffmann
HK (Magda), Eva Fiebig, Tilla Hohmann, Hans Irle, Heinz Klingenberg, Hermann Kner, Richard Münch, Franz Schafheitlin, Inge Schmidt, Annemarie Schradiek, Ruth Siegmeier

Theater in der Josefstadt, Wien

1. 4. Elmer Harris (dt. Walter Firner)
Johnny Belinda
Insz.: Walter Firner, Bb.: Heinz Hoffmann
HK (Belinda McDonald), Susanne Engelhart, Hugo Gottschlich, Heinz Grohmann, Kurt Heintel, Hans Holt, Lisl Kinast, Elisabeth Markus, Gerhard Riedmann, Gisa Wurm

Hamburger Kammerspiele

14. 10. Bertolt Brecht, M: Paul Dessau
Mutter Courage und ihre Kinder
Insz.: Hans Lietzau, Bb.: Helmut Koniarsky
HK (Kattrin), Klaus Abramowsky, Josef Dahmen, Ida Ehre, Rudolf Fenner, Hans-Günther Martens, Richard Münch, Adalbert Palent, Henning Schlüter, Werner Völger, Joachim Wolff, Eleonore Zetzsche

1953

8.3. Maxwell Anderson (dt. Walter Firner)
Johanna aus Lothringen
Insz.: Walter Firner, Bb.: Heinz Hoffmann
HK (Mary Grey/Johanna), Horst Beck, Horst Breitkreutz, Thomas Donath, Andrea Grosske, Hermann Lenschau, Wolfgang Liebeneiner, Reinhold Nietschmann, Adalbert Palent, Helmut Peine, Gudrun Thielemann, Siegfried Wald, Frank von Zeska

13.4. Marcel Achard
Es geht auch ohne Geld
Insz.: Hans Lietzau, Bb.: Heinz Hoffmann
HK (Isabelle), Horst Beck, Hermann Lenschau, Marlene Riphahn, Wolfgang Wahl, Gisela Wessel

Theater in der Josefstadt, Wien

18.12. Maxwell Anderson (dt. Walter Firner)
Johanna aus Lothringen
Insz.: Walter Firner, Bb.: Emil Pirchan
HK (Mary Grey/Johanna), Günther Bauer, Martin Costa, Wolfgang Hebenstreith, Rudolf Lenz, Wolfgang Liebeneiner, Helmuth Lohner, Erna Mangold, Franz Pfaudler, Peter Preses, Leopold Rudolf, Michael Toost, Robert Valberg

1954

5.2. Christopher Fry (dt. Hans Feist)
Die Dame ist nicht fürs Feuer
Insz.: Wolfgang Liebeneiner, Bb.: Helmut Käutner
HK (Jennet Jourdemayne), Leopold Rudolf, Fritz Eckhardt, Hermann Erhardt, Helmuth Lohner, Elisabeth Markus, Franz Messner, Franz Pfaudler, Aglaja Schmid, Michael Torst, Ernst Waldbrunn

1955

1.2. Federico García Lorca (dt. Enrique Beck)
Mariana Pineda
Insz.: Wolfgang Liebeneiner, Bb.: Werner Schlichting
HK (Mariana Pineda), Vilma Degischer, Erik Frey, Nicole Heesters, Erna Mangold, Elisabeth Markus, Franz Messner, Ricklef Müller, Otto Schenk, Ursula Schult, Guido Wieland

3.3. Marcelle Maurette (bearb. v. Guy Bolton, dt. Ernestine Costa)
Anastasia
Insz.: Werner Kraut, Bb.: Felix Smetana
HK (Anna), Werner Dahms, Karl Ehmann, Susanne Engelhart, Hermann Glaser, Ludmilla Hell, Franz Messner, Christian Moeller, Walther Reyer, Helene Thimig, Guido Wieland, Susi Witt, Hans Ziegler

1955/56

Tournee-Theate »Der grüne Wagen«, Hamburg

U Hans José Rehfisch (frei nach Balzac)
Oberst Chabert
Insz.: Hans Schweikart, Bb.: Heinz Gerhard Zircher
HK (Diane Ferraud), Eva Crüwell, O. E. Hasse, Harald Juhnke, Gig Malzacher, Charles Regnier, Josef Sieber

1956

Theater in der Josefstadt, Wien

28. 11. Alexandre Dumas fils (dt. Ludwig Berger)
Die Kameliendame
Insz.: Paul Hoffmann, Bb.: Otto Niedermoser
HK (Marguerite Gautier), Gretl Elb, Leopold Hainisch, Hans Jungbauer, Rudolf Krismanek, Helmuth Lohner, Silva Medwed, Franz Messner, Luzi Neudecker, Gretl Schörg, Helly Servi, Louis Soldan, Guido Wieland, Hans Ziegler

1957

29. 1. Iwan S. Turgenjew (dt. H. Angerow, bearb. v. Florian Kalbeck)
Ein Monat auf dem Lande
Insz.: Peter Scharoff, Bb.: Otto Niedermoser
HK (Natalja Petrowna), Carl Bosse, Irma Brama, Grete Bukovics, Martin Costa, Heinz Czeike, Maria Emo, Wolfgang Hebenstreith, Paola Loew, Helmuth Lohner, Karl Schönböck, Guido Wieland

20. 3. Karl Schönherr
Der Weibsteufel
Insz.: Leonard Steckel, Bb.: Otto Niedermoser
HK (Sein Weib), Walther Reyer, Leopold Rudolf

Bad Hersfelder Festspiele

1. 6. – 28. 7. Friedrich von Schiller
Die Jungfrau von Orleans
Insz.: Ulrich Erfurth, Bb.: Heinz Ludwig, Karl Kampe
HK (Johanna), Ewald Balser, Karl Ebhardt, Elisabeth Flickenschildt, Hilde Weissner, Karl John, Hannsgeorg Laubenthal / Wolf Ackva, Walther Reyer/Sieghardt Rupp, Albin Skoda, Lotte Tobisch, Lotte Vinçon, Jochen Zimmermann

Hugo von Hofmannsthal
Jedermann
Insz.: Johannes Klein, Bb.: Heinz Ludwig, Karl Kampe
HK (Buhlschaft), Heinrich Beuckelmann, Lil Dagover, Anna Dammann, Gustav Fröhlich, Hannsgeorg Laubenthal, Otto Mädisius

Düsseldorfer Schauspielhaus

8. 7. DE	Tennessee Williams (dt. Hans Sahl) **Orpheus steigt herab** Insz.: Leo Mittler, Bb.: Ita Maximowna HK (Lady Torrance), Maria Alex, Frigga Braut, Birgid Füllenbach, Kurt Heintel, Peter Kuiper, Liselotte Kuschnitzki, Gisela Mattishent, Gerda Maurus, Hans Müller-Westernhagen, Heinrich Ortmayr, Otto Ströhlein, Siegfried Wischnewski

1958

Theater in der Josefstadt, Wien

23.2. ÖE	Terence Rattigan (dt. Annie u. Peter Capell) **Einzeltische** (Tisch am Fenster/Tisch Nummer sieben) Insz.: Leonard Steckel, Bb.: Fritz Maurischat HK (Mrs. Shankland/Miss Railton-Bell), Jochen Brockmann, Vilma Degischer, Karl Ehmann, Silva Medwed, Franz Messner, Anni Mewes, Gertrud Ramlo, Helly Servi, Helene Thimig

Bad Hersfelder Festspiele

1. 6. – 27. 7. DE	Robinson Jeffers (frei nach Euripides, dt. Eva Hesse) **Medea** Insz.: Ulrich Erfurth HK (Medea), Karl Ebhardt, Paul Hartmann, Karl John, Gisela Pelz, Hildegard Schreiber, Beryll Sharland, Albin Skoda, Hilde Weissner
	Friedrich von Schiller **Die Verschwörung des Fiesko zu Genua** Insz.: Ulrich Erfurth, Bb.; Heinz Ludwig, Erich Schneider HK (Julia), Martin Benrath, Dietrich Bergmann, Richard Bohne, Hannelore Dietrich, Karl Ebhardt, Gustav Fröhlich, Paul Hartmann, Hannsgeorg Laubenthal, Eva Schocke, Max Strassberg, Sonja Sutter, Margot Waldner

VII. Europäische Wochen, Passau

August	Hugo von Hofmannsthal **Jedermann** HK (Buhlschaft), Lil Dagover, Gustav Fröhlich, Paul Hartmann, Reinhold Siegert

Deutsches Schauspielhaus, Hamburg

3. 9.	Gerhart Hauptmann **Iphigenie in Delphi** Insz.: Ulrich Erfurth, Bb.: Karl Gröning HK (Elektra), Gerhard Bünte, Rudolf Dobersch, Sebastian Fischer, Elisabeth Flickenschildt, Günther Hadank, Hubert Hilten, Werner Meissner, Richard Münch, Erich Rauschert

1.11. Eugene O'Neill (dt. bearb. v. Oscar Fritz und Ursula Schuh)
Fast ein Poet
Insz.: Ulrich Erfurth, Bb.: Karl Gröning
HK (Deborah Harford), Ehmi Bessel, Reinhard Brox, Ella Büchi, Uwe Friedrichsen, Rosemarie Gerstenberg, Werner Hinz, Hans Irle, Eduard Marks, Heinz Possberg, Fritz Wagner, Hilde Weissner, Karl-Heinz Wüpper

1959
Volkstheater, Wien

3.1. EA Ray Lawler (dt. Curt und Maria Prerauer)
Der Sommer der 17. Puppe
Insz.: Wolfgang Liebeneiner, Bb.: Christof und Peter Heyduck
HK (Olive), Dorothea Neff, Paula Pfluger, Maria Urban, Edd Stavjanik, Hans Rüdgers, Sieghardt Rupp

10.3. William Shakespeare (dt. Dorothea Tieck und Tycho Mommsen, bearb. v. Karl Kraus)
Macbeth
Insz.: Leon Epp, Bb.: Carl Wilhelm Vogel
HK (Lady Macbeth), Dorothea Neff, Hans Hais, Aladar Kunrad, Horst Fitzthum, Otto Woegerer, Hans Rüdgers, Hannes Schiel, Sieghardt Rupp, Bert Fortell, Ernst Meister, Heinrich Trimbur, Kurt Sowinetz, Anton Gaugl, Margarete Fries, Elisabeth Epp

Schiller-Theater, Berlin

9.5. U Ezra Pound (nach Sophokles, dt. Eva Hesse)
Die Frauen von Trachis
Insz.: Hans Lietzau, Bb.: H. W. Lenneweit
HK (Deianeira), Wilhelm Borchert, Linda Geiser, Herta Kravina, Friedrich Maurer, Friedrich Siemers, Elsa Wagner, Helmut Wildt, Theodor Vogeler

Deutsches Schauspielhaus, Hamburg

Friedrich von Schiller
Maria Stuart
Insz.: Gustaf Gründgens, Bb.: Karl Gröning
HK (Maria Stuart, Rollenübernahme von Antje Weisgerber, Premiere der Produktion: 31.5.), Ilse Bally, Volker Brandt, Reinhard Brox, Gerhard Bünte, Elly Burgmer, Max Eckard, Josef Dahmen, Sebastian Fischer, Elisabeth Flickenschildt, Wilhelm Walter, Eduard Marks, Robert Meyn, Richard Münch, Joseph Offenbach

Burgtheater, Wien

3. 10. Friedrich von Schiller
Wallenstein: Die Piccolomini
Insz.: Leopold Lindtberg, Bb.: Teo Otto
HK (Gräfin Terzky), Ewald Balser, Fred Hennings, Paul Hoffmann, Michael Janisch, Peter P. Jost, Robert Lindner, Johannes Neuhauser, Walther Reyer, Hans Richter, Aglaja Schmid, Liselotte Schreiner, Reinhold Siegert, Albin Skoda, Walter Stumvoll, Heinz Winter, Andreas Wolf

31. 10. Friedrich von Schiller
Wallenstein: Wallensteins Tod
HK (Gräfin Terzky), Ewald Balser, Günther Haenel, Paul Hoffmann, Michael Janisch, Peter P. Jost, Robert Lindner, Hanns Obonya, Walther Reyer, Aglaja Schmid, Liselotte Schreiner, Albin Skoda, Heinz Woester, Andreas Wolf

1960
Ruhrfestspiele Recklinghausen, Städtischer Saalbau, Recklinghausen

3. 6. William Shakespeare (dt. Dorothea Tieck)
Macbeth
Insz.: Heinrich Koch, Bb.: Franz Mertz
HK (Lady Macbeth), Kaspar Brüninghaus, Max Gaede, Ullrich Haupt, Michael Heltau, Wilfried-Jan Heyn, Bum Krüger, Ernst Schröder, Anke Tegtmeyer, Lucy Valente, Eleonore Zetzsche

15. 6. Gerhart Hauptmann
Die Ratten
Insz. u. Bb.: Willi Schmidt
HK (Frau Sidonie Knobbe), Martin Benrath, Kaspar Brüninghaus, Gisela von Collande, Michael Günther, Ullrich Haupt, Michael Heltau, Annemarie Holtz, Melanie Horeschovsky, Klaus Kammer, Ida Krottendorff, Bum Krüger, Karl Kuhlmann, Renate Schroeter, Elisabeth Wiedemann, Gusti Wolf

Tournee-Theater »Der grüne Wagen«, München

Herbst Robinson Jeffers (frei nach Euripides, dt. Eva Hesse)
Medea
Ins.: William Dieterle
HK (Medea), Paul Hartmann, Hildegard Schreiber, Hilde Weissner, Carlos Werner

1961
Theater in der Josefstadt, Wien

5. 4. August Strindberg (dt. Emil Schering)
Totentanz
Insz.: Walter Henn, Bb.: H. W. Lenneweit
HK (Alice), Walter Franck, Rosemarie Strahal, Erwin Strahl

Volkstheater Wien (Wiener Festwochen 1961)

28. 5. Franz Grillparzer
Libussa
Insz.: Wolfgang Liebeneiner
HK (Libussa), Wilhelm Borchert, Margarete Fries, Elisabeth Epp, Hermann Laforêt, Edd Stavjanik, Aladar Kunrad, Julia Gschnitzer, Traute Wassler, Helmi Mareich, Maria Urban

Bad Hersfelder Festspiele

Juni bis August **Die Orestie**
Insz.: Franz Reichert, Bb.: Heinz Ludwig
HK (Kassandra), Heinz Bennent, Peter Ehrlich, Martin Hirthe, Pit Krüger, Hannsgeorg Laubenthal, Sigrid Marquardt, Günther Neutze, Ruth Niehaus, Fritz Nydegger, Witta Pohl, Doris Schade, Fritz Schmiedel, Liselotte Schreiner, Albin Skoda, Miriam Spoerri, Wolfgang Stendar, Hilde Weissner

1962
Kleine Komödie, München – Großes Haus im Bayerischen Hof

19. 1. W. Somerset Maugham (dt. Franz Gribitz, bearb. v. Gerhard Metzner)
Lady Frederick
Insz.: Hans Quest, Bb.: Eduard Löffler
HK (Lady Frederick Berolles), Berno von Cramm, Heidi Fischer/Bibiana Jelinek, Harry Hardt, Gisela Hecht, Trude Hesterberg, Karl Schönböck, Christian Wolff, Hans Zesch-Ballot

2. 11. George Bernard Shaw (dt. Siegfried Trebitsch)
Candida
Insz.: Wolfgang Liebeneiner, Bb.: Eduard Löffler
HK (Candida), Rainer von Artenfels, Gustav Fröhlich, Ursula Herking, Michael Lenz, Hans Zesch-Ballot

September 1962 – Mai 1963
Tournee-Theater »Der grüne Wagen«, München

Henri de Montherlant
Der Kardinal
HK (Johanna die Wahnsinnige)

Paul Claudel
Mittagswende
Insz.: Wolfgang Liebeneiner
HK (Ysë), Wolf Ackva, Pinkas Braun, Werner Schumacher

1964
Theater in der Josefstadt, Wien

15.4. ÖE — Edward Albee (dt. Pinkas Braun)
Wer hat Angst vor Virginia Woolf?
Insz.: Imo Moszkowicz, Bb.: Franz Szivats
HK (Martha), Hans Holt, Elke Neidhardt, Erwin Strahl

12.5. — Georg Kaiser
Kolportage
Insz.: Hans Jaray, Bb.: Roman Weyl
HK (Karin), Matthias Fuchs, Hermann Glaser, Hans Jaray, Theo Lingen, Elisabeth Markus, Christine Merthan, Gretl Schörg, Eduard Sekler

Tournee-Theater »Bühne 64«, Zürich
Start: 1.9. in der Freien Volksbühne, Berlin

Jean Giraudoux (dt. W. M. Treichlinger u. Gerda v. Uslar)
Sodom und Gomorrha
Insz.: Wolfgang Liebeneiner, Bb.: Hubert Aratym
HK (Lia), Eva Christian, Wolfgang Danegger, Frank Dietrich, Heinz Ehrenfreund, Walther Reyer, Hans Herrmann-Schaufuß

1965
Kleine Komödie im Bayerischen Hof, München

5.3. — W. Somerset Maugham (dt. Gerhard Metzner)
Caroline
Insz.: Gerhard Metzner, Bb.: Heinz Gerhard Zircher
HK (Caroline Ashley), Ulrich Beiger, Blandine Ebinger, Herta Konrad, Edith Schollwer, Karl Schönböck, Hans Zesch-Ballot

1966
Hamburger Kammerspiele

1.2. — Fay Kanin (übers. u. bearb. v. Joseph Glücksmann)
Leb wohl, mein Traum
Insz.: Wolfgang Liebeneiner, Bb.: Helmut Koniarsky
HK (Agatha Reed), Renate Bauer, Gabriele Brand, Gerlinde Dillge, Ida Ehre, Raymond Joob, Johanna Liebeneiner, Heidi Ramlow, Gabriele Reichenberg, Maria Schulenburg

Bad Hersfelder Festspiele

1.6.–1.8. — Jean-Paul Sartre (dt. Hans Mayer)
Die Troerinnen des Euripides
Insz.: Ulrich Erfurth, Bb.: Heinz Ludwig
HK (Hekuba), Jutta Auerbach, Gudrun Erfurth, Raymond Joob, Tilly Lauenstein, Petra Mood, Dorothea Moritz, Erika Pluhar, Hans Quest, Joachim Rake, Hildegard Schreiber, Sonja Schwarz, Steffi Seiler

	Johann Wolfgang von Goethe **Faust II** Insz.: Ulrich Erfurth, Bb.: Heinz Ludwig HK (Mutter/Erichtho/Mater Gloriosa/Sorge), Jutta Auerbach, Günther Bauer, Heinrich Beuckelmann, Tilla Durieux, Gudrun Erfurth, Felix Franchy, Peter Janssens, Raymond Joob, Björn-Tilo Kraft, Hans Gerd Kübel, Hannsgeorg Laubenthal, Tilly Lauenstein, Volker Lechtenbrink, Rolf Morell, Joseph Offenbach, Erika Pluhar, Hans Richter, Hildegard Schreiber, Sonja Schwarz, Max Strassberg

Tournee-Theater »Der grüne Wagen«, München

Herbst	Jean-Louis Curtis **Die Rivalin** Insz.: Wolfgang Liebeneiner HK (Comtesse d'Herbourg), Wilhelm Dieterle, Gerlinde Locker, Friedrich Schoenfelder, Kitty Mattern

Theater im Zoo, Frankfurt am Main

1.12.	Noel Coward (dt. Martin Dongen) **Duett im Zwielicht** Insz.: Fritz Rémond, Bb.: Lothar Baumgartner HK (Carlotte Gray), Josef Eschenbrücher, Paul Sturms, Anna Teluren

1967
Kleine Komödie am Max II-Denkmal, München

10. 2.	Noel Coward (dt. Martin Dongen) **Duett im Zwielicht** Insz.: Helmut Weiss, Bb.: Charlotte Flemming HK (Carlotta Gray), Heli Finkenzeller, Tom Riedel, Adolf Wohlbrück

Bad Hersfelder Festspiele

1.6.–6.8.	Albert Camus **Belagerungszustand** Insz.: Reinhold Olszewski, Bb.: Heinz Ludwig HK (Die Sekretärin), Gudrun Erfurth, Frank Hoffmann, Raymond Joob, Hans Gerd Kübel, Volker Lechtenbrink, Hans Quest, Max Strassberg
	Bertolt Brecht, M: Paul Dessau **Mutter Courage und ihre Kinder** Insz.: Ulrich Erfurth, Bb.: Heinz Ludwig HK (Mutter Courage), Reinhold Dragon, Gudrun Erfurth, Edwin Fabian, Uwe Falkenbach, Ingo Feder, Felix Franchy, Hans Gaschler, Frank Hoffmann, Karl John, Raymond Joob, Hans Gerd Kübel, Hannsgeorg Laubenthal, Volker Lechtenbrink, Hans Quest, Joachim Rake, Bernhard Röhr, Jürgen Schornagel, Sonja Schwarz, Max Strassberg, Ursula Streuli, Maria Weeting, Klaus Wennemann

Burgtheater, Wien

3. 12. Friedrich von Schiller
Maria Stuart
Insz.: Rudolf Steinboeck, Bb.: Lois Egg
HK (Elisabeth, Königin von England), Erich Auer, Ewald Balser, Achim Benning, Sebastian Fischer, Paul Hoffmann, Heinz Moog, Aglaja Schmid, Peter Schratt, Hilde Wagener, Klausjürgen Wussow

1968
Bad Hersfelder Festspiele

1. 6.–4. 8. Bertolt Brecht, M: Paul Dessau
Mutter Courage und ihre Kinder
Insz.: Ulrich Erfurth, Bb.: Heinz Ludwig
HK (Mutter Courage), Reinhold Dragon, Gudrun Erfurth, Edwin Fabian, Uwe Falkenbach, Felix Franchy, Hans Gaschler, Willfried-Jan Heyn, Frank Hoffmann, Egbert von Klitzing, Hans Gerd Kübel, Ute Lasch, Volker Lechtenbrink, Hans Quest, Bernhard Röhr, Jürgen Schornagel, Sonja Schwarz, Max Strassberg, Ursula Streuli, Maria Weeting, Klaus Wennemann

Theater im Zoo, Frankfurt am Main

14. 12. Jerome Kilty nach George Bernard Shaw und Stella Campbell
Geliebter Lügner
Insz.: Fritz Rémond
HK (Stella Campbell), Fritz Rémond

1969
Kleine Komödie im Bayerischen Hof, München

28. 2. W. Somerset Maugham (dt. Mimi Zoff)
Finden Sie, daß Constance sich richtig verhält?
Insz.: Gerhard Metzner, Bb.: H. Gerhard Zircher
HK (Constance), Walter Gross/Heinz Peter Scholz, Käthe Haack, Richard Kley, Herta Konrad, Helga Kruck, Albert Lieven, Barbara Stanek, Carlos Werner

Burgtheater, Wien

17. 10. William Shakespeare (dt. Fassung Gerhard Klingenberg)
Antonius und Cleopatra
Insz. u. Bb.: Gerhard Klingenberg
HK (Cleopatra), Sebastian Fischer, Manfred Inger, Helmut Janatsch, Willy Kowalj, Paola Loew, Karl Mittner, Romuald Pekny, Walther Reyer, Eva Zilcher

1970
Hamburger Kammerspiele

3.9. Neil Simon (dt. Gina Kaus, bearb. Harry Meyen)
Plaza Suite
Insz.: Robert Meyn, Bb.: Erich Grandeit
HK (Karen Nash / Muriel Tate / Norma Hubley), Raymund Richter, Karl Schönböck, Ingrid Stenn, Hanno Wingler, Harald Wriedt

1971
»Berliner Tournee«

Frühjahr Giulio del Torre
Aus Mangel an Beweisen
Insz.: Wolfgang Liebeneiner
HK (Manuela), Hannes Messemer

Akademietheater, Wien

11.9. Lotte Ingrisch
Damenbekanntschaften (Vanillikipferl / Abend zu dritt / Donau so blau / Letzte Rose)
Insz.: Wolfgang Liebeneiner, Bb.: Lois Egg
HK (Emma / Fanny / Mathilde / Mizzerl), Josef Meinrad

6.11. Wolfgang Hildesheimer
Mary Stuart
Insz.: Achim Benning, Bb.: Rudolf Hausner
HK (Mary), Klaus Behrendt, Ulli Fessl, Sebastian Fischer, Manfred Inger, Michael Janisch, Ida Krottendorf, Alexander Trojan, Klausjürgen Wussow

1972
Theater in der Josefstadt, Wien

24.6. ÖE Pierre Barillet und Jean-Pierre Grédy (dt. Charles Regnier)
Vier Fenster zum Garten
Insz.: Peter Loos, Bb.: Inge Fiedler
HK (Charlotte / Betty / Irène / Georgette), Christine Glasner, Rudolf Rösner, Karl Schönböck, Klaus Wildbolz

Kleine Komödie im Bayerischen Hof, München

25.8. Pierre Barillet und Jean-Pierre Grédy (dt. Charles Regnier)
Vier Fenster zum Garten
Insz.: Harald Leipnitz, Bb.: Werner Schachteli
HK (Charlotte / Betty / Irène / Georgette), Charles Regnier, Jürgen Draeger, Bruno W. Pantel, Carola Regnier

1973
Burgtheater, Wien

31.3. Friedrich Hebbel
Judith
Insz.: Gerhard Klingenberg, Bb.: Ezio Frigerio
HK (Delia), Klaus Behrendt, Rolf Boysen, Sigmund Giesecke, Heinz Grohmann, Frank Hoffmann, Helmut Janatsch, Peter P. Jost, Peter Schratt, Curth A. Tichy, Martha Wallner

Akademietheater, Wien

5.5. August Strindberg (dt. Hans Egon Gerlach, Bühnenfassung Achim Benning, Rudolf H. Weys)
Der Vater
Insz.: Achim Benning, Bb.: Matthias Kralj
HK (Laura), Joachim Bissmeier, Manfred Inger, Richard Münch, Dorothea Parton, Alma Seidler, Karsten Welte, Dieter Witting

Deutschland-Tournee

Herbst Lotte Ingrisch
Damenbekanntschaften (Vanillikipferl/Abend zu dritt/ Donau so blau/Letzte Rose)
Insz.: Wolfgang Liebeneiner, Bb.: Lois Egg
HK (Emma/Fanny/Mathilde/Mizzerl), Josef Meinrad

1974
Burgtheater, Wien

2.6. Bertolt Brecht, M: Paul Dessau
Mutter Courage und ihre Kinder
Insz.: Dietrich Haugk, Bb.: Bernd Müller und Jörg Neumann
HK (Mutter Courage), Klaus Behrendt, Hugo Gottschlich, Fritz Grieb, Manfred Inger, Peter P. Jost, Ida Krottendorf, Robert Meyer, Karl Mittner, Heinz Reincke, Herwig Seeböck, Walter Starz, Sonja Sutter

12.6. **Robert Musil Matinee**
Lesung mit HK, Achim Benning, Wolfgang Gasser, Paola Loew, Klausjürgen Wussow

Akademietheater, Wien

28.6. **Robert Musil Abend**
Lesung mit HK, Kurt Beck, Wolfgang Gasser, Paola Loew, Rudolf Wessely, Klausjürgen Wussow

29. 11. Edward Albee (dt. Pinkas Braun)
Seeskapade
Insz.: Pinkas Braun, Bb.: Matthias Kralj
HK (Nancy), Sebastian Fischer, Lotte Ledl, Peter Lühr

1975
Kleine Komödie am Max II-Denkmal, München

2. 5. Joao Bethencourt (dt. Rainer Walch)
Der Tag, an dem der Papst entführt wurde
Insz.: Wolfgang Spier, Bb.: Gert B. Fleischer
HK (Sara Leibowitz), Peter Ehret, Konrad Georg, Hugo Lindinger, Gudrun Mebs, Axel Scholtz, Wolfgang Spier

1976
Burgtheater, Wien

20. 3. Aischylos (dt. Johann Gustav Droysen)
Die Orestie: Choëphoren/Eumeniden
Insz.: Luca Ronconi, Bb.: Luciano Damiani
HK (Chorführerin/Anführerin der Eumeniden), Joachim Bissmeier, Inge Brücklmeier, Annemarie Düringer, Sebastian Fischer, Frank Hoffmann, Judith Holzmeister, Sigrid Marquardt, Elisabeth Orth, Alma Seidler

Theater in der Josefstadt, Wien

10. 6. ÖE Axel von Ambesser
Begegnung im Herbst
Insz.: Axel von Ambesser, Bb.: Gottfried Neumann-Spallart
HK (Andrea), Axel von Ambesser, Carl Bosse, Helly Servi

Burgtheater, Wien

27. 11. Jewgenij Schwarz (dt. Wolf Schröder)
Die verzauberten Brüder
Insz.: Ernst Seiltgen Bb.: Matthias Kralj
HK (Wassilissa), Blanche Aubry, Sebastian Fischer, Peter P. Jost, Michael Koller, Fritz Grieb, Georg Staudacher, Heinz Zuber

1977
Akademietheater, Wien

12. 3. August Strindberg (dt. Heiner Grimmler)
Totentanz
Insz.: Achim Benning, Bb.: Hans Kleber
HK (Alice), Hans Christian Blech, Gabriele Buch, Wolfgang Gasser, Adrienne Gessner

Theater in der Josefstadt, Wien

10. 6. Félicien Marceau (dt. Lore Kornell)
Der Nerz
Insz.: Peter Loos, Bb.: Wolfgang Müller-Karbach
HK (Marie-Paule I.), Heribert Aichinger, Otto Ambros, Hermann Glaser, Miguel Herz-Kestranek, Kurt Nachmann, Tony Niessner, Erich Padalewski, Luise Prasser, Elfriede Ramhapp, Walter Regelsberger, Christiane Rücker, Marianne Schönauer, Karl Schönböck

1978
Burgtheater, Wien

6. 5. Heinrich von Kleist (bearb. v. Manfred Wekwerth)
Prinz Friedrich von Homburg
Insz.: Manfred Wekwerth, Bb.: Hans-Ulrich Schmückle
HK (Kurfürstin), Elisabeth Augustin, Klaus Behrendt, Sebastian Fischer, Wolfgang Gasser, Helmuth Lohner, Heinz Moog, Heinz Reincke

1978/79
Tournee-Theater »die scene«, München

Franz Grillparzer
Sappho
Insz.: Wolfgang Liebeneiner
HK (Sappho), Erich Auer

1979
Burgtheater, III. Raum, Lusterboden

16. 9. Peter Handke
Wunschloses Unglück
Insz.: Klaus Höring, Bb.: Xenia Hausner
HK, Georg Schuchter

1981
Hamburger Kammerspiele

10. 2. Günther Weisenborn
Die Neuberin
Insz.: Wolfgang Liebeneiner, Bb.: Erich Grandeit
HK (Die Neuberin), Raimund Folkert, Matthias Grimm, Doris Hahn, Fred Hansen, Edgar Maschmann, Manoel Ponto, Joachim Rake, Jochen Schmidt, Monika Werner

1982
Akademietheater, Wien

5. 2. Bertolt Brecht
Im Dickicht der Städte
Insz.: Jürgen Bosse, Bb.: Wolf Münzner
HK (Mae Garga), Kurt Beck, Rudolf Buczolich, Hans Falár, Brigitta Furgler, Fritz Grieb, Maresa Hörbiger, Helmut Janatsch, Heinrich Schweiger, Rudolf Wessely

Akademietheater, Wien

19. 6. Martin Sperr
Jagdszenen aus Niederbayern
Insz.: Michael Kehlmann
HK (Barbara, Tagelöhnerin), Ulli Fessl, Florentin Groll, Michael Janisch, Rudolf Jusits, Fritz Muliar, Herbert Propst, Hilke Ruthner, Georg Schuchter, Edd Stavjanik, Martha Wallner, Bibiana Zeller

20. 11. ÖE Rolf Hochhuth
Ärztinnen
Insz.: Gerd Böckmann, Bb.: Bert Kistner
HK (Dr. Lydia Kowalenko), Kurt Beck, Otto Bolesch, Helma Gautier, Hugo Gottschlich, Florentin Groll, Wolfgang Hübsch, Michael Janisch, Gertraud Jesserer, Rudolf Melichar, Walther Reyer, Hannes Siegl

1983
Akademietheater, Wien

23. 6. Hermann Broch (Textfassung Fred Berndt)
Die Erzählung der Magd Zerline
und
Hermann Broch
Aus der Luft gegriffen oder Die Geschäfte des Baron Laborde
Insz. u. Bb.: Fred Berndt
HK (Zerline/Eine Putzfrau), Otto Bolesch, Fritz Grieb, Wolfgang Gasser, Michael Heltau, Maresa Hörbiger, Wolfgang Hübsch, Hannes Siegl, Georg Schuchter

1984
Akademietheater, Wien

17. 6. Friedrich Dürrenmatt
Die Physiker
Insz.: Jürgen Bosse, Bb.: Wolf Münzner
HK (Mathilde von Zahnd), Viktor Czaharnicki, Hella Ferstl, Brigitta Furgler, Heinz Günter Kilian, Herbert Kucera, Else Ludwig, Helmut Martin, Fritz Muliar, Heinz Reincke, Heinz Schubert, Kurt Sowinetz

15. 9. Eduardo de Filippo (dt. Klaus u. Maria Stiller)
Gespenster, Gespenster!
Insz. u. Bb.: Fred Berndt
HK (Carmela), Karlheinz Hackl, Maresa Hörbiger, Sigrid Marquardt, Judith Safar, Heinrich Schweiger, Peter Uher, Rudolf Wessely

1985/86
Tournee durch Deutschland, Österreich, Schweiz

Bertolt Brecht, M: Paul Dessau
Mutter Courage und ihre Kinder
HK (Mutter Courage)

1986
Akademietheater, Wien

8. 3. Tennessee Williams (dt. Berthold Viertel)
Die Glasmenagerie
Insz.: Gerhard Klingenberg, Bb.: Matthias Kralj
HK (Amanda Wingfield), Rudolf Bissegger, Günther Einbrodt, Leslie Malton

1991
Kammerspiele, Wien

5. 6. Franz Molnár
Der Schwan
Insz.: Hellmuth Matiasek, Bb.: Thomas Pekny
HK (Prinzessin Maria Dominika), Mercedes Echerer, Christine Ostermayer, André Pohl, Elfriede Ramhapp, Helmut Schleser, Franz Stoß

Theater in der Drachengasse, Wien

25. 2. Marguerite Duras
Savannah Bay
Insz.: Götz Fritsch, Bb.: Jürgen Heidenreich
HK (Madeleine), Margot Vuga

1994
Weilheimer Theatersommer/Stadttheater Weilheim

13. 8. Jean Giraudoux (dt. Wilhelm M. Treichlinger u. Otto F. Best)
Die Irre von Chaillot
Insz.: Cordula Trantow, Bb. und Licht: Uwe Niesig
HK (Die Irre: Aurélie), Fred Alexander, Peter-Uwe Arndt, Otto Hans Böhm, Doris Jensen, Patricia Lueger, Norbert Mahler, Joachim Nimtz, Angela Pschigode, Marcus Trantow, Ellen Umlauf

Tourneetheater «die scene», München

10.10. bis Ende November
Deutschland-Tournee

Marguerite Duras
Savannah Bay
Insz.: Götz Fritsch, Bb.: Jürgen Heidenreich
HK (Madeleine), Margot Vuga

1997
Literatursalon Dornbach und Herbert von Karajan Centrum, Wien

Das unsterbliche Wort
(Klytämnestra, Lady Bracknell, Die Irre von Chaillot, Marschallin)
Lesung mit HK, Julia Randl, Dieter H. Bratsch

Schloß Neuwaldegg

Hugo von Hofmannsthal, Johann Wolfgang von Goethe, Ingmar Bergman
Die unsterbliche Dame
Lesung mit HK, Dany Sigel, Julia Randl, Dieter H. Bratsch

Weilheimer Theatersommer/Stadttheater Weilheim

28.9. **Literarischer Brunch**
Gedichte von der Liebe
von Oscar Wilde bis Bertolt Brecht
Lesung mit HK

Filmographie

(Kinofilme – soweit feststellbar)
Kompiliert von Peter Spiegel

Die Filme sind chronologisch nach Produktionsjahren bzw. nach ihren Kinostarts aufgeführt. Wenn es sich nicht um eine ausschließlich deutsche/BRD-Produktion handelt, werden Herstellungsland sowie Original- bzw. Alternativtitel genannt. Dabei steht der Originaltitel, d. h. der Titel des Ursprungslandes, an erster Stelle.
HK = Hilde Krahl; D = Deutschland/BRD; Db = Drehbuch; EA = Erstaufführung (bei Überläufern); LT = Liedtexte; M = Musik; ML = Musikalische Leitung; Ö = Österreich; CH = Schweiz; AT = Alternativartikel; R = Regie, RA = Regieassistenz

1936
Puppenfee (Ö)
Db: Ralph Benatzky, Hanns Saßmann nach dem Ballett »Die Puppenfee« von Josef Bayer; M: Ralph Benatzky, Josef Bayer; LT: Ralph Benatzky
R: E. W. Emo
HK im Musikteil beim Heurigen (keine Rollenbezeichnung), Magda Schneider, Wolf Albach-Retty, Adele Sandrock, Paul Hörbiger, Dagny Servaes, Fritz Imhoff, Lizzi Holzschuh, Rudolf Carl, Franz Schafheitlin, Olly Gebauer

Mädchenpensionat (Ö)
Db: Ralph Benatzky nach einer Idee von Rudolf Brettschneider; M: Ralph Benatzky
R: Géza von Bolvary
HK (Gertrud), Attila Hörbiger, Angela Salloker, Leopoldine Konstantin, Erika von Thellmann, Raoul Aslan, Liesl Karlstadt, Josef Egger

Lumpacivagabundus (Ö)
Db: Dr. Max Wallner nach dem Bühnenstück »Der böse Geist Lumpacivagabundus« von Johann Nepomuk Nestroy; M: Hans Lang
R: Géza von Bolvary
HK (Pepi), Paul Hörbiger, Heinz Rühmann, Hans Holt, Fritz Imhoff, Lotte Koch, Richard Eybner, Maria Holst, Karl Skraup, Hanns Obonya

1937
Serenade
Db: Curt J. Braun, Willi Forst; LT: Hans Fritz Beck; M: Peter Kreuder
R: Willi Forst
HK (Irene, Burgstallers Nichte), Igo Sym, Albert Matterstock, Claus Detlef Sierck, Fritz Odemar, Walter Janssen,Josef Eichheim, Hilde Seipp, Eduard von Winterstein, Lina Lossen

1938
Gastspiel im Paradies
Db: Karl Hartl, F. D. Adam; M: Anton Profes
R: Karl Hartl
HK (Ellen Lanken), Albert Matterstock, Gustav Waldau, Georg Alexander, Oskar Sima, Hans Adalbert Schlettow, Max Gülstorff, Erika Gläßner, Bruno Hübner

Der Hampelmann (als Ö-Produktion begonnen)
Db: Julius Sandmeier, G. T. Buchholz nach einer Novelle von Otto Bieler; M: Hans Lang
R: Karl Heinz Martin
HK (Steffi), Frits van Dongen, Wolf Albach-Retty, Lotte Lang, Annie Rosar, Anton Edthofer, Alfred Neugebauer

1939
Die barmherzige Lüge
Db: Werner Klingler, Curt J. Braun, Günther Kulemeyer; M: Hans Carste; Sachberater: Nien-Sön-Ling
R: Werner Klingler
HK (Anja Hoster), Elisabeth Flickenschildt, Ernst von Klipstein, Liselotte Klingler, Otto Gebühr, Paul Dahlke, Jaspar von Oertzen, Eduard von Winterstein, Heinrich Schroth

1940
Der Weg zu Isabel
Db: Géza von Cziffra, Frank Thieß nach dem gleichnamigen Roman von Frank Thieß; M: Ernst Roters
R: Erich Engel
HK (Isabel), Ewald Balser, Rolf Weih, Maria Koppenhöfer, Rudolf Fernau, Hubert von Meyerinck, Aribert Wäscher, Max Gülstorff

Donauschiffer
Db: Hans Gustl Kernmayr nach einer Idee von Werner Hochbaum (ungenannt), M: Anton Profes
R: Robert A. Stemmle
HK (Anny Hofer), Attila Hörbiger, Oskar Sima, Paul Javor, Hugo Gottschlich, Tibor von Halmay, Erland Erlandsen, Oskar Wegrostek

Der Postmeister
Db: Gerhard Menzel nach der Novelle »Stanionnyj smotritel« von Alexander S. Puschkin; M: Willy Schmidt-Gentner
R: Gustav Ucicky
HK (Dunja), Heinrich George, Siegfried Breuer, Margit Symo, Ruth Hellberg, Hans Holt, Erik Frey, Richard Häussermann, Hugo Gottschlich, August Pünkösdy, Alfred Neugebauer, Oskar Wegrostek, Die Wiener Philharmoniker

Herz modern möbliert
Db: Curt J. Braun; M: Peter Igelhoff
R: Theo Lingen
HK (Lore Klemm), Gustav Fröhlich, Gusti Huber, Theo Lingen, Kurt Seifert, Karl Jöken, Paul Henckels, Werner Stock, Ewald Wenck, Hans Richter

1941
Komödianten
Db: Axel Eggebrecht, Walter von Hollender, G. W. Pabst nach dem Roman »Philine« von Olly Boeheim; M: Lothar Brühne
R: G. W. Pabst
HK (Philine Schröder), Käthe Dorsch, Henny Porten, Gustav Diessl, Richard Häußler, Ludwig Schmitz, Lucie Millowitsch, Ernst Legal, Nikolai Kolin, Ullrich Haupt, Walter Janssen, Leopold von Ledebur, Erna Sellmer, Janne Furch

Das andere Ich
Db: Heinrich Spoerl; M: Werner Bochmann
R: Wolfgang Liebeneiner
HK (Magdalena), Mathias Wieman, Erich Ponto, Harald Paulsen, Richard Häußler, Gunnar Möller, Margarete Haagen, Will Dohm, Gerhard Bienert, Eduard Wenck, Erich Dunskus, Erna Sellmer, Hans Herrmann-Schaufuß

Anuschka
Db: Axel Eggebrecht; M: Bernhard Eichhorn
R: Helmut Käutner
HK (Anuschka Hordak), Rolf Wanka, Siegfried Breuer, Friedl Czepa, Lotte Lang, Ludwig Auer, Fritz Odemar, Anton Pointner, Karl Hellmer, Harry Hardt, Annie Markart, Franz Pfaudler, Elise Aulinger

1942
Meine Freundin Josefine
Db: Curt J. Braun; M: Friedrich Schröder
R: Hans H. Zerlett
HK (Josefine), Paul Hubschmid, Fita Benkhoff, Wilhelm Bendow, Gunnar Möller, Hans Leibelt, Roma Bahn, Wilfried Seyferth, Eduard Wenck, Else Reval

1943
Großstadtmelodie
Db: Maria von der Busche nach einer Idee von Else Feldbinder und einem Treatment von Géza von Cziffra und Maria von der Busche; M: Werner Bochmann, Michael Jary
R: Wolfgang Liebeneiner
HK (Renate), Werner Hinz, Karl John, Hilde Weissner, Johannes Heesters, Josef Eichheim, Peter Mosbacher, Beppo Brem, Kurt Hinz, Will Dohm, Paul Henckels, Ilse Fürstenberg, Vera Complojer

Träumerei
Db: Herbert Witt, Harald Braun; RA: Harald Vohrer; M: Robert Schumann; ML: Werner Eisbrenner
R: Harald Braun
HK (Clara Schumann), Mathias Wieman, Friedrich Kayßler, Ullrich Haupt, Paul Henckels, Karl Hellmer, Leopold von Ledebur, Toni Tetzlaff

1945
Das Leben geht weiter
Db: Wolfgang Liebeneiner; M: Nobert Schultze
R: Wolfgang Liebeneiner
HK (Gundel Martens), Marianne Hoppe, Victor de Kowa, Heinrich George, Gustav Knuth, Friedrich Kayßler, Lina Lossen, Ursula Grabley, Will Dom, Karl Schönböck, Viktoria von Ballasko, Else Ehser, Carsta Löck, Franz Schafheitlin, Erich Fiedler, Hilde Körber, Herbert Hübner, Paul Henckels, Ernst Legal, Franz Weger u.v.a.
(Anmerkung: Der Film war bei Kriegsende nur zu zwei Drittel abgedreht und blieb unvollendet.)

Das Gesetz der Liebe
Db: Ernst von Salomon nach dem gleichnamigen Roman von Fred Andreas; M: Oskar Wagner
R: Hans Schweikart
HK (Madeleine Frisius), Ferdinand Marian, Paul Hubschmid, Paul Dahlke, Viktor Afritsch, Fritz Odemar, Ida Wüst, Hilde Hildebrand, Ilse Fürstenberg, Victor Janson, Hans Kraßnitzer
(Anmerkung: Ein Überläufer mit EA am 20. 12. 1949)

1948
Liebe 47
Db: Wolfgang Liebeneiner nach dem Bühnenstück »Draußen vor der Tür« von Wolfgang Borchert und nach Motiven von Kurt J. Fischer; M: Hans Martin Majewski
R: Wolfgang Liebeneiner
HK (Anna Gehrke), Karl John, Dieter Horn, Helmuth Rudolph, Sylvia Schwarz, Erika Müller, Hedwig Wangel, Grethe Weiser, Albert Florath, Erich Ponto, Hubert von Meyerinck, Paul Hoffmann, Leopold von Ledebur, Heinz Klevenow, Erwin Geschonneck, Inge Meysel, Tilo von Berlepsch

1949
Schatten der Nacht
Db: Otto Heinz Jahn; M: Wolfgang Zeller
R: Eugen York
HK (Elga), Willy Fritsch, Carl Raddatz, Josef Sieber, Hermann Schomberg, Carl-Heinz Schroth, Armin Dahl, Ursula Herking, Inge Meysel, Albert Florath, Franz Schafheitlin, Aenne Bruck, Carl Voscherau, Karl Heinz Peters

1950

Wenn eine Frau liebt
Ö: »Melodie des Herzens«
Db: Felix von Eckardt nach dem Bühnenstück »Versprich mir nichts« von Charlotte Rißmann; M: Hans Martin Majewski
R: Wolfgang Liebeneiner
HK (Monika Pratt), Johannes Heesters, Mathias Wieman, Gusti Wolf, Wilfried Seyferth, Ursula Herking, Fritz Rémond, Arnold Hassenpflug, Peter Paul
(Wolfgang Liebeneiner verfilmte das Stück bereits 1937 als »Versprich mir nichts«.)

Meine Nichte Susanne
Db: Wolfgang Liebeneiner nach dem gleichnamigen Bühnenstück von Hans Adler/Alexander Steinbrecher; M: Alexander Steinbrecher, Hans Martin Majewski
R: Wolfgang Liebeneiner
HK (Susanne de Montebello), Inge Meysel, Ingrid Pankow, Karl Schönböck, Harald Paulsen, Carl-Heinz Schroth, Hans Leibelt, Alice Treff, Werner Finck, Hubert von Meyerinck

Das Tor zum Frieden
Db: Leopoldine Kytka nach ihrer eigenen Story; M: Rudolf Bert
R: Wolfgang Liebeneiner
HK (Maria Gebhart, Konzertsängerin), Paul Hartmann, Vilma Degischer, Walter Ladengast, Ida Krottendorf, Gisa Wurm, Jutta Bornemann, Peter Petrus, Pater Beda, Hugo Gottschlich; Gesang: Irmgard Seefried, Salzburger Domchor, Wiener Sängerknaben

1951

Weiße Schatten
Db: Helmut Käutner, Maria von der Osten-Sacken nach einer Story von Maria von der Osten-Sacken, Walter Forster; M: Bernhard Eichhorn
R: Helmut Käutner
HK (Dr. Ruth Schumann), Hans Söhnker, Claude Farell, Hugo Gottschlich, Hermann Erhardt, Franz Muxeneder, Otto Bolesch, Schäferhund »Greif«

Der Weibsteufel
Db: Wolfgang Liebeneiner nach dem gleichnamigen Drama von Karl Schönherr; M: Heinz Sandauer
R: Wolfgang Liebeneiner
HK (Marei), Kurt Heintel, Bruno Hübner, Hermann Erhardt, Franz Muxeneder, Otto Bolesch, Kurt Bülau, Olga von Togny

Herz der Welt
Db: Harald Witt, Harald Braun; M: Werner Eisbrenner
R: Harald Braun
HK (Bertha von Suttner), Dieter Borsche, Werner Hinz, Mathias Wieman, Käthe Haack, Dorothea Wieck, Michael Lenz, Heinrich Gretler, Paul Bildt, Paul Henckels, Wolfgang Liebeneiner, Erich Ponto, Therese Giehse, Else Ehser, Rolf Möbius, Hans Quest, Alfred Neugebauer

1952
1. April 2000
Db: Ernst Marboe, Rudolf Brunngraber; M: Alois Melichar
R: Wolfgang Liebeneiner
HK (Vorsitzende der Kommission der Global-Union), Josef Meinrad, Judith Holzmeister, Curd Jürgens, Hans Moser, Marianne Schönauer, Waltraut Haas, Paul Hörbiger, Otto Treßler, Guido Wieland, Heinz Moog, Erik Frey, Alma Seidler, Fred Liewehr, Ernst Stankowski, Gerhard Riedmann, Harry Fuß, Fritz Imhoff, Leopold Rudolf, Fred Hennings, Hugo Gottschlich, Elisabeth Stemberger, Ulrich Bettac

1953
Die Venus vom Tivoli (CH)
D: »Zwiespalt des Herzens« / »Komödianten des Lebens«
Db: Friedrich Torberg nach dem Bühnenstück »Die Venus vom Tivoli« von Peter Haggenmacher; M: Walter Baumgartner, Jacques Offenbach
R: Leonard Steckel
HK (Anina Wiedt, Schauspielerin), Paul Hubschmid, Heinrich Gretler, Inge Konradi, Gustav Knuth, Walter Richter, Ilka Grüning, Rudolf Rhomberg, Peer Schmidt, Heinrich Trimbur

1954
Die Mücke
Db: Walter Reisch; M: Peter Kreuder
R: Walter Reisch
HK (Vilma), Margot Hielscher, Gustav Knuth, Bernhard Wicki, Walter Janssen, Herbert Wilk, Blandine Ebinger, Charlotte Ander, Carl Voscherau

Hochstaplerin der Liebe
Db: Werner Eplinius, Janne Furch nach dem Tatsachenbericht »Heiratsschwindlerin« von H. H. Mantello und Kurt Joachim; M: Theo Nordhaus
R: Hans H. König
HK (Madame), Viktor Staal, Hans Nielsen, Victor de Kowa, Rudolf Fernau, Alexander Golling, Oskar Wegrostek, Rolf Wanka, Franz Muxeneder, Hubert von Meyerinck, Elisabeth Epp, Helmut Qualtinger, Helmut Janatsch, Gitta Lind, Beppo Brem, Fritz Heller

Ewiger Walzer – Frauen um Johann Strauß
Db: Alexander Lix, Prof. Friedrich Schreyvogel nach einer Filmnovelle von Ruth Charlotte Silbermann, Hanns Marschall; M: Johann Strauß Sohn; ML: Alois Melichar
R: Paul Verhoeven
HK (Henriette Treffz), Bernhard Wicki, Annemarie Düringer, Maria Eis, Gert Fröbe, Claus Biederstaedt, Erik Frey, Hermann Thimig, Eduard Strauß jun., Friedl Loor, Lis van Essen, Willy Trenk-Trebitsch, Hans Putz, Ulrich Bettac, Leonard Steckel, Michael Toost, Josef Hendrichs, Elisabeth Neumann(-Viertel), Arnulf Schröder

1955

Kinder, Mütter und ein General

Db: Herbert Reinecker nach seinem gleichnamigen Illustriertenroman; M: Werner Eisbrenner

R: Laslo Benedek

HK (Frau Asmussen), Therese Giehse, Ursula Herking, Alice Treff, Marianne Sinclair, Beate Koepnick, Bernhard Wicki, Claus Biederstaedt, Rudolf Fernau, Hans Christian Blech, Klaus Kinski, Maximilian Schell, Alfred Schieske, Ewald Balser, Adi Lödel, Dieter Straub, Holger Hildmann, Karl-Michael Kuntz, Walter Lehfeld, Peter Bürger

Eine Frau genügt nicht?

Db: Dr. Erich Ebermayer, Frank Dimen nach einem Roman von Michael Graf Soltikow; M: Peter Igelhoff

R: Ulrich Erfurth

HK (Maria Vossberg), Hans Söhnker, Hans Reiser, Rudolf Forster, Heliane Bei, Annie Rosar, Lola Müthel, Paul Hörbiger, Käthe Haack, Susi Nicoletti, Beppo Brem, Ralph Lothar, Walter Suessenguth, Ernst Stahl-Nachbaur, Herbert Hübner, Edith Schollwer, Elise Aulinger, Stanislav Ledinek, Alice Treff, Fritz Wagner, Marina Ried, Kurt Pratsch-Kaufmann

Liebe am Scheideweg / Geheimnis einer Ärztin (Ö / D)

Db: August Rieger, H. F. Köllner nach dem Hörspiel »Rauschgift« von Victor Reingruber; M: Carl Loubé

R: August Rieger

HK (Dr. Gerda Mauer), Ewald Balser, Erik Frey, Egon von Jordan, Traute Waßler, Hans Putz, Elisabeth Stemberger, Rudolf Carl, Jürgen Strasser; Gesang: Wolfgang Sauer, Easy Maya

Nacht der Entscheidung

Db: Werner Jörg Lüddecke nach einem Sujet von Charles Cordier; M: Hans Martin Majewski

R: Falk Harnack

HK (Claire Vernon), Carl Raddatz, Albert Lieven, Ernst Schröder, Harry Meyen, Alfred Schieske, Joseph Offenbach, Hans Heßling, Fritz Rémond, Maria Sebaldt, Paul Günther, Benno Hoffmann, Gerd Schäfer

1956

Mein Vater, der Schauspieler

Db: Gina Falckenberg, Maria Matray, Klaus Hardt (ungenannt) nach einer Filmnovelle von Hans Grimm; M: Werner Eisbrenner

R: Robert Siodmak

HK (Christine Behrendt), O. W. Fischer, Oliver Grimm, Erica Beer, Peter Capell, Susanne von Almassy, Hilde Körber, Evi Kent, Siegfried Lowitz, Manfred Inger, Helmuth Rudolph, Siegfried Schürenberg, Erich Fiedler, Lori Leux

1960
Das Glas Wasser
Db und LT: Helmut Käutner nach dem Bühnenstück »Le verre d'eau« (Das Glas Wasser) von Eugène Scribe; M: Bernhard Eichhorn, Roland Sander-Mahnken
R: Helmut Käutner
HK (Lady Churchill), Gustaf Gründgens, Liselotte Pulver, Sabine Sinjen, Horst Janson, Rudolf Forster, Hans Leibelt, Sybille Kien, Herbert Weißbach, Holger Hagen, Bobby Todd

1962
Neunzig Minuten nach Mitternacht
Db: Wolfgang Schnitzler nach dem Roman »Jours after midnight« von Joseph Hayes; M: Bert Kaempfert
R: Jürgen Goslar
HK (Helen Elgin), Christine Kaufmann, Martin Held, Christian Doermer, Karel Stepanek, Bruno Dietrich, Wolfgang Zilzer, Thomas Braut, Ursula Herwig

Mein Mann, der Goldesel
AT: »Heute kündigt mir mein Mann«
Db: Peter Goldbaum, Hans Grühl nach der Bühnenkomödie »The Bread Winner« von William Somerset Maugham; M: Hans Martin Majewski
R: Peter Goldbaum, Rudolf Nußgruber
HK (Anneliese Paulsen), Gert Fröbe, Wolfgang Kieling, Gisela Fritsch, Eike Pulwer, Peter Thom, Lola Müthel, Ralph Persson, Brigitte Skay, Jochen Schmidt, Olaf Syelstrup

Fernsehen

(Fernsehfilme und -serien – soweit feststellbar:
Auflistung nach dem Erstausstrahlungstermin)
TH = Aufzeichnung bzw. Adaption einer Theateraufführung

Zusammengestellt von Wolfgang Schmid

1954 28. 5. 1954
Jedem das Seine NWDR
Fernsehspiel nach der musikalischen Komödie »Marguerite durch drei« von Fritz Schwiefert
Regie: Michael Kehlmann
HK (Marguerite), Peter Schütte, Heini Göbel, Karl John, Willy Maertens

1958 17. 4. 1958
Schwester Bonaventura BR
Fernsehspiel von Charlotte Hastings
Regie: Wilm ten Haaf
HK (Schwester Maria Bonaventura), Edith Schulze-Westrum, Hilde Weissner, Peter Capell, Claude Farell, Horst Tappert, Margrit Ensinger, Mario Adorf, Nora Minor, Gerda Maria Klein, Editha Nordberg

1961 9. 11. 1961
Schweyk im Zweiten Weltkrieg SDR 1
Stück von Bertolt Brecht
Regie: Rainer Wolffhardt
HK (Anna Kopecka), Hanns Ernst Jäger, Rudolf Rhomberg, Hanns Otto Ball, Fred C. Siebeck, Horst Breitenfeld, Harald Dietl, Christiane Hörbiger, Marianne Mosa, Wolfgang Jarnach, Rüdiger Bahr, Peter Brand, Paul Dättel, Nikolaus Dutsch, Franz Essel, Paul Gogel, Hans Hanus, Peter Höfer, Hubert Mann, Walter Pott, Robert Rathke, Alf Reigel, Wolfgang Schwalm, Maria Singer, Günther Skopnik, Fritz Strassner, Lothar Trautmann, Hans Treichler, Gerold Wanke, Wolfgang Wendt

Das Salzburger große Welttheater 26. 11. 196
von Hans Jaray nach dem Schauspiel von Hugo von Hofmannsthal, basierend auf Pedro Calderón de la Barcas »El gran teatro del mundo« ARD
Regie: Hans Jaray
HK (Die Schönheit), Josef Meinrad, Judith Holzmeister, Kurt Sowinetz, Sylvia Lydi, Kurt Heintel, Hugo Lindinger, Fred Liewehr

Die Marquise von Arcis 19. 12. 1961 SFB 1
Schauspiel von Carl Sternheim nach einer Episode aus dem Roman »Jacques le fataliste« von Denis Diderot
Regie: Falk Harnack
HK (Marquise von Pommeraye), Alexander Kerst, Uta Sax, Brigitte Mira, Erik Radolf

1962
Der Schlaf der Gerechten 21. 11. 1962 WDR 1
Fernsehspiel von Oliver Storz nach der Novelle »Das Brandopfer« von Albrecht Goes
Regie: Rolf Hädrich
HK (Margarete Walker), Benno Sterzenbach, Ernst Fritz Fürbringer, Karl Georg Saebisch, Ursula Lillig, Horst Naumann, Bum Krüger, Dagmar Altrichter, Horst Niendorf, Eberhard Fechner, Friedrich Maurer, Ursula Lyn, Lieselotte Quilling, Anna Vankova, Dietrich Thoms, Richard Handwerk, Franziska Liebing, Martin Jente

1963
Belagerungszustand 7. 3. 1963 WDR 1
Schauspiel nach dem Roman »Die Pest« von Albert Camus
Regie: Fritz Umgelter
HK (Sekretärin), Wolfgang Kieling, Richard Münch, Hellmut Lange, Beatrice Schweizer, Hans Epskamp, Ernst Fritz Fürbringer, Karl Lange

Lady Frederick 23. 6. 1963 ZDF (TH)
Komödie nach dem Roman »… und heute ins Theater« von William Somerset Maugham
Regie: Hans Quest
HK (Lady Frederick Berolles), Trude Hesterberg, Karl Schönböck, Christian Wolff, Berno von Cramm, Hans Zesch-Ballot, Heidi Treutler, Harry Hardt, Gisela Hecht, Gustl Datz, Gustl Göringer, Eva Berthold
Nach einer Aufführung des Großen Hauses der Kleinen Komödie, München

Mittagswende 27. 9. 1963 ZDF (TH)
von Paul Claudel
Regie: Wolfgang Liebeneiner
HK (Ysë), Pinkas Braun, Wolf Ackva, Werner Schumacher
Aufzeichnung einer Inszenierung des Tournee-Theaters »Der grüne Wagen«, München

Die Möwe
Komödie von Anton Tschechow
Regie: Bohumil Herlischka
HK (Irina Nikolajewna Arkadina), Walter Riss, Werner Dahms, Willy Birgel, Christine Ostermayer, Eberhard Müller-Elmau, Paula Denk, Nicole Heesters, A. Michael Rueffer, Johannes Schaaf, Heinz Rabe, Hans Schäffer, Barbara Senff, Hans Röhr, Gerd Wehr

24. 12. 1963
SWF 1

1964

Kolportage
Komödie in einem Vorspiel und drei Akten von Georg Kaiser
Regie: Hans Jaray
HK (Karin), Hans Jaray, Gretl Schörg, Eduard Sekler, Elisabeth Markus, Theo Lingen, Silva Medved, Hermann Glaser, Matthias Fuchs, Christine Merthan, Harald Oslender, Rudolf Rösner, Hannes Brandl
Aufzeichnung aus dem Theater in der Josefstadt, Wien

4. 10. 1964
ORF 1
(TH)

1965

Sodom und Gomorrha
Schauspiel von Jean Giraudoux
Regie: Wolfgang Liebeneiner
HK (Lia), Eva Christian, Hans Herrmann-Schaufuß, Walther Reyer, Heinz Ehrenfreund
Aufzeichnung einer Inszenierung des Tournee-Theaters »bühne 64«, Zürich

25. 4. 1965
ZDF (TH)

Spiel
Einakter von Samuel Beckett
Regie: Karl Fruchtmann
HK (Frau), Gisela Mattishent, Rudolf Wessely

24. 11. 1965
RB III

1966

Die Troerinnen des Euripides
in einer Bearbeitung von Jean-Paul Sartre
Regie: Ulrich Erfurth
HK (Hekuba), Hans Quest, Rosemarie Wohlbauer, Tilly Lauenstein, Erika Pluhar, Alexander Ermisch, Raymond Joob, Gudrun Erfurth, Joachim Rake, Hildegard Schreiber
Nach einer Aufführung der XVI. Bad Hersfelder Festspiele in der Stiftsruine

14. 8. 1966
ZDF (TH)

1967

Der Kaktusgarten
Gesellschaftsstück von David Campton
Regie: Wilm ten Haaf
HK (Ellen), Hans Cossy, Katinka Hoffmann, Jan Hendriks, Elisabeth Goebel, Inken Deter

5. 1. 1967
SWF 1

1967 **Der Trauschein** von Ephraim Kishon Regie: Willy Reichert HK (Ella), Willy Reichert	ARD
1968 **Die Rivalin** Komödie von Jean-Louis Curtis nach einer Novelle von Joseph-Arthur de Gobineau Regie: Wolfgang Liebeneiner HK (Comtesse d'Herbourg), Gerlinde Locker, Werner Bruhns, Friedrich Schoenfelder, Kitty Mattern, Richard Kley Nach einer Aufführung des Tournee-Theaters »Der grüne Wagen«, München	29. 9. 1968 ZDF (TH)
1969 **Vanillikipferln** Drei Einakter von Lotte Ingrisch Regie: Wolfgang Liebeneiner HK (Fanny Goldhörndl), Käthe Gold, Bruno Hübner, Hans Putz, Alma Seidler, Rudolf Forster, Topsy Küppers, Georg Kreisler	5. 1. 1969 ZDF
Liebe gegen Paragraphen Fernsehspiel von Harald Brooke, Kay Bannermann Regie: Imo Moszkowicz HK (Gladys Putney), Heidelinde Weis, Harald Leipnitz, Paul Dahlke, Ralf Wolter, Georg Lehn, Hans Zander, Kathrin Ackermann, Sigfrit Steiner, Siegfried Fetscher	27. 7. 1969 ZDF
Duett im Zwielicht Komödie von Noel Coward Regie: Kurt Wilhelm HK (Carlotta Gray), Paul Verhoeven, Angela Salloker, Heino Hallhuber	5. 10. 1969 BR 1
1971 **Liliom** Stück von Franz Molnár (dt. von Alfred Polgar) Regie: Otto Schenk HK (Frau Muskat), Helmuth Lohner, Gertraud Jesserer, Silvia Lukan, Christine Böhm, Adrienne Gessner, Michael Janisch, Hans Thimig	1. 1. 1971 SFB 1
Aus Mangel an Beweisen Kriminalstück von Giulio del Torre Regie: Wolfgang Liebeneiner HK (Manuela), Hannes Messemer Nach einer Aufführung der »Berliner Tournee« im Markgrafentheater in Erlangen	31. 3. 1971 ZDF (TH)

1973 24. 3. 1973
Vier Fenster zum Garten ZDF (TH)
Komödie von Pierre Barillet und Jean Pierre Grédy
Regie: Harald Leipnitz
HK (Charlotte/Betty/Irène/Georgette), Charles Regnier, Jürgen Draeger, Bruno W. Pantel, Carola Regnier
Nache einer Aufführung der Kleinen Komödie im Bayerischen Hof, München

1975
Hallo – Hotel Sacher ... Portier! 13. 9. 1975
In der Folge 20: »Die Schwestern« der 26teiligen Serie ORF 1
Regie: Hermann Kugelstadt
HK (Martha Kempf/Henny Wohlwot), Fritz Eckhardt, Elfriede Ott, Elisabeth Andergast, Maxi Böhm, Peter Fröhlich, Joseph Hendrichs, Waltraut Kamper, Karl Dönch, Friederike Man

1976 25. 7. 1976
Ein unbegreiflicher Typ ZDF
Kriminalspiel aus der Reihe »Derrick« von Herbert Reinecker
Regie: Theodor Grädler
HK (Frau Bösenhaupt), Horst Tappert, Fritz Wepper, Carl-Heinz Schroth, Jürgen Goslar, Walter Gross, Hans Michael Rehberg, Bruno Hübner, Michaela May, Jan Niklas, Edd Stavjanik, Inge Schwanneke, Günther Stoll

Erben 15. 12. 1976
Fernsehspiel von Walter Vogt SF/SRG
Regie: Heinz Schirk
HK (Krankenschwester Eva Waser), Anneliese Römer, Robert Tessen, Erwin Parker

1977 4. 12. 1977
Begegnung im Herbst ZDF
Komödie von Axel von Ambesser
Regie: Axel von Ambesser
HK (Andrea), Axel von Ambesser, Friedrich Schoenfelder, Gwendolyn von Ambesser

1980 23. 12. 1980
Ein heiliger Abend ORF 1
Studiospiel von Rudolf Bayr
Regie: Claus Homschak
HK (Frau Reichert), Ingrid Burkhard, Hannes Siegl

1980–1993 6.12.1980 ff.
Die liebe Familie ORF 2
Stegreif-Fernsehspiel
Autoren: Erne Seder, Annemarie Meister, Silk Schwinger, Kurt Nachmann, Hugo Wiener
Regie: Ernst Wolfram Marboe, Franz Stoß, Bildregie: Sylvia Dönch
HK (Hila), Franz Stoß, Ernst Meister, Elfriede Ott, Guido Wieland, Nicolin Kunz, Thomas Wachauer, Kurt Heintel, Heinz Marecek, Erne Seder

1981 25. 4. 1981
Wunschloses Unglück ORF 2
Schauspiel von Klaus Höring und Reinhard Urbach nach der gleichnamigen Erzählung von Peter Handke (TH)
Regie: Klaus Höring, Bildregie: Claus Homschak
HK (Mutter), Georg Schuchter
Aufzeichnung einer Aufführung des Burgtheaters im ORF-Zentrum

1990 25.5.1990 ff.
Wie gut, daß es Maria gibt (Pilotfilm)
TV-Serie in 2 Staffeln zu je 13 Folgen 27.5.1990 ff.
HK in der 1. Staffel in allen Folgen außer Folge 3, 5, 7, 12 (Serie)
HK in der 2. Staffel nur in Folge 3
Regie: Rob Herzet
HK (Generaloberin), Thekla Carola Wied, Alexander May, Ursula Diestel, Gunter Berger, Stephan Orlac, Peter Schiff, Philipp Moog

1992 5. 1. 1992
Savannah Bay ORF 1
Schauspiel nach Marguerite Duras (TH)
Inszenierung: Götz Fritsch
Regie: Claus Homschak
HK (Madeleine), Margot Vuga
Nach einer Aufführung des Theaters in der Drachengasse, Wien

Oppen und Ehrlich 25.2.1992 ff.
8teilige TV-Serie ARD
HK in allen Folgen außer Folge 4
Regie: Hajo Gies (1–4), Franz Peter Wirth (5–8)
HK (Mutter Oppen), Uwe Friedrichsen, Andreas Schmidt-Schaller, Katharina Meinecke, Katharina Lehmann, Till Kretschmar

Der Fotograf oder Das Auge Gottes 1. 12. 1992
in der 3. Folge »Der Spruch der Füchse« der 13teiligen TV-Serie ZDF
Regie: Claus Peter Witt, Michael Günther
HK (Frau Krohnau), Hans Clarin, Joachim Dietmar Mues, Volker Brandt, Jessica Kosmalla

Hilde Krahl in folgenden weiteren Sendungen (Auswahl):

Matinee aus dem Akademietheater: In memoriam Friedrich Torberg – Schauspieler lesen aus den Werken von F. T.	25. 12. 1980 ORF 2
Das Lächeln ist das Erbteil meines Stammes – Ein inhaltliches und formales Spiegelbild von Friedrich Torbergs Vielseitigkeit. Dokumentation von Karin Brandauer HK liest Torbergs Briefe und Texte anläßlich des 75. Geburtstages von F. T.	28. 9. 1983 ORF 2/BR
Hilde Krahl – Anläßlich des 65. Geburtstages von H. K. ein ausführliches Porträt von Gert Rabanus	12. 10. 1983 ORF 2
Interview mit Hilde Krahl in: Österreich II (Folge 20): Ein Tag wie kein anderer von Hugo Portisch	12. 5. 1985 ORF 1
Mütter – Hermi Löbl im Gespräch mit Hilde Krahl und deren Tochter Johanna Liebeneiner	12. 5. 1985 ORF 2
Bis auf den heutigen Tag – Was Mütter an ihre Töchter bindet	12. 5. 1991 ORF 1
Ich über mich – Hilde Krahl. Anläßlich ihres 75. Geburtstages Regie: Waltraud Riess	5. 1. 1992 ORF 1
Ich über mich – Axel von Ambesser	4. 9. 1993 ORF
Willkommen in Österreich	24. 5. 1996 ORF 2

Namenregister